도시·지역관광론

— 이론과 정책 —

도시·지역관광론

— 이론과 정책 —

인쇄 2020년 2월 25일
발행 2020년 2월 28일

저 자 정봉현
발행인 정병석
발행처 maronie

등록 1981. 5. 21. 제53호
주소 61186 광주광역시 북구 용봉로 77
전화 (062) 530-0571~2 **마케팅** 530-0573
팩스 (062) 530-0579
홈페이지 http://www.cnup.co.kr
이메일 cnup0571@hanmail.net

값 15,000원

ISBN 978-89-6849-711-7 (93320)

정봉현 저

도시·지역관광론

INTRODUCTION TO URBAN AND REGIONAL TOURISM

– 이론과 정책 –

maronie

머리말

도시 및 지역관광은 다른 도시나 지역의 경치, 유적, 풍속 혹은 풍물 등을 구경하는 것이다. 현대에는 도시관광이 주종을 이루나, 농촌 및 산간지역의 체험 및 자연관광이 확산되고 있다. 관광은 사람들이 휴식, 교양, 위락 및 스포츠 등을 목적으로 일상생활을 탈피하여 일시적으로 이동하는 것이다. 사람은 관광을 통하여 심신의 변화를 추구하며 다른 지역의 자연, 풍속과 제도 등을 감상하고 배우며 여가를 즐긴다. 관광산업은 높은 부가가치를 창출하여 도시 및 지역을 발전시키는 중요한 정책수단이다. 도시 및 지역관광의 진흥은 도시지역의 재생, 공간구조의 혁신 및 환경정비를 통해서 도시 및 지역문제를 개선한다. 또한 관광산업의 활성화를 통한 도시 및 지역경제 발전의 중요한 정책이 된다.

상기한 배경 하에, 저자는 지역진흥과 발전을 위한 도시 및 지역관광정책의 중요성을 인식하여 도시지역관광개발과 도시지역관광정책을 강의하고 연구하였다. 본 서적은 저자의 도시지역관광에 대한 답사자료, 교육경험과 연구결과를 토대로 집필하였다. 서적의 주요내용들은 제1장 관광의 개념과 구성요소, 제2장 관광지의 지정과 관리, 제3장 지역관광개발 개요와 지역관광정책, 제4장 관광수요의 동향과 수요예측, 제5장 도시관광의 역할과 자원, 제6장 지역관광의 역할과 자원, 제7장 도시지역관광개발의 내용과 방향, 제8장 관광정책의 개요와 방향, 제9장 관광트랜드의 변화와 전망, 제10장 지역관광개발계획의 개요와 수립, 제11장 국내·외 도시관광의 사례, 제12장 국내·외 지역관광의 사례 등으로 구성되어 있다. 서적의 내용이 관련 학부 및 대학원 과정에서 강의교재로 이용되고, 연구자에게 전문지식을 제공하며 도시지역관광의 활성화를 위한 효과적인 관광정책의 수립에 조금이라도 도움이 되길 희망한다.

서적을 집필한 후에 돌이켜보면, 아직도 부족하고 미진한 내용이 많다. 다소 부족한 내용은 추후 지속적인 연구와 노력으로 수정하고 보완할 작정이다. 독자 여러분의 귀중한 고견과 질책은 언제든지 환영한다. 여기에 많은 관련 전문가들의 소중한 연구내용들이 참조되었으나, 체계면에서 상세히 기술하지 못한 점은 양해하길 부탁드린다. 마지막으로 본 서적을 출간하도록 인도하여 주신 하나님께 모든 영광을 돌리고, 격려와 도움을 주신 관계자분에게 진심으로 감사드린다.

2020년 2월

용봉골 서재

정 봉 현

차례

머리말 __05

제1장 관광의 개념과 구성요소 15

1.1. 관광의 개념 16
관광의 어원 16
관광의 개념 17
학자별 정의 18

1.2. 관광객의 정의 20
관광객의 정의 20
국제기구별 관광객 정의 21

1.3. 관광의 구성요소 23
관광객체 24
관광매체 24

1.4. 관광시스템의 구성요소 25
관광시스템의 정의 25
관광시스템의 구성요소 25

제2장 관광지의 지정과 관리 33

2.1. 관광지의 개념 및 목적 34
관광지의 개념 34
관광지의 유형 35
관광지의 지정목적 및 역할 37

2.2. 관광지 관리와 체계 39
관광지 관리의 개념 39
관광지 관리기법 및 체계 40

제3장 지역관광개발 개요와 지역관광정책 47

3.1. 지역 및 지역개발의 개요 48
지역의 정의 48
개역개발의 개념 48

3.2. 지역관광개발의 개념과 내용 49
지역관광의 개념 49
지역관광개발의 개념과 특성 50
지역관광개발의 주체와 효과 51
지역관광개발의 장점과 단점 52

3.3. 지역문제와 지역관광정책의 개발 53
지역문제의 원인 53
지역정책의 목표와 접근방법 54
지역관광정책개발의 개념과 지도원리 55
지역관광정책의 개념 56
지역관광정책의 범주 57
지역관광정책의 분류와 특성 59

제4장 관광수요의 동향과 수요예측 65

4.1. 관광환경의 변화 66
경제환경의 변화 66
사회문화환경의 변화 67
기술 및 기후환경의 변화 69

4.2. 관광수요의 유동동향 71
방한 해외관광객의 동향 71
한국의 관광수지 73
국내 관광수요의 동향 73
국내 관광권의 발전 74

4.3. 관광수요의 예측방법 76
관광수요 및 수요예측의 개념 76
관광수요의 특성과 영향요인 78
관광수요예측의 고려요소 81
정량적 관광수요의 예측기법 83
정성적 관광수요의 예측기법 84
관광수요 예측기법의 장단점 85

제5장 도시관광의 역할과 자원 91

5.1. 도시관광의 개요 92
도시관광의 개념 92
도시관광의 기능 93
도시관광의 유형과 구조 94

5.2. 도시관광의 역할 97
도시 경제·사회적 역할 97
도시 공간구조적 역할 98
도시개발의 역할 99
도시브랜드의 역할 100

5.3. 도시관광의 자원 101
도시장소마케팅 101
도시공원 103
도시문화관광축제 105
도시쇼핑관광 106
도시박물관 107

5.4. 도시관광의 사례조사 109
관광명소의 개념과 유형 109
도시관광의 성공사례 111

제6장 지역관광의 역할과 자원 119

6.1. 지역과 관광의 역할 120
관광과 지역사회의 개요 120
지역경제·사회적 역할 120

6.2. 지역관광자원의 종류 122
농촌관광 122
생태관광 125
해양관광 130
문화관광 132

제7장 도시지역관광개발의 내용과 방향 141

7.1. 도시지역 관광과 개발 142
관광과 지역개발 142
국가발전과 관광의 특성 142

7.2. 관광개발의 개념과 효과 144
관광개발의 개념 144
관광개발의 효과 146
관광개발효과의 측정 149

7.3. 관광개발의 정책방향 150
환경친화적인 관광개발의 경향 150
지속가능한 관광개발 151

제8장 관광정책의 개요와 방향 157

8.1. 관광정책의 개요 158
관광정책의 개념 158
관광정책의 배경과 필요성 160
관광정책의 목표와 대상 161
관광정책의 체계와 유형 163

8.2. 관광정책의 변화와 행정조직 164
관광정책의 변화과정 164
관광정책의 성과와 한계 166
관광행정기관 168

8.3. 해외 관광정책의 동향과 방향 172
국제관광정책의 동향과 방향 172
일본의 관광정책 173
홍콩의 관광정책 173
싱가포르와 호주의 관광정책 175

8.4. 한국관광정책의 필요성과 방향 175
관광정책의 필요성과 한계 175
관광정책의 비전과 방향 177
관광정책의 실행전략 178

제9장 관광트랜드의 변화와 전망 187

9.1. 관광 외부환경의 변화동향 188

사회환경의 변화동향 188
기술환경의 변화동향 189
경제환경의 변화동향 190
생태·환경의 변화동향 190
정치·제도의 변화동향 191

9.2. 기존 관광트랜드의 변화 192

국내 관광트랜드의 분석 192
관광트랜드의 장래 방향 194

9.3. 장래 관광트랜드의 변화전망 195

소소한 여행: 소확행, 가심비, 가시비 195
일상적인 비일상의 여행 196
경험소비, 여행활동 전성시대 197
인생 후반기의 보편적인 여행 198
여행트랜드의 주역으로 신세대 출현 199
역동적인 방한시장, 유도성 및 다변화 199
관광시민의 여행가치 중시경향 200
모바일과 여행플랫폼 비즈니스의 진화 201
빅데이터에 의한 인공지능(AI) 관광시대 202
공유, 여행공간·이동·경험의 연결 202

제10장 지역관광개발계획의 개요와 내용 207

10.1. 지역관광개발의 개념과 구조 208

관광개발의 정의와 성격 208
관광개발계획의 수립내용 및 체계 209
관광개발계획의 유형 211
관광지 개발계획의 이해 212
관광지 조성계획의 이해 213

관광개발계획의 구성 214
관광지 개발의 추진체계 215

10.2. 관광지 개발계획의 과정 218
기본계획의 단계 218
집행계획의 단계 223
관광시설의 도입 225

10.3. 관광수급계획의 내용 226
관광수급계획의 개념 및 동향 226
수요예측의 영향요인 228
관광수급계획의 유용지표 229
관광수요의 예측방법 230

제11장 국내·외 도시관광의 사례 235

11.1. 도시관광의 개요 236
도시관광의 개념과 구조 236
도시관광의 중요성 237

11.2. 역사자원형 도시관광 239
도시 문화유산의 활용 239
도시 역사경관의 보전 241
전통도시의 축제 241

11.3. 문화예술형 도시관광 242
예술가 중심형 도시관광 242
문화예술 프로그램형 도시관광 243

11.4. 지속가능한 도시생태관광 243
주제화 생태도시 243
오클랜드의 돌고래 서식지 244
웰링턴 카로리 야생동식물보호구역 244

11.5. 도시음식 관광 245
아시아의 사례 245
북미 사례 246
유럽의 사례 247
국내 도시음식 관광 248

11.6. 축제·컨벤션형 도시관광 250
영국의 에든버러 축제 250
컨벤션 산업형 도시관광 254

제12장 국내·외 지역관광의 사례 263

12.1. 한국 지역관광의 사례 264
제주도의 관광자원 264
제주도 관광시장의 현황 265

12.2. 중국 지역관광의 사례 267
샹그리라 지명의 유래 267
샹그리라 관광개발의 배경·과정 269
샹그리라 관광상품의 성공 271
샹그리라 관광개발의 문제점 274

12.3. 미국 지역관광의 사례 275
버닝맨 축제의 시작 275
버닝맨 축제의 특징 276
버닝맨 축제의 성공과 문제점 278

참고문헌 __284

Chapter 1

관광의 개념과 구성요소

1.1. 관광의 개념

1.2. 관광객의 정의

1.3. 관광의 구성요소

1.4. 관광시스템의 구성요소

개관

관광의 개념을 어원과 학자별로 파악하고 관광객을 국제기구를 중심으로 정의한다. 이를 기초로 관광과 관광시스템의 개념과 구성요소를 개괄적으로 알아본다.

제1장

관광의 개념과 구성요소

1.1 관광의 개념

관광의 어원

인류의 일상생활에서 여행 또는 관광의 행동은 지극히 자연스러운 현상이다. 관광의 어원이나 개념은 인류의 문화가 발달되는 과정에서 말과 문자로 기록되고 구전에 의해서 역사적으로 전해졌다. 관광의 어원을 학문적 혹은 사회경제적 시각에서 개념을 정리하는 것은 현대적으로 의의가 있다. 이러한 관광은 인간의 심리적 욕구에 의한 이동에서 탄생되었다.

관광은 자기가 현재 거주하고 있는 일상 생활권을 떠나 일시적으로 다른 지역으로 이동하면서 일어나는 활동의 총체를 의미한다. 이것은 여행, 행락, 구경, 놀이 등의 여가활동을 일컬어 표현할 수 있다. 관광 용어의 어원은 2천 년 전 중국 주周나라의 중요한 경전인 "역경易經"의 '觀國之光'라는 어구에서 '관광' 용어가 비롯되었다. 그 용어는 다양한 함축적인 의미들을 내포한다. 첫째, 타국의 문화를 보기 위해 여러 나라를 순회 여행하는 개념이다. 둘째, 타국을 순방하여 그 나라의 토지, 풍속, 제도 및 문물을 관찰하는 것이다. 셋째, 치국대도의 설계라는 국가 홍보를 위한 행정목적의 의미도 들어 있다.

유럽에서는 산업혁명의 결과로 여행의 전제조건인 시간적·경제적 여유가 있는 부유층이 늘어나면서 관광여행이 대중화되었다. 교통수단의 발달로 여행의 융성기를 맞이하여 1800년대에 이르러 영어권에서 'tour'라는 단어가 자주 사용되었다. 'tourism' 또는 'tourists'라는 말이 1811년에 처음으로 영국 잡지의 하나인 "The Sporting Magazine"에 소개되었다. 독일에서는 관광을 나타내는 용어로 'Fremdenverke'가 사용된다. 이 단어는 '외국의' 또는 '외국인'의 뜻을 지닌 'Fremden'과 '왕래'라는 의미를 지닌 'Verke'의 복합어로서 결국 관광여행을 의미한다. 오늘날 'tourism' 단어는 관광 혹은 관광사업으로 사용되고 있다.

관광의 개념

관광의 정의는 관점에 따라 조금은 다르지만, 개념·정의 내용에서 상호간에 유사한 면을 보여준다. 관광은 '일상 생활권을 떠나 타 지역으로의 이동 및 체재로 인해 일어나는 현상 및 행위'를 말한다. 여기서 현상은 관광객의 이동·체재로 인하여 발생되는 경제·사회·문화·환경적인 측면에서 영향들을 가리킨다. 행위는 이동과 체재 중에 발생하는 다양한 오락 및 활동을 말한다. 관광은 즐거움을 목적으로 하는 여행으로서 인간의 사회적 행동의 가르침이다. 중앙정부나 지방자치단체 등 공공부문은 국민의 건강증진, 피로회복 및 노동생산성 향상을 위해 관광산업을 활성화시키는 데 관심이 많다.

관광은 자유의사에 따른 공간적 이동과 귀환을 전제로 한다. 이점에서 관광은 타국이나 타처로 이동해서 그곳에 정주하기 위한 이민, 이주의 개념과는 다르다. 관광은 장소, 방향, 활동, 기간, 성격 등의 측면에서 특징을 여러 가지로 설명할 수 있다. 첫째, 관광에는 이동 행위가 포함된다. 관광 행위는 관광객의 주거지나 직장 이외의 다른 지역에서 발생하게 된다. 관광은 일상생활을 벗어나 타 지역에서 이루어지며, 관광이 종료되면 다시 원래 주거지로 귀환하므로 일상생활에서 관광이 존재하지 않는다. 둘째, 관광은 여러 목적지로의 이동과 체재로 시작되므로 목적지로의 이동행위,

목적지에서의 체재행위, 휴식 및 오락행위 등 다양한 활동을 내포한다. 셋째, 목적지로의 이동 및 체재는 일시적이고 단기적이다. 그래서 영주 목적의 장기적인 인구이동 및 계절적·일시적인 노동인구의 이동 등 단기 이주는 관광에서 제외시킨다. 따라서 여행지나 체류지에서 보수를 얻기 위한 활동 역시 제외된다.

넷째, 관광은 여가산업으로서 순수한 위락 및 사업관광이다. 사업목적으로 체류지에서 소비행위를 하게 되면 체재지에서 보수행위가 아니므로 관광에 포함시킬 수 있다. 따라서 관광은 거주와 취업 목적이 아니라 관광지까지 여행 및 체재하는 과정에서 발생되는 모든 현상과 관계의 총체라고 정의한다. 개념적으로 관광은 여가와 레크리에이션의 개념과 한편으로는 여행과 이주의 개념으로 구별되는 것이다.

학자별 정의

마리오티(A. Mariotti, 1927)는 그의 저서 'Lezionidi Economia Turistica(관광경제학 강의)'에서 '외국인 관광객의 이동'을 관광으로 정의하고, 관광객 이동으로 발생하는 경제적 의의를 규명하는 연구를 수행하였다. 보르만(A. Bormann: 1931)은 저서 "Die Lee vom Fremdenverke(관광론)"에서 '관광은 특정 지역에서 일시적 체재를 목적으로 그 지역까지 거리를 이동하는 인간의 활동'이라고 정의하면서 '일시적 체재'와 '이동'을 강조했다. 오길비(F. W. Ogilvie, 1933)는 관광객의 이동에 관한 문제를 취급하고, 그의 저서 "The Tourist Movement(관광이동론)"에서 "관광객은 1년을 넘지 않는 기간 동안에 집을 떠나서 그 기간 동안 돈을 소비하되, 그 돈은 여행하면서 벌어들인 것이 아닐 것"이라고 관광객을 규정했다.

글릭스만(R. Gl cksmann, 1935)은 저서인 "Allgemeine Fremdenverkeskunde(일반 관광론)"에서 "관광은 체재지에서 일시적으로 머무르고 있는 사람과 그 지역에 살고 있는 사람들과의 여러 가지 관계의 총체"라고 말했다. 훈지커와 크라프(W. Hunziker & K. Krapt, 1942)는 저서인 "Grundriss der Allgemeinen

Fremdenverkeslee(일반관광학 개요)"에서 관광은 광의 혹은 가장 본질적으로 보면, "외래 관광객이 방문한 지역에서 체재기간 중 계속적, 일시적이든 영리활동을 수행할 목적으로 정주하지 않는 한, 그 외래 관광객의 체재로 인하여 발생되는 모든 현상의 총체적 개념"이라고 정의했다.

이노우에 만주소井上万壽藏(1962)는 관광을 "사람이 다시 돌아올 예정으로 일상 생활권을 떠나 레크리에이션을 얻기 위하여 이동하는 현상"이라 말하며 '정신적 위안이 관광의 본질이며, 관광의욕은 정신적 위안을 구하는 마음이다'라고 설명했다. 베르넥커(P. Bernecker, 1962)는 저서 "Grundlegenlee des Fremdenverkeslee(관광원론)"에서 관광은 '일시적 또는 개인의 자유의사에 의해서 타지로 이동한다는 사실과 결부된 모든 관계 또는 결과'라고 주장했다. 메드상(I. Medecine, 1966)은 가장 현대적인 학설로 "관광은 인간이 기분전환을 하고 휴식을 취하며 인간 활동의 새로운 여러 가지 국면이나 미지의 자연풍경에 접촉함으로써 그 경험과 교양을 넓히기 위하여 여행을 하거나 정주지를 떠나서 체재함으로써 성립되는 여가활동의 일종"이라고 정의했다.

일본 관광정책심의위원회 보고서(1969)에 의하면, "관광은 자기의 자유시간 안에서 감상, 지식, 체험, 활동, 휴양, 정신교육 등의 생활변화를 추구하는 인간의 기본적인 욕망을 충족시키기 위한 레크리에이션 행위로서, 일상 생활권을 떠나 다른 자연 및 문화 등의 환경 속에서 행하고자하는 일련의 행동"라고 정의하였다. 이장춘(1997)은 "관광은 주거지를 일시적으로 떠나 휴식, 휴양, 위락, 놀이, 교육, 교양증진, 수련을 통한 자기발전으로 삶의 가치증대를 도모하며, 이를 위한 시설, 자원, 제도, 정책이 뒷받침되는 현상"이라 설명했다. 이항구(2000)는 "관광이란 자기의 생활을 건전하게 영위하기 위하여 다시 돌아올 예정으로 여행하면서 경제적인 소비를 행하는 행위"라고 보았다. 안종윤(2000)은 "관광이란 사람이 일상 생활권을 떠나서 다시 돌아올 예정으로 이동하며 즐거움을 맛보는 것"이라고 정의하여 위락목적을 추가했다.

<표 1-1> 학자별 관광의 정의

학자	관광의 정의
마리오티(1911)	외국인 관광객의 이동
보르만(1931)	특정 지역에서 일시적 체재를 목적으로 하여 그 지역까지 거리를 이동하는 인간의 활동
글릭스만(1935)	체재지에서 일시적으로 머무르고 있는 사람과 그 지역에 살고 있는 사람들과의 여러 가지 관계의 총체
이노우에 만주소(1962)	사람이 다시 돌아올 예정으로 일상 생활권을 떠나 레크리에이션을 얻기 위하여 이동하는 현상
베르넥커(1962)	시적 또는 개인의 자유의사에 의해서 타지로 이동한다는 사실과 결부된 모든 관계 또는 결과
이장춘(1997)	주거지를 일시적으로 떠나 휴식, 휴양, 위락, 놀이, 교육, 교양증진, 수련을 통한 자기발전으로 삶의 가치증대를 도모하며, 이를 위한 시설, 자원, 제도, 정책이 뒷받침되는 현상
이항구(2000)	자기의 생활을 건전하게 영위하기 위하여 다시 돌아올 예정으로 여행하면서 경제적인 소비를 행하는 행위
안종윤(2000)	사람이 일상 생활권을 떠나서 다시 돌아올 예정으로 이동하며 즐거움을 맛보는 것

자료: 김광근(2007); 김영규(2013); 안종윤(2000)

1.2 관광객의 정의

관광객의 정의

관광객은 관광의 주체로서 관광의 총체적 이용자를 말한다. 관광객은 소비지출의 확대로 인하여 방문한 지역 또는 국가에 경제적인 효과를 부여한다. 관광객은 일상생활을 떠나 다시 돌아올 목적으로 타지역의 여행과정에서 정신적 또는 육체적 휴식을 즐기면서 견문을 넓히고 이익을 위한 소비지출로 인해 관광대상에서 매우 귀중한 소비자이다. 따라서 관광객 자신은 관광활동으로부터 얻어지는 피로회복의 기회는 물론, 운동 및 휴양의 효과로 인간성을 발견하며, 사회생활에서 강한 만족감을 경험한다.

보통 관광객과 관광자를 혼동하며, 관점에 따라 용어가 다르다. 관광객은 일반적으로 비즈니스의 대상이고, 관광자는 관광을 하는 주체인 인간의 행위를 강조한다. 관광경영학의 관점에서 관광객이 그 연구대상이며, 관광 사회학 및 관광심리학의 측면에서는 관광자가 연구대상이 된다. 영어로 서구에서는 일반적으로 관광객을 visitor, traveller, guest 등으로 호칭한다.

국제기구별 관광객 정의

국제노동기구(ILO)

국제노동기구(ILO: International Labor Organization)는 국제관광 통계의 통일성을 유지하기 위하여 용어를 정의한다. 관광객은 원칙적으로 24시간 또는 그 이상 기간 동안 거주지가 아닌 다른 나라에 여행하는 사람을 의미한다. 이 특징은 통계 상 통일성을 도모하기 위하여 관광객으로 볼 수 있는 자와 없는 자를 구별한다. 보통 관광객의 범주에는 ① 위락 목적이나 가정상의 이유 또는 건강상의 이유로 여행하는 자, ② 회의참석을 위하여 여행하는 자, ③ 사업상 목적으로 여행하는 자, ④ 24시간 이내의 체재자 포함하여 해외여행 도중에 귀향하는 자 등이 포함된다.

경제협력개발기구(OECD)

경제협력개발기구(OECD: Organization for Economic Cooperation and Development)는 관광을 OECD가 추구하는 여러 경제목표에 들어가는 일정한 분야로 인식하고 있다. 그래서 정책조정과 관광에 따른 영향을 분석하면서 회원국의 통계방법을 개선시키기 위한 목적으로 관광위원회(tourism committee)를 설치하여 우선 관광객을 정의했다. 국제관광객은 인종이나 성별, 언어, 종교에 관계없이 자국을 떠나 외국의 영토 내에서 24시간 이상 6개월 이내의 체재자를 의미한다. 일시방문객은 24시간 이상 3개월 이내의 체재자를 지칭한다.

OECD는 국제관광은 각국의 출입국 절차, 관세, 검역 또는 국가안전보장의 관점에서 국내관광과 달리 번거로움이 수반된다고 보았다. 번거로움을 해소하고 가맹국들의 행정절차를 완화함으로써 국제관광을 진흥하기 위해서 1965년에 '국제관광을 촉진하기 위한 행정 상 편의공여에 관한 이사회의 결정과 행정절차에 관한 이사회의 권고'를 채택하고 그 실행을 요구했다.

국제관광연맹(IUOTO)

국제관광연맹(IUOTO : International Union of Official Travel Organization)은 1963년에 관광객을 '관광을 목적으로 여행하는 자'라고 정의했다. 관광객에는 ① 위안, 가사, 건강 등의 이유로 해외를 여행하는 자, ② 회의 참석 혹은 과학, 행정, 외교, 종교, 스포츠 등의 대표자 또는 수행원 자격으로 여행하는 자, ③ 상용 목적으로 여행하는 자, ④ 선박으로 각지를 주유 중에 입국하는 자, ⑤ 한 나라의 교육기관에 대한 견학 및 시찰목적으로 여행하는 자 등이 포함되어 있다.

국제연합(UN)

국제연합(UN: United Nations)은 1963년 국제여행·관광에 관한 로마회의에서 국제관광객을 '이익 추구의 목적 없이 통상 거주자가 아닌 다른 나라를 방문하는 모든 사람'이라 정의했다. 여행자들의 목적에는 ① 여가, 위락, 휴가, 스포츠, 건강, 연구 및 기타 종교행사 참가목적으로 여행하는 자, ② 업무, 친족 및 지인 방문, 사절, 회의참가 목적으로 여행하는 자 등이 포함된다.

UN은 당일관광객은 여행자가 24시간 이하 체재하는 경우에, 24시간 이상 체재할 경우는 관광객으로 간주했다. 국제관광객은 상용 혹은 순수관광목적이든 외국을 방문하는 사람은 누구든지 방문국에서 경제활동에 종사하지 않으면 국제관광객으로 여겨지고 있다.

1978년 UN 경제사회이사회에서는 '국제관광객은 해외에서 특정국을 방문하러 오거나(inbound) 또는 특정국에서 해외를 방문하는(outbound) 모든 사람'이라 설명했다. 체재기간은 최대 1년이며, 그 기간 내에 체재하는 모든 사람을 관광객으로 보았다. 따라서 '국제관광객은 1일 이상, 1년 미만의 기간을 해외에서 여행하는 사람으로서 방문지역에서 경제활동을 하지 않고 여행하는 사람'이라고 규정한다. 그러나 해당지역에서 24시간 미만 체재자는 당일관광객이다.

1.3 관광의 구성요소

관광은 본질적으로 여행의 한 형태이지만, 여행하기 위한 이동수단이 한정되어 있다면 관광은 제한받는다. 여행을 하려면 목적지가 필요한데, 즐거움의 대상으로서 마땅한 조건들이 구비되어야 여행목적지가 된다. 유명한 관광지이라도 목적지를 모르면 관광이 이루어질 수 없다. 어느 장소에 머무르려면, 의식주 시설 및 부대 서비스가 필요하다. 관광이 구체적으로 성립되기 위해서는 관광주체, 관광객체, 관광매체 등 여러 가지 조건들이 충족되고 결합하여 상호작용을 해야 한다.

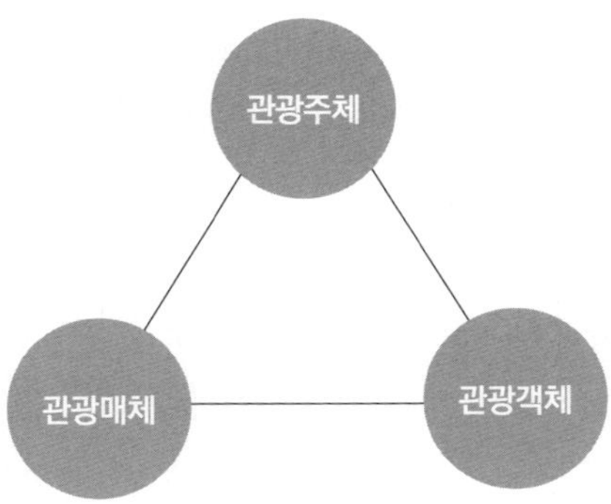

<그림 1-1> 관광의 구성요소

관광객은 관광을 행하는 주체인 관광주체이다. 관광객은 일상생활의 근거지를 떠나 다시 돌아올 목적으로 이동을 하고 목적지에서 체재하며, 결국에는 정신·육체적 휴식을 얻으려는 소비자다. 관광객은 여행목적지에서 경제·사회·환경적인 영향을 미치며 영향을 받는다. 무엇보다도 관광주체는 결국에 관계를 발생시키고, 이에 대한 반대 급부를 받을 준비가 된 사람이다.

관광객체

관광객체는 관광객의 다양한 욕구를 불러일으키며 관광욕구를 충족시켜 주는 대상이다. 관광대상에는 관광객의 관광욕구를 충족시켜 주는 모든 것들이 포함된다. 관광객체는 보통 자연자원(기후, 풍토, 지형, 지질, 천상, 기상, 생물)과 인문자원(생활, 민속, 분위기, 행사, 예능, 사적, 도시, 전원, 문화재, 향토음식, 정원, 산업) 이외에 양자를 바탕으로 하는 활동(위락, 스포츠)자체도 들어간다.

관광매체

관광매체는 관광주체와 관광객체를 결부시키는 기능을 수행하는 것으로서 기본적으로 교통, 체재수단과 정보를 지칭한다. 관광은 산업혁명 이후 교통수단은 물론, 숙박시설과 매스미디어(mass media)의 발전 및 확산으로 일반대중이 요구하는 기본적인 조건들이 만들어졌다. 교통수단(관광이동), 체재수단(호텔)과 정보(관광정보)는 현대관광의 기본적 구성요소이다. 관광매체의 존재와 역할이 확대됨에 따라 대중적인 관광이 증가하게 되었다. 교통수단을 담당하는 철도, 항공, 선반 등이 교통운송업이다. 정보를 담당하는 것은 여행사를 비롯한 중개업이며, 관광매체에서 필수적인 것이 숙박시설, 식음료시설, 유흥시설 등이다. 여기에서 교통운송업, 여행업, 숙박업, 위락시설의 기업군을 관광매체라 하며, 환언하면 관광사업이다.

1.4 관광시스템의 구성요소

관광시스템의 정의

관광시스템은 관광 현상과 관련 있는 요소들의 상호관계를 조직화와 구조화를 통하여 구체적으로 밝히는 것이다. 관광시스템은 관광현상 속에서 과업 또는 목표를 달성함으로써 효율성을 증대하려는 구성요소들의 집합으로 이루어진 전체를 의미한다. 관광시스템은 상호 구조적인 요소 관계를 파악하여 개방적인 외부환경에 적응하면서 연속적인 반응을 보이고 있다.

관광현상의 관련요소에는 대략 관광에 영향을 미치는 주변 환경, 관광객, 교통, 관광자원, 관광시설, 서비스, 관광정보와 홍보 등이 들어간다. 관광시스템은 주어진 환경 속에서 관광의 관련요소들이 어떻게 조합되고 운용되는가를 조직적으로 구조화하여 수요자, 공급자 및 지원자 입장에서 파악하여 구체적으로 시스템 요소들의 관계를 밝히는 것이다. 관광시스템 속에는 여러 개의 하부시스템이 있고, 호텔의 시설과 서비스 이용체계는 관광시설 및 서비스 요소에 포함되는 하부시스템 중 하나이다.

관광시스템의 구성요소

관광시스템 분석에서 우선 고려할 요인은 관광시스템의 범위 혹은 경계를 파악하는 것이다. 관광현상은 많은 변수들의 영향을 받으므로, 관광시스템은 너무 복잡하여 내용과 작용관계를 다 알지 못한다. 그래서 관광시스템의 목표와 밀접한 관계가 있는 요소들을 우선 고려할 수 있다.

시스템 경계는 시스템 내부요소와 외부요소를 가르는 기준이다. 경계 기준은 시스템 요소의 성격 혹은 변환된 상태를 바탕으로 한다. 시스템 내부요소는 시스템 내에서 상호작용하며 운용되는 요소로 구성된다. 시스템 외부요소(시스템 환경)는 시스템에 영향을 미치는 요소로서 정치, 경제, 문화 및 사회 등이며 관광현상에 영향을 미친다. 관광시스템은 환경요소의 영향을 고려하는 개방시스템이다. 시스템의 구조화 과정에서는 과업목표가 주어져야 방향을 설정하며, 과업이나 목표가 다르게 되면 시스템 구성요소도 변한다. 관광시스템은 관광 관련체계를 구조화·조직화 과정을 통해서 구체화하여 밝힌다는 과업과 목표를 가지고 있다.

시스템은 통상적으로 투입, 변환, 산출 및 지원통제의 과정들을 거친다. 첫째, 투입은 관광현상을 발생시키기 위한 사전에 필요한 요소이다. 그 예로는 관광객, 교통, 관광시설과 서비스, 관광자원, 관광정보 및 홍보 등을 말한다. 둘째, 변환과정은 투입요소를 활용하여 산출의 적정화를 도모하기 위해 상호작용하는 과정으로서 하위시스템을 포함한다. 셋째, 산출은 관광시스템의 운영결과이며, 여기에는 관광객의 만족도, 관광의 긍정적 효과 및 부정적 효과 등이 들어간다. 넷째, 지원통제 기능은 관광시스템 발전을 위하여 존재한다. 이것들은 관광정책과 관련이 많으며, 시스템의 개선과 발전을 위해서는 관광정보체계를 활용한 평가 및 환류과정들이 들어가야 한다.

일반적으로 관광시스템은 관광시장, 여행, 관광지 그리고 마케팅으로 구성된다. 관광의사 결정은 우선 시스템의 구성요소 중에서 관광시장을 조사하여 이해할 수 있다. 개인이 과거의 여행에서 자신의 욕구를 만족시켰거나, 미래 여행을 통하여 자신의 욕구를 만족시킬 수 있다고 생각할 때 이룩된다. 관광의사과정을 검증하는 메커니즘이 소비자의 행동모델이며, 그 과정에서 나타나는 변화는 개인의 여행 구매행동에 영향을 미친다.

개인이 관광의사결정을 마친 후에는 관광목적지, 여행 시기와 교통수단을 선택한다. 여행은 이러한 선택의 문제에 대하여 설명하고 있다. 관광시스템의 세 번째 구성요소인 목적지 믹스(destination mix)는 관광의 매력물과 관광객에 대한 서비스로 구성되어 있다. 관광목적지 믹스를 구성하는 요소들은 관광객을 유인하며 부대서비스를 제공하고 만족시키기 위하여 상호 유기적으로 연관되어 있다. 따라서 관광객에게 여행을 하도록 만들려면, 관광객이 관광으로 인한 편익과 손해를 인지시켜 주어야 한다.

마케팅은 관광시스템의 제4요소로서 마케팅을 통해서 잠재적인 관광객들에게 관광지에 대한 정보를 제공하고, 관광지를 여행하도록 도와준다. 잠재적인 관광객들이 목적지를 효율적으로 선정하는 중요한 기준들은 마케팅계획의 개발, 믹스의 선택 그리고 교통노선의 선택 등이다.

요약

1. 관광은 즐거움을 목적으로 하는 여행으로서 자유의사에 따른 공간적 이동과 귀환을 전제로 한다. 관광은 관광지까지 여행 및 체제하는 과정에서 발생하는 모든 현상과 관계의 총체라고 불린다. 관광의 개념은 학자 및 국제기구에 따라 다양하게 정의되고 있다.
2. 관광객은 관광의 주체로서 관광의 총체적 이용자를 말한다. 관광객은 비즈니스의 대상이며, 관광자는 국제노동기구(ILO), 경제협력개발기구(OECD), 국제관광연맹(IUOTO)과 국제연합(UN) 등의 특성에 따라 다르게 정의되고 있다.
3. 관광을 구성하는 요소는 관광주체, 관광객체 및 관광매체이다. 관광주체는 관광을 하는 관광객, 관광객체는 관광객의 다양한 욕구를 불러일으키고 관광욕구를 충족시키는 대상으로 자연자원과 인문자원이 있다. 관광매체는 관광주체와 관광대상을 서로 연결시키는 기능으로 교통 및 체제수단과 정보를 말한다.
4. 관광시스템은 관광현상 속에서 과업 또는 목표를 달성함으로써 효율성을 증대하려는 구성요소들의 집합으로 이루어진 전체를 의미한다. 관광시스템을 파악하려면 시스템의 경계를 고려하며, 이것은 시스템의 내·외부 요소를 구분한다. 관광시스템은 개방시스템으로 투입, 변환, 산출 및 지원통제의 기능을 갖는다.

중요개념

관광　　관광객　　관광의 구성요소

관광주체　　관광객체　　관광매체

관광시스템　　관광시스템 구성요소

연습문제

❶ 관광의 어원을 알아보고 주요 학자별로 관광의 정의를 설명하고 나서 종합적으로 관광을 정의하면 무엇인가?

❷ 관광객의 개념을 설명하고 국제기구에서는 관광객을 무엇으로 정의하고 있는가?

❸ 관광은 무슨 요소로 구성되어 있으며, 구성요소의 개념을 개괄적으로 말하면 무엇인가?

❹ 관광시스템의 개념을 파악한 다음에 관광시스템의 구성요소를 설명시오.

News

경남관광돋보기 : 밀양시

밀양에 새로운 바람이 불고 있다. 표충사·영남루·얼음골·호박소와 같이 고즈넉하고 전통적인 관광자원이 대표적이었던 밀양에 밀양아리랑 우주천문대를 비롯한 국립 밀양기상과학관과 아리랑테마파크, 얼음골 신비테마관과 같은 교육·체험 시설들이 들어서면서 패러다임이 바뀌고 있다. 여기다 최근 주 52시간 근무제 도입과 워라벨을 중요시하는 사회 문화가 자리잡으며 가까운 국내여행을 찾는 사람들의 증가로 밀양 관광이 호기를 맞고 있는 셈이다. 이에 발 맞춰 밀양시는 재미와 흥미가 있는 곳은 어디든 찾아가는 관광객들의 발길을 잡기 위해 끊임없이 고민하고 발전시켜 나가려는 노력을 기울이고 있다. 지금 밀양에선 어떤 일들이 일어나고 있는지 이야기를 들어본다.

● 외계인 친구들이 밀양에 온다

어렸을 때 누구나 궁금해하고 호기심을 가졌던 이야기들이 있다. 광활한 우주, 블랙홀, 외계인, 별자리…. 어린 아이들의 동심은 물론이고 어른이 된 후에도 그 알 수 없는 세계에 대한 궁금증은 항상 우리를 목마르게 한다. 밀양에 그런 목마름을 해결해 줄 반가운 소식이 들린다. 바로 밀양아리랑 우주천문대와 국립 밀양기상과학관의 동시 개관이다. 기상과학관은 공사를 완료하고 천문대 공정율도 98%로 오는 3월 개관을 앞두고 있다.

특히 밀양아리랑 우주천문대는 국내 최초로 '외계행성 및 외계생명'이라는 특화 주제로 전시·체험시설을 꾸려나갈 계획이다. 600년 전 토성의 위성인 타이탄에서 외계인 친구들이 밀양을 방문하고 다음 차례엔 우리가 타이탄을 찾아간다는 이야기. 얼핏 들어도 궁금증을 자극한다. '바닥형 시어터', 'VR체험기구', 타이탄 세트장과 국내 최고수준의 주망원경, 보조망원경, 천체투영관은 관광객의 만족을 이끌어 내기에 충분하다. 시는 방문 관람객을 위해 레스토랑, 카페, 편의점 등 편의시설과 단체 관람객을 위한 연계 관광코스를 개발 중이다. 인접한 박물관, 대공원, 수학체험마루, 밀양읍성, 관아, 영남루, 의열기념관이 대상이다. 이제 밀양은 교육 관광도시로 한단계 성장하는 토대가 완성 단계에 접어 들었다.

● 밀양아리랑대축제, 전국 축제로 도약

밀양아리랑대축제는 3년 연속 정부유망축제 선정에 이어 2020-2021년 정부지정 문화관광축제에도 선정돼 국대급으로 위상을 높이고 있다. 이는 밀양아리랑의 주제성을 명확히 했으며, 최첨단 실경 멀티미디어 퍼포먼스인 밀양강오딧세이가 제대로 평가를 받은 것이다. 특히 밀양의 역사와 인물들의 이야기를 환타지 픽션이라는 새로운 장르로 표현한 2019 가을 밀양강오딧세이는 공연장을 찾은 관객들에게 큰 환호를 받으며 대한민국 대표 실경 멀티미디어 퍼포먼스 공연으로 성장할 수 있는 가능성을 다시 한 번 확인시켰다. 화려한 무대장치와 박진감 넘치는 음향, 최대 규모의 특수효과가 쉴 새 없이 펼쳐지는 밀양강오딧세이는 외부 관광객들을 끌어들이는 밀양의 대표 콘텐츠라고 자부한다. 밀양시는 여기에 만족하지 않고 밀양아리랑 주제에 맞는 체험 프로그램과 콘텐츠를 개발하고 2일 이상 체류 관광객을 유치하기 위해 야간 콘텐츠와 연계 교통편, 차별화된 먹거리를 고민하고 있다. 이와 함께 2020년 '연극의 해'를 맞아 밀양공연예술축제 브랜드를 강화할 예정이다. 시는 밀양연극촌의 경관조명을 확충하고 청년 K-STAR밀양연극 아카데미를 운영하는 등 연극촌을 재정비하고 명품화할 계획이다. 다채롭고 볼거리가 넘치는 밀양 축제의 현장으로 함께 떠나보는 것도 좋겠다.

● 밀양의 이야기가 녹아있는 '밀양다움'을 찾아서

바쁜 일상생활에 잠시 쉬어가는 힐링을 하고 싶다면 역시 밀양이다. 밀양은 여러 가지 볼거리와 이야기거리가 넘치는 도시다. 우리나라 3대 명루 중 하나인 영남루는 보물 제147호로 웅장한 기풍을 자랑하고 있으며, 특히나 누각에서 듣는 아랑의 전설은 언제 들어도 재미가 있다. 산행을 좋아할 경우 재약산, 천황산으로 이어지는 영남알프스를 추천한다. 하늘과 사람이 만나는 곳 '산들늪'이 국내 최대 규모의 억새군락으로 방문객을 맞이한다. 여름에도 얼음이 꽁꽁 어는 얼음골과 이무기의 전설이 담긴 호박소는 여름 대표 관광지다. 호박소는 여름이면 물이 좋고, 가을이면 단풍이 좋아 영화 '방자전'이 촬영된 곳이기도 하다.

답답한 일이 있을 때에는 표충사와 만어사를 찾아가 보자. 원효대사가 터를 잡은 표충사와 소원돌, 동전이 붙는 바위가 있는 전설의 사찰 만어사가 답답한 마음을 위로해 준다. 매년 이팝나무 꽃이 만발하는 시기가 되면 아련하게 생각나는 곳이 있다. 백성을 위한다는 의미의 '위양지'가 바로 그곳이다. 사진작가들이 많이 찾는 이 곳은 이팝나무 꽃이 날리는 절경에 황홀해지기까지 한다.

● **머무르는 관광도시를 향한 준비**

밀양시는 단장면 미촌시유지 91만7448㎡에 리조트, 국제웰니스토리타운 등 사업으로 구성된 농어촌관광휴양단지를 조성하고 있다. 농어촌관광휴양단지는 체류형 휴양문화의 거점으로 밀양을 방문하는 관광객들이 머물 수 있는 숙박까지 책임을 진다. 이와 함께 관광 인프라 조성에도 힘을 쏟는다. 밀양아리랑 우주천문대와 국립 밀양기상과학관 개관과 연계해 인근의 아리랑대공원, 시립박물관, 아리랑아트센터, 영남루, 관아, 의열기념관과 문화예술플랫폼 미리미동국 등 여러 가지 시내권 관광벨트 코스를 구상 중에 있다. 인근 코스 외에도 아이들을 위한 트윈터널, 우리아이 마음 숲 놀이터가 있고 고즈넉한 자연을 즐기고자 찾는 이들을 위해 영남알프스 생태하늘마루 조성사업이 한창 추진 중이다.

영남알프스 생태하늘마루 조성사업은 영남알프스 생태관광센터, 재약산 사자평 고산습지센터 건립과 함께 재약산 산들늪 국가생태탐방로, 도래재 자연휴양림, 밀양아리랑수목원이 함께 조성된다. 밀양의 지역별 특색을 담은 관광자원 개발에도 노력을 기울이고 있다. 수산제복원사업, 얼음골 신비테마관 조성, 밀양문화원과 밀양 선비문화 체험관 등이 해당된다. 밀양은 이제 오감만족 관광도시다.

◆ 자료: 경남일보(2020-02-17)

Chapter 2

관광지의 지정과 관리

2.1. 관광지의 개념 및 목적
2.2. 관광지 관리와 체계

개관

관광지의 개념 및 지정목적을 알아봄으로서, 관광지란 무엇이며 관광지 관리는 왜 필요한가에 대해 탐색한다. 그 뒤 관광지 관리의 개념 및 체계에 대해 살피보고, 그 관리기법 등을 모색하고자 한다.

제2장

관광지의 지정과 관리

2.1 관광지의 개념 및 목적

관광지의 개념

관광지(tourist site)는 사람들의 관광욕구 충족을 위해 관광자원·시설들이 결합되어 있는 일정한 구역이다. 관광지에는 관광객이 일정 시간동안 체재하는 지역으로 자연 및 인문 관광자원의 이용가치를 높이기 위한 숙박, 식음료 및 편의시설 등이 갖추어져 있다. 이곳은 관광자원에 접근 할 수 있는 교통시설이 설치되어 있고 관광서비스가 이루어지는 일정한 영역이다.

관광지는 일종의 인지된 매력을 경험하기 위해 찾아가 일정기간 머무는 장소이다. 관광지는 자연, 문화, 사회, 경제, 정치, 기술적 환경의 기반 위에서 각 환경과 연관성을 갖고 있다. 또한 여러 관광현상과 공통 요소를 가진 부분들이 모여 관광산업이라는 집합체를 이루어내는 장소이다. 이러한 관광지는 관광객, 교통수단, 관광대상, 관광시설과 서비스, 정보제공과 이용안내로 구성된 폐쇄시스템이다. 따라서 관광지의 설계, 개발 및 운영은 관광자원이 관광객을 유인하는 기초적인 관광대상으로서 기능을 잘 수행하기 위해서 매우 중요하다.

관광기본법에서 관광지는 문화체육관광부가 관장하는 범위에 있는 관광지를 대상으로 한다. 관광진흥법 제2조에서 '관광지는 자연 혹은 문화 관광자원을 구비하여 관광 및 휴양에 적합한 지역'으로 규정했다. 관광지는 자연적 또는 문화적 관광자원을 갖추고 있으며 관광객을 위한 기본적인 편의시설을 설치하는 지역이다. 이것은 관광지를 방문하는 관광객을 위한 공간으로 정의한 것이다. 따라서 관광지는 자연 및 문화자원을 보유하며, 지역주민 또는 관광객들에게 관광 및 휴양을 즐길 수 있도록 일정 수준의 시설을 갖춘 지역이다. 관광지는 사람의 관광욕구 충족공간, 일정시간 체재지역, 관광활동을 지원하는 서비스시설 구비지역 등의 3가지 구비여건들이 요구된다.

관광지의 유형

관광지는 관광대상의 성격 및 유형, 공간구성, 이용상태 등에 따라 다양하게 분류된다. 관광대상의 성격에 따라서 자연관광자원 의존형, 인문관광자원 의존형, 관광시설자원 의존형의 세 가지로 구분한다. 자연관광자원 의존형은 다시 산악관광지, 내륙수변관광지, 해안관광지, 기타 관광지로 나눈

<표 2-1> 관광대상 유형에 따른 관광지분류

의존형	관광지	내 용
산악 관광지	등산기지형	산에 대한 행동을 관광화, 원시성의 매력
	스키등산지형	일반 스키장보다 로프웨이 등 설치로 다중이용
	종합산악 관광지형	온천, 폭포, 동식물의 포함, 산악형 국립공원
	별장형	교통접근성의 양호, 하절기 피서 및 동절기 스키활동 증대
수변관광지		해안관광지, 강변관광지, 호반관광지
도시관광지		도시민에 의해 이용되며, 지역 외부 관광자와 공용
도서관광지		제주도, 홍도 등 섬, 특이한 자연경관의 형성, 경관자체의 독특성과 연도교로 자연훼손 최소화

자료: 박석희(2011)

다. 인문관광자원 의존형은 문화유적관광지, 종교문화관광지, 생활현장관광지로 구분하며, 관광시설자원 의존형은 관람시설관광지, 이용시설관광지로 나눈다. 관광대상의 유형에 따라서는 산악관광지, 수변관광지, 도시관광지, 도서관광지로 구분한다. 이 중 산악관광지는 등산기지형, 스키등산지형, 종합산악관광지형, 별장형으로 세분화된다.

공간의 구성에 따라서는 광장형, 평행형, 미로형, 편도형, 자연형, 산장형, 유원지형의 7가지 유형으로 구분한다. 광장형은 유럽의 도시나 마을의 구성요소에서 흔히 보며, 한국에는 이런 유형이 없다. 평행형은 도시 내에서 흔히 보는 유형으로 '-거리, -가街' 등으로 불리는 공간구성 형태이며, 도시변화의 대부분을 차지한다. 미로형은 주점과 같은 유흥가나 시장 등이 이에 속한다. 편도형은 코스를 형성하는 교통수단과 그 곳에서 전망 가능한 연속공간 혹은 일시적인 공간을 포함한다. 자연형은 해수욕장 등의 자연관광 공

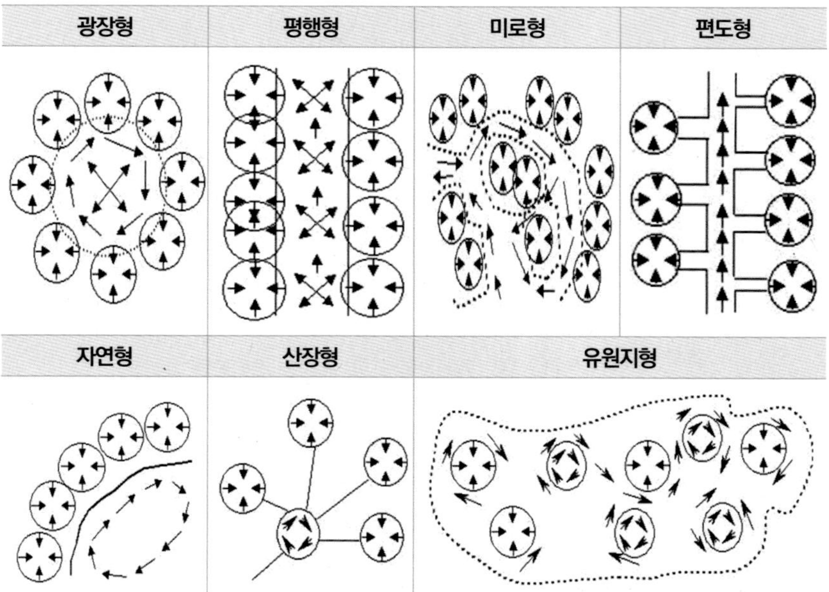

<그림 2-1> 공간구성에 따른 관광지분류

간, 산장형은 특수 목적에 따라 소수 인원을 수용하는 산악 관광지를 의미한다. 유원지형의 대표적인 사례들은 디즈니랜드, 롯데월드, 에버랜드 등이 있다. 미로형에서는 놀이가 연출되지 않는 차이가 있으며, 유원지형에서는 이동공간의 형태를 자유롭게 변형시킬 수 있는 특징이 있다.

공간 상태에 따라 방문자수에 따른 분류, 이용시간 및 시장에 의한 분류가 가능하다. 이용시간은 다시 경유형, 체제형, 1박형, 당일형 등으로 구분된다. 시장에 의한 분류는 관광자의 출발지를 분석하여 시장범위를 구분하는 것으로서, 전국 주도형, 대도시 주도형, 지방주도형 등으로 나눈다.

관광지의 지정목적 및 역할

관광지의 지정목적

관광지의 지정목적은 관광여건을 조성하고 관광자원을 개발하여 관광사업을 육성함으로써 관광진흥에 이바지하는 것이다. 다시 말해, 관광 진흥을 위한 관광여건의 조성, 관광자원의 개발 및 관광사업의 육성을 통하여 국민의 복지를 증진시키며, 지역의 균형발전, 자원의 효율적 이용을 도모하는 것이다. 관광지 개발은 1994년 지방자치제 이후 지역경제의 발전, 낙후지역의 개발·효율화 등의 중요한 지역개발수단으로 부각되어 왔다. 관광지 지정 및 개발은 주요 목적에 따라 관광을 통한 사회복지적 측면, 관광지역개발 및 지역 간 균형발전을 위한 사회개발 측면, 자원 보존 및 활용의 측면으로 나누어진다.

관광지의 지정목적들은 법규·개발 측면을 종합하여 몇 가지 제시할 수 있다. 첫째, 국민의 여가선용을 위한 건전한 여가활동의 공간을 제공한다. 둘째, 국토의 합리적인 이용과 관광 진흥으로 지역경제 활성화을 통하여 지역 간 균형발전을 도모한다. 셋째, 관광자원의 가치 상실이나 훼손을 최소화하여 자연자원을 보전한다. 넷째, 관광자원을 보다 합리적이고 효과적인 방법으로 활용하여 국토를 보전하고 개발한다.

● 관광지의 역할

첫째, 관광지는 국민에게 관광기회를 확대시켜주는 관광투자 활성화의 방안으로서 역할을 담당하고, 지역주민의 생활수준 향상을 위한 공공적 역할을 담당한다. 관광지 개발은 지역주민의 공공 및 위락시설을 공급하고 휴식공간을 확보하여 관광여가 편의시설을 다양하게 확충한다. 이것은 지역주민의 삶의 질 향상과 소득증대에 기여하며, 관광취약 계층에게 관광기회를 제공하여 지역주민의 복지를 증진시킨다.

둘째, 관광지는 지역 산업구조가 가지는 경제적 한계를 극복하는 대체산업 역할을 수행한다. 또한 관련 산업의 부가가치를 창출하고 지역산업구조를 개선하여 지역경제를 활성화하는 기능도 있다. 재정자립도가 낮은 지방자치단체의 경우에 관광개발로 가져오는 경제효과는 지역개발에서 중요하다. 이를 테면, 산업구조의 한계가 있는 지역에서 관광개발을 중요한 대체산업으로 활용하여 지역산업구조를 개선한다. 또한 지역특산물 구매와 지역하청, 지역 조세수입의 증대로 인한 지방재정을 확충하여 지역경제의 활성화가 가능하다. 이를 통해 지역주민의 소득이 증대되며 지역 간 균형발전을 유도할 수 있다.

셋째, 관광지는 자원의 훼손 및 난개발을 방지하고, 역사·문화자원을 보전하는 역할을 담당한다. 우리나라 관광지 지정의 경우 환경적으로 민감한

<표 2-2> 관광지 지정에 따른 역할

구 분	세부적인 역할
사회복지측면	• 주민 공공위락시설의 공급, 휴식공간의 확보 • 지역주민의 삶의 질 향상, 소득의 증대, 관광기회의 제공
지역사회개발 측면	• 지역 대체산업의 역할, 관련산업의 부가가치 창출 • 지역산업구조의 개선, 지역경제의 활성화
자원보존활용 측면	• 자원훼손 및 난개발 방지, 역사문화자원의 보존 • 지역주민의 쾌적한 생활환경의 제공

자료: 김향자(2001)

지역, 자연문화자원으로서 보전가치 지역 등을 장기적 측면에서 관광지로 지정 및 개발하여 자원훼손을 방지한다. 자연환경 보전지역에 지정된 관광지는 지역민과 관광객을 위하여 녹지·수변공간을 확충한다. 이것은 지역민과 관광객에게 쾌적한 휴양 및 환경친화적인 체험공간을 제공하며 청소년의 교육공간으로 활용할 수 있다. 관광지로 지정되어 관광지 조성계획에 의한 계획적인 조성은 자연발생적으로 이루어지는 난개발을 방지한다. 토지개발 규제는 중·장기적인 측면에서 지역민과 관광객에게 쾌적한 환경을 제공하게 된다.

2.2 관광지 관리와 체계

관광지 관리의 개념

관광지는 인간의 휴양 및 여가이용을 위하며, 자연 또는 문화자원의 보존 및 이용 간 조화를 이루는 중요한 지역이다. 관광지에서 일어나는 모든 활동이 관광지 환경과 관광객의 만족도에 영향을 미치므로, 관광지의 효율적인 유지관리가 중요하다. 관광지 관리의 목적은 관광경험의 질을 높여 관광객을 만족시키는 데 있다. 관광지 관리는 관광계획을 실천하고 관광지의 특성을 지속적으로 유지하기 위한 계속적인 활동이다. 이것은 관광지의 가치를 보전하고 관광객이 적정한 관광행동을 유지할 수 있는 일련의 인간 및 공간질서를 유지하기 위한 활동이다. 관광지 관리는 관광자원과 관련시설을 보호 및 보존하여 관광객에게 즐겁고 쾌적하며 안전한 최고의 관광기회를 제공하는 것이다.

관광객은 다양한 욕구에 따라 관광활동을 유발하며, 관광자원은 관광욕구에 가장 큰 영향을 미치는 요소이다. 관광객은 이용대상인 관광자원의 질이 얼마나 좋은 가에 따라 관광욕구의 충족 정도가 달라진다. 관광지 관리를 통하여 제한된 관광자원을 효율적으로 배분하는 것이 필요하다. 이것은 관광지가 관광자원으로서 그 가치를 훼손하지 않으며, 관광객에게 최대한 편익을 제공하고, 반대 급부로서 이윤극대화라는 경영목표를 달성한다.

한국에서는 민간업자가 대부분 관광지 관리자이며, 관광지의 개발 시 사업시행자에 의해 관리·운영을 위탁받아 경영하고 있다. 관광사업 시행자는 관광지 등의 관리·운영에 필요한 조치를 취하며, 필요한 경우에 관광사업자 단체에 관광지의 관리·운영을 위탁할 수 있다.

관광지 관리기법 및 체계

자원 관리

자원관리는 자원의 이용·개발을 적정하게 하고, 이를 보존하게 만드는 것이다. 관광자원은 관광객의 욕구를 충족시킬 수 있는 가장 큰 영향요소로서 관광지 관리에 가장 기본적인 체계기법이다. 관광자원을 효율적으로 관리하려면, 우선 동식물, 토양, 대기 등의 관광자원들이 관광객의 이용으로 인해 받는 영향과 변화들을 파악해야 한다. 이를 위해서는 자원상태를 계속적으로 점검하며, 이에 따른 자원관리 프로그램에는 부지·식생·경관·생태계·문화재 자원에 대한 점검과 관리가 요구된다.

첫째, 부지관리는 관광객의 이용으로 인하여 파손 및 훼손되는 것을 막기 위해 부지보호와 자원의 원상회복을 위한 활동을 말한다. 기본적으로 관광자원이 유한하다는 개념 하에 자연적 회복, 폐쇄 후 회복조치의 강구, 윤번제, 이용과 병행하여 회복조치 강구 등을 적절히 활용하여 지속가능한 관광을 도모하는 관리이다. 둘째, 식생관리는 식생이 생장의 한계점에 도달하면 그 식생의 관광적 이용가치와 목재가치를 비교하여, 보존 혹은 조성 여부를 결정한다. 식생관리는 도로, 탐방로와 개발지 등 관광객의 집중장소를 관리하는 임학적인 접근이다. 이것은 관광지 개발을 위한 부지의 준비단계에서부터 개발 후 식생까지 단계별로 관리해야 한다. 셋째, 경관관리는 경관의 시각적인 질을 관리하여 미적 반응을 극대화시키는 것이다. 이것은 인공 구조물의 시각적 영향을 최소화하고 자연경관을 조절하여 단조롭지 않은 가운데서 관광객이 아름다움을 느끼도록 도와준다.

넷째, 문화재는 자연부식이나 풍화작용으로 인해 원형을 그대로 보존하기 쉽지 않고, 도난과 파손의 위험도 있다. 관광개발 시에 보전정비계획의 일환으로 문화재보호법의 보호대책은 물론, 역사상 의의가 있고 문화적인 전승가치가 있는 사찰, 석재조형물, 유적지 등 모든 자원을 문화재 보호구역으로 설정하여 문화재 보호법과 관광지 개발기본계획에 따라 보호한다. 다섯째, 문화재 관리는 문화자원이 훼손됨으로써, 그 가치가 손실 혹은 복구에 장시간이 소요되므로 사후관리보다 훼손을 예방하기 위한 사전관리가 매우 중요하다.

● 서비스 관리

서비스 관리는 시설의 입지설계에 근거하여 서비스의 제공에 대한 것으로, 관광객의 쾌적성을 위한 직·간접적인 보조 활동이다. 서비스 관리에는 점포권 관리, 위생관리, 폐기물처리 및 시설이용(예약체계, 식음료 서비스 제공, 세탁기, 수영장 등 특수시설 이용 및 판매)에 대한 프로그램, 관광종사자 교육관리, 이용법규 홍보 및 교육정보 서비스관리 등이 포함되어 있다.

점포권 관리는 관광객에게 제공하는 서비스를 개발, 계획 및 감독하는 것이다. 이것은 관광지 계획단계에서 관광객의 요구사항, 흐름 및 환경을 고려하여 공간을 할당하고 적정 입지를 결정하는 것이다. 시설이용 관리는 관광지 내에서 관광편의를 위해 숙박, 식음료, 놀이시설 등 관광객이 쾌적하게 이용할 수 있도록 연구, 배치 및 운영하는 프로그램이다. 이와 관련하여 고객을 상대하는 시설종사자의 교육관리를 동시에 시행하는 것이 좋다. 서비스 관리에서 중요한 것은 정보서비스의 관리이다. 이것은 관광지의 물리·지리 정보, 관광지이용 안내판, 팜플렛, 안내소 운영관리 및 관리자의 용모관리를 포함한다.

● 방문자 관리

방문자 관리는 관광지 관리의 기본모형에서 가장 중요하다. 관광수요를 창출하기 위해서 계획을 수립 및 관리하는 것이다. 방문자 관리는 관광시설의 방문자를 조절하는 것이며, 이의 목표는 활동이 발생하는 사회적 환경을 미리 조성하는 것이다. 우선 관광객을 잘 이해하는 경우에 관광객을 효율적으로 관리한다. 관광객의 욕구 단계를 파악한 후에, 무슨 관광욕구가 충족되지 못했는지 잘 파악하고 동기를 부여해야 관광수요가 창출된다. 방문자 관리는 쓰레기 처리 및 오염의 위생관리, 공공안전관리, 이용분산을 위한 이용혼잡관리로 구성된다.

공공위생 관리는 관광객의 증가로 인한 폐기물을 신속하게 처리하고 위생 점검을 잘하여 안심하고 쾌적한 관광환경을 유지하는 것이다. 관광지 안전문제는 관광지의 입지, 규모와 관리 영역에 따라서 취약성의 노출범위가 좌우됨으로 다각도로 안전방안을 강구한다. 안전대책이 미비할 경우에는 도난, 침입, 화재, 상해 및 조난 등이 언제든지 발생할 수 있으므로, 문제의 근본원인을 사전에 규명하여 대책을 수립한다. 이용혼잡을 효율적으로 관리하기 위해서는 관광객의 욕구단계를 이해하고 충족시키는 것이 필요하다. 또한 관광행태를 분석하여 바람직한 방향으로 유도하고, 이용 분산을 통해 혼

<표 2-3> 관광지의 관리체계

종 류	세부관리 체계
자원 관리	• 자원이용관리의 적정화 및 보존 • 부지관리, 식생관리, 경관관리, 문화재관리
서비스 관리	• 관광의 쾌적성을 위한 직·간접적인 보조활동 • 점포권 관리, 위생관리, 폐기물관리, 시설이용 • 시설종사자 교육관리, 정보서비스 관리
방문자 관리	• 관광수요의 창출을 위한 계획관리 • 공공위생 관리, 공공안전 관리, 이용혼잡 관리

자료: 신우성(2005)

잡을 방지한다. 이에 대한 직접적인 관리방안에는 관광지 훼손방지를 위하여 규칙위반자에 대한 벌금제, 관광수요 집중시기의 순찰강화, 방문자수 제한, 선착순 이용 등이 있다. 간접적인 관리방안으로는 이용패턴, 주요관광지 및 주변 여러 관광지에 대한 정보제공, 요금의 차등화, 교통수단규제를 통한 정원규제 등이 존재한다.

요약

1. 관광지는 방문자의 관광욕구을 충족하기 위해서 관광자원·시설들이 결합되어 있는 일정한 구역이다. 관광지는 관광대상의 성격 및 유형, 공간구성, 이용상태 등에 따라 다양하게 분류된다.
2. 관광지의 지정목적은 관광 진흥을 위한 관광여건의 조성, 관광자원의 개발 및 관광사업의 육성을 통하여 국민의 복지를 증진시키며, 지역의 균형발전, 자원의 효율적 이용을 도모하는 것이다.
3. 관광지 관리는 관광자원과 관련시설을 보호 및 보존하여 관광객에게 즐겁고 쾌적하며 안전한 최고의 관광활동기회를 제공하는 것이다. 관광지 관리의 목적은 관광경험의 질을 높여 관광객을 만족시키는 데 있다.
4. 관광지 관리체계에 포함되는 내용들은 자원관리, 서비스 관리 및 방문자 관리이다.

중요개념

관광지	관광지의 유형	관광지 지정목적
관광지 관리	관광지 관리기법	관광지 관리체계

연습문제

❶ 관광지의 개념을 자세히 설명하시오.

❷ 관광지를 분류하는 다양한 유형을 말하고, 이에 대한 실제적인 사례들을 제시하시오.

❸ 관광지의 목적과 역할을 여가, 복지 및 경제의 관점에서 언급하시오.

❹ 관광지의 개념과 중요성에 대하여 설명하시오.

❺ 관광지 관리의 개념을 말하고, 이에 대한 목표와 중요성을 이야기하시오.

❻ 관광지 관리체계에 들어가는 중요사항을 자세히 말하시오.

News

경기도, 문턱없는 경기관광도시조성 확대 추진

경기도가 장애인, 고령자, 임산부, 영유아 동반자 등 관광약자들이 불편 없이 도내 관광지를 방문할 수 있도록 지난해 시작한 '문턱 없는 경기관광도시 조성' 사업을 올해 확대 추진한다. 도는 올해 약 17억여 원의 예산을 투입해 ▲관광지 공간환경 개선 ▲경기여행누림 차량운영 ▲ 관광약자 인식개선 등 다양한 분야를 연계해 개선할 계획이다. 도는 지난해 사업을 통해 ▲ 김포 국제조각공원 ▲ 가평 자라섬 ▲ 양주 장흥관광지 ▲ 용인 농촌테마파크 ▲ 양평 용문산관광지 등 도내 주요 관광지 5곳에 시설개선을 추진하고 있으며, 휠체어 탑재 가능한 특장차량을 운영해 총 3,500여명에게 도내 관광의 기회를 제공했다.

올해 사업은 시·군 공모를 통해 최소 3곳 이상 주요 관광지를 선정, 가족화장실 같은 편의시설분야부터 경사로, 엘리베이터 설치와 같은 접근성 분야까지 시설개선을 지원할 예정이다. 공간환경 개선사업 시·군 공모는 오는 20일까지 진행중으로, 참여를 희망하는 관광지는 시·군을 통해 신청하면 된다. 도는 올해 사업에서는 지난해보다 물품 지원분야를 확대하고, 공모방식을 통해 민간으로부터 개선안을 제안 받아 도가 지원하는 역방향 지원체계를 구축한다는 계획이다. 또 경기도장애인복지종합지원센터에 휠체어 탑승이 가능한 대형버스 2대를 도입해 관광약자의 이동성 개선을 위한 편의를 제공할 예정이다.

'경기도가 추천하는 무장애 관광지'는 주요 도서관이나 경기관광포털에 게재된 '문턱 없는 경기관광 가이드북'에서 확인할 수 있다. 올해는 관광지를 추가하여 관광지별 리플릿을 제작·배포할 계획이다. 장영근 도 문화체육관광국장은 "경기도에는 볼거리·즐길거리가 가득한 다양한 관광지가 있지만, 관광약자들에게 넘기 힘든 문턱들이 많아 모두가 공평하게 누리기는 힘든 것이 현실이다"며 "올해에도 고령자, 영유아, 장애인 등 관광약자를 포함하여 모두가 편안하게 관광 할 수 있는 환경을 조성하기 위하여 노력하겠다"고 말했다. 한편, 2019년도 기준 경기도 관광약자는 장애인 4.2%, 65세 이상 고령자 10.6%, 9세 이하 영유아 8.9%으로 전체 인구의 23.7%를 차지하고 있다.

◆ 자료: 경인일보(2020-02-18)

Chapter 3

지역관광개발 개요와 지역관광정책

3.1. 지역 및 지역개발의 개요

3.2. 지역관광개발의 개념과 내용

3.3. 지역문제와 지역관광정책의 개발

개관

지역 및 지역개발의 개념을 파악하고 지역개발의 성격을 알아본다. 이를 토대로 지역관광의 개요를 알아보고 지역관광개발의 개념 및 특성에 대하여 전반적으로 파악한다. 지역관광개발과 지역관광정책 개발의 개요 및 차이점에 관하여 공부한다.

제3장

지역관광개발 개요와 지역관광정책

3.1 지역 및 지역개발의 개요

지역의 정의

지역은 일정규모의 면적을 가지고, 특정한 지표에 의해서 동질적이며 주변의 지리적 공간과 경계를 지니면서 현상들 간에 결합된 응집력을 가진 공간이다. 지역에 대한 개념은 지리적, 경제적, 사회학적 입장에서 다양하게 정의될 수 있다.

지리적인 시각에서 지역은 한 가지 이상의 특질에 대하여 동질성 내지 균일성이 존재하는 경계 내의 공간이다. 경제학에서 지역은 입지라는 관점에서 접근한다. 입지는 처음부터 물리적 공간을 의미하는 영역을 대상으로 삼는 지리학의 입장과는 대조된다. 사회학적 관점에서 지역은 동일한 관습·태도·전통·언어의 형태를 가진 밀접하고 연속적인 지리적 공간 속의 가족이나 개인의 집합체인 공동생활권을 의미한다.

지역개발의 개념

개발의 정의

개발은 일종의 변화로서 상향적이고 소망스러운 변화를 의도적으로 추구

<표 3-1> 개발의 개념

구 분	변 화		계획된 변화
성 격	양적변화	양·질적 변화	양·질의 의도적 변화
용 어	성장	발전	개발
구 분	Growth	Development	

자료: 박서호(1988)

하는 것이며 가치가 있다. 개발은 발전적인 변화과정으로서 성장과 질적인 변화의 발전을 의미한다.

지역개발의 정의와 내용

지역개발은 지역공간을 대상으로 하는 공간적인 개발이다. 지역개발은 지역공간에서 인간 삶의 상향적 발전에 관여하여 그 내용이 포괄적이고 대상도 광범위하다. 지역개발은 물리적·공간적 실체인 지역을 개발하는 것으로서 물리적 개발, 자원개발과 공간개발의 특성을 갖고 있다. 따라서 지역개발은 일정지역을 대상으로 하여 토지를 비롯한 모든 자원을 최대한으로 이용·개발하여 생활환경을 정비하고 지역주민의 소득과 복지를 향상시켜 총체적인 지역발전을 도모하는 종합적, 계획적인 노력을 의미한다. 지역개발의 주된 내용은 공간개발, 국토의 균형발전, 생활과 생산공간의 정비, 변화를 위한 의도적·계획적인 과정 등 4가지로 구분한다.

3.2 지역관광개발의 개념과 내용

지역관광의 개념

지역관광은 관광객을 유인하고 수송하며 숙박과정에서 관광객, 관광사업자, 관광지의 정부 및 관광지 주민 간 상호작용으로부터 야기되는 관계와 현상의 총체를 가르킨다. 보통 지역관광은 개념적으로 보면 관광객이 일상생활을 떠나 다시 돌아올 예정으로 즐거운 여행을 하는 인간행위로서 그 영역이 광범위하다. 지역관광체계는 관광욕구를 가진 관광객, 관광객의 욕구 충족 대상, 관광객과 대상의 연결 서비스, 기업 간 상호작용 등의 구성요소를 갖고 있다.

지역관광개발의 개념과 특성

지역관광개발의 개념

지역관광개발은 국토 혹은 지방을 한계로 하여 지역주민과 관광객의 이용편의를 도모하기 위한 모든 개발행위를 포함하는 개념이다. 지역관광개발은 관광자원의 개발, 지역의 기반시설과 편익시설 개발, 종합적인 관광사업의 진흥활동을 통하여 지역의 제반자원을 합리적으로 이용·개발하고 지역주민과 관광객의 관광욕구를 충족시켜 관광복지를 증대시키며, 지역발전과 지역주민의 생활의 질 향상에 기여하는 공공·민간부문의 종합적이고 계획된 노력과정을 뜻한다. 지역관광개발은 최상위 계획인 국토개발에 속하는 지역개발 내에서 지역사회개발의 일부부터 관광개발 부분에 이르기까지 중복되는 영역이다.

따라서 지역관광개발은 지방정부를 지역적 범위로 하여 지역활성화를 도모하기 위하여 이루어지는 관광개발이다. 지역활성화는 지방정부의 사회·경제적 특성이나 상황에 따라 그 대상이나 방법에서 차이가 있다. 지역관광개발의 행위는 지역의 자연 및 역사문화 자원에 기초한 자원복원, 자원이용의 개발행위, 신관광시설을 개발하는 자원창조적 개발행위로 진행된다.

지역관광개발의 특성

지역관광개발에는 몇 가지 특성이 존재한다. 첫째, 지역관광개발은 지역 내 관광을 촉진하고 지역 간 불균형을 해소한다. 둘째, 국가 상위개발계획의 개발대상 요소인 경제·사회·물리적 요소를 전부 대상으로 하여 상호 보완

개발이 가능하다. 셋째, 지역사회의 천연자원, 인적 자원, 물적 자원을 최대한 활용하고 생활환경을 정비하여 지역주민의 복지를 증진시킨다. 넷째, 지역주민의 적극적인 참여가 전제된다. 지역관광개발은 주민 의견과 요구가 적극적으로 반영되는 상향식 개발이 특성이며, 선정된 사업과 목표가 주민의 기대에 부응하고 개발효과를 극대화해야 한다. 결국 지역관광개발은 관광개발에 대한 지역주민의 필요성 인식과 성원으로 타당성을 인정받는다.

지역관광개발의 주체와 효과

지역관광개발의 주체

관광개발방식을 결정하기 위해서는 우선 개발내용, 개발규모, 기간, 개발지역의 현황을 확실하게 설정해야 개발방법도 다양하게 선택한다. 지역관광개발은 개발주체에 따라서 공공주도형, 민간주도형, 지역주도형, 혼합형으로 구분한다.

<표 3-2> 지역관광개발 주체별 장단점

장·단점 / 개발주체	장 점	단 점
공공주도형	• 개발착수와 자본조달 용이 • 비영리부문의 투자기능 • 도산의 위험이 적음	• 경제적으로 무책임한 투자 • 비능률적 운영
민간주도형	• 자금조달이 비교적 용이 • 투자가의 의욕 자극 • 운영의 능률성	• 지역주민의 요구 배제 • 이익의 외부 유출 • 비영리적 투자 부진
지역주도형	• 지역의 자주성 고취 • 이익의 지역환원	• 자금조달의 어려움 • 전문기술수용의 곤란 • 주민의 위험이 큼
민간합동형	• 다양한 사업의 추진 가능 • 비교우위에 따른 역할분담	• 민관의 역할분담 모호 • 주체 간 분쟁소지

자료: 한국관광공사(2009)

첫째, 공공주도형은 정부나 지방자치단체가 개발주체가 되어 개발사업을 추진한다. 이것은 구체적으로 공사, 공단 등이 주체가 되어 개발사업을 시행하는 것으로서 개발시설의 구성과 기타 비영리부문의 투자가 대부분이다. 둘째, 민간주도형은 민간사업자가 대규모 관광지를 개발하는 행태이며 우리나라에서 가장 많다. 셋째, 지역주도형은 지역주민, 지역단체의 자주적 개발을 의미한다. 그러나 개발자금의 조달, 개발기술 및 개발에 수반되는 모든 위험을 지역주민이 부담하는 어려움이 있다. 넷째, 민간합동형은 정부·기업 그리고 지역주민 간 양자 혹은 삼자간 협동방식으로서 상기한 3가지 방식의 단점을 보완하고 지역주민의 이익을 대변할 수 있는 점에서 바람직하다.

지역관광개발의 효과

지역관광개발이 지역에 미치는 효과들은 경제적인 효과, 사회문화적인 효과 및 환경적인 효과 등이 있다.

<표 3-3> 지역관광개발의 효과

효과 구분	세부적인 효과 내용
경제적	• 지역 고용기회의 증대, 교통여건 개선, 재정수입의 기여 • 유휴자원의 활용, 농림수산업의 진흥, 지역기반시설 정비
사회·문화적	• 지역이미지 향상, 문화유산의 보전·발굴 • 지역주민 자부심 고취, 주민교육 향상
환경적	• 자연환경의 정비·보전, 사적지·명소의 부흥

자료: 한국관광공사(2009)

지역관광개발의 장점과 단점

지역개발수단으로서 지역관광개발은 여러 가지 장점과 단점을 갖고 있다. 그 장점을 보면, 첫째, 지역관광개발은 높은 경제적 파급효과를 가져오며, 국민의 여가소비를 지역적으로 분산시켜 국토의 균형발전에 기여한다. 둘째, 지역 이미지를 제고하며 생활환경을 개선한다. 셋째, 지역자본의 투자 및 운영이 가능하고, 기존 타산업과의 연계가 용이하다.

한편 지역관광개발에는 몇 가지 단점이 있다. 첫째, 지역특성을 살리지 못하는 관광개발이다. 지역 고유자원의 효율적인 개발 및 활용이 미흡하고, 지역의 특화산업 및 전략산업과의 연계가 부족하다. 둘째, 개발이 하드웨어 중심으로 편중될 수 있다. 시설완공 후 운영에 대한 고려 없이 관광개발이 이루어지면 적자가 발생한다. 셋째, 관광산업의 자생력이 부족하다. 관광산업을 발전시킬 수 있는 자립기반이 상실되고, 외부자본 유치가 부족하면 관광산업의 자생력은 상실된다.

넷째, 재원 조달에 어려움이 있다. 이것은 대체적으로 협상방법과 접근성의 취약, 배후시장에 민자유치 노력의 어려움에서 기인한다. 다섯째, 전문인력이 양성되지 않아 우수한 관광인재를 확보하기 어렵다. 여섯째, 이해관계자 간 갈등 및 사업추진이 지지부진하여 사회적인 문제가 발생한다. 일곱째, 관광개발사업의 지속성이 떨어진다. 관광개발의 자원 한계와 지방자치단체장 선거 등 정치적 환경의 변화에 따라 개발사업의 방향과 내용이 변경되어 개발사업의 지속성·일관성을 유지하기 어렵다.

3.3 지역문제와 지역관광정책의 개발

지역문제의 원인

지역문제의 원인

지역문제는 복잡한 내외부적인 요인들에 의하여 발생하며, 나라마다 지역문제를 개선하기 위해서 지역정책, 지역계획 및 전략 등을 강구한다. 중요한 정책문제들은 지역의 경제·사회적인 발전 정도, 지역 간 불균형 개발, 과도한 대도시 팽창 및 도농 간 격차 등이다. 지역 내 문제에는 대도시와 중·

소도시 간 지나친 소득격차와 농·산·어촌의 개발 등이 포함된다.

일반적으로 지역 내부요인에 의해 유발된 문제는 도시와 농촌문제로서 과밀의 폐해, 산업침체, 도시 황폐, 환경공해, 인구감소 등이다. 한편 지역 간 심각한 문제는 지역 간 불균형 개발로 인한 소득격차, 지역개발 및 문화 수준의 차이와 도·농 간 격차로 제시할 수 있다.

지역문제의 발생원인

지역문제는 지리적, 경제구조, 사회문화, 정치행정 등의 다양한 요인들에 의하여 발생한다. 지리적 요인으로는 자연자원, 산업시설 입지, 일자리, 접근의 용이성이 있고, 경제구조적 요인에는 산업구조, 자연산업의 유무 등이 있다. 사회문화 요인들에는 개발·발전 의지, 교육정도, 사고성향 등이 들어 있다. 정치행정 요인으로서 최고 정책결정권자 의지, 정치가의 협상력, 관료의 정책판단 능력 등을 들 수 있다.

지역정책의 목표와 접근방법

지역정책의 목표

지역정책의 목표에는 크게 일반목표와 부문목표가 있다. 일반목표는 지역 간 소득격차 해소, 미이용자원의 개발, 산업의 사양화에 따른 불황 및 침체지역의 고용안정, 지역경제 활성화를 통한 정주심 함양, 후진 및 낙후지역의 개발, 과대·과밀지역의 성장억제 등을 들 수 있다. 부분목표에는 지역정책의 정당성, 안정성, 성장성과 다양성이 존재한다.

지역정책의 접근방법

지역문제를 개선하려는 지역정책은 다양한 접근방법으로 강구한다. 첫째, 법·제도적 접근방법은 관련 법규나 제도에 중점을 두며, 정태적인 특징이 있다. 둘째, 역사적인 접근방법은 지역정책이 시대적 배경이나 역사적 상황에서 어떻게 형성되고 변화했는가를 파악하는 방법이다. 셋째, 형태론적 접근방법은 지역발전의 기본토대가 인간형태에 있다고 본다. 그래서 제도나

기구보다 인간행위를 통해 지역정책의 속성을 파악하는 방법이다. 넷째, 생태론적 접근방법은 환경요인과의 관련 속에서 지역정책을 파악하는 방법이다. 다섯째, 해석론적 접근방법은 독립적으로 존재하는 지역정책의 객관적인 실체는 없다는 인식하에 참여관찰을 많이 사용하는 방법이다. 여섯째, 체계론적 접근방법으로서, 지역정책현상이 전체를 이루는 어떤 실체의 한 부분이라는 사실에 입각하여 접근한다.

지역정책개발의 개념과 지도원리

지역정책개발의 개념과 속성

지역정책개발은 광의적으로 지역공간에 초점을 둔 공공정책이다. 협의적으로는 급변하는 외부환경 속에서 지역사회의 독자성을 구조·기능적으로 유지하고, 어떠한 역사적 응집력을 지닌 공간단위의 질·양적 변화를 유도하는 바람직한 공공정책으로 정의한다.

지역정책개발에는 몇 가지 속성이 있다. 첫째, 지역정책개발은 중앙정부, 지방정부 등 공공기관이 공권력에 근거하여 수행하는 목표지향적인 행위로서 권위성을 갖는다. 둘째, 지역정책개발의 궁극적인 목표는 공간균형개발에 초점을 두고 추진한다. 셋째, 합리적인 지역계획이 지역정책개발을 효과적으로 수행하기 위해서 수립되어야 한다.

지역정책의 구성

지역정책은 크게 지역 간 정책과 지역 내 정책으로 구성된다. 첫째, 지역 간 정책의 목표는 국가경제 성장정책의 효율적인 추진을 도모한다. 이를 통하여 소득과 경제성장의 극대화를 위한 지역 간 생산요소의 재배분, 인구와 산업의 재배치, 지역 간 소득격차의 완화를 추진한다. 지역 간 정책은 낙후지역을 지원 및 보조하여 성장시켜 지역 간 형평성을 증진한다. 지역정책들은 지역의 개발 잠재력 확대와 사회경제 조건을 개선하기 위하여 지역 내에서 최적성장의 달성, 자원의 효율적인 이용, 다양한 부문 간 자원의 효과적인 배분, 지역 내의 혼잡, 환경오염과 사회비용의 감축 등의 목적으로 대부분 지역차원에서 시행된다.

둘째, 지역 내 정책은 지방의 관점에서 지역 내 사회경제적 조건의 개선과 지역의 지속적 발전방안을 모색하는 다양한 지역정책을 의미한다. 통상적으로 지역차원에서 단기적인 정책목표와 효율성을 중시한다. 지역 내 정책은 주로 기반시설인 교통, 통신, 에너지공급, 용수공급, 입지 및 환경을 개선하기 위하여 지원, 자본보조금, 이자관련 보조 및 조세감면 등의 수단으로 지방기업을 재정적으로 중점 지원한다. 또한 중앙정부기관의 지방이전 등 자원의 균형배분제도를 중시하며, 집중지역에 대한 각종 규제조치인 수도권 억제정책, 공장개발 허가제, 개발허가제 등의 규제조치들도 시행한다.

지역관광정책의 개념

지역관광은 경제적인 측면에서 내·외국인 유치를 위한 중요한 관광정책의 수단이다. 지역관광은 관광자원, 관광시설 및 관광상품 개발 등의 부문에서 관광수요를 충족시키는 관광정책에서 중요한 역할을 수행한다. 관광객의 유입·유출에 대한 절차상의 제반 문제는 관광정책의 일환으로 접근되고 있다.

지역관광사업은 지역경제를 활성화하기 위한 중요한 개발전략으로서 관심과 추진의욕이 매우 높다. 지역관광정책은 거시적, 종합적인 정책으로서 중요성이 더욱 증대되어 있다. 정부에서 추진하는 국가관광정책의 개념 및 역할과 대등한 입장에서 지역관광정책을 수립 및 집행해야 할 것이다.

지역관광정책의 개념들은 다양하다. 첫째, 지역관광정책은 중앙 및 지역의 관광산업을 진흥시키기 위한 정책관리자의 가치가 반영된 중앙 또는 지방정부가 수립하는 총체적인 관광시책이다. 둘째, 지역관광정책은 목표설정, 대안선택, 정책의 집행, 평가, 미래의 정책개발 등에 대한 계속적·반복적 과정이다. 셋째, 지역관광정책은 내·외국인 모두를 관광대상으로 삼고, 유·무형의 상품에 대하여 국가적·지역적 차원에서 추진하는 일련의 정책수행과정이다. 지역관광정책은 국가의 개발정도·정치·경제·사회·문화·행정 등 여러 상황에 따라서 많은 차이와 변화를 보였다. 그러나 국가관광정책의 방향과 지역관광정책의 접근방향은 거의 유사하다.

지역관광정책은 내국인의 국내여행에 바탕을 두나, 거시적으로는 유입관광과 유출관광이 조화 및 상생 발전되어 관광수지를 개선하며 관광의 수익성을 증대시키는 정책으로 강조된다. 지역유입 관광정책은 관광송출국의 입장에서 보면 상대국의 경제에 많은 영향을 미치므로 해외유출 관광정책과 상호 보완적인 성격을 가진다.

지역관정정책은 무형의 수출산업이며 환경오염이 없는 녹색산업이다. 왜냐하면 중앙 및 지방정부는 지역관광을 외화 및 관광수익을 올리는 중요한 수입원으로 인식하기 때문이다. 그래서 지역관광정책은 지방화 시대에 지역정책 중 높은 우선순위를 갖고 있다. 지역관광은 사람의 이동을 통하여 긴장완화나 국제평화를 고양시킬 수 있는 원동력도 있다. 이로 인해 지역관광정책은 이념대립 및 분단국가 혹은 분쟁지역에서 긴장완화 및 국제적인 평화정착을 위해서 대단히 중요한 역할을 담당한다.

지역관광정책의 범주

지역관광정책은 크게 시간, 경제, 공간, 사회적 책임성, 관광효과, 관광이념 구현, 국가정책 목표 및 국내외 상황과의 연계성, 관광교통정책과 연계성, 지역의 개발정도, 지역주민의 가치관을 기준으로 범주를 나눈다.

시간, 경제 및 공간기준의 지역관광

시간변화에 따른 관광현상의 변화를 여행(tour)시대(고대-19C 중엽), 관광업(tourism)시대 (19C 중엽 이후-제2차 대전 전) 및 대량관광업(mass tourism)시대(2차 대전 이후-현재)의 시대로 구분한다. 오늘날의 지역관광은 대중관광에 가장 큰 역점을 두고 있다.

지역경제를 기준으로 국내관광(domestic tourism), 유입관광(inbound tourism)

과 유출관광(outbound tourism)을 포함하는 국민관광(social tourism) 및 국제관광(international tourism)으로 구분한다. 공간기준으로 관광구성 요소로 살펴보면 관광개발인, 관광자원, 관광시설, 관광알선과 이러한 구성요소들의 공집합인 관광객으로 분류한다. 이것은 지역관광의 지역적·공간적 대상으로 설정할 수 있다.

공익성·윤리성·사회적 기준의 지역관광

관광의 공익성·윤리성·사회적 책임성을 기준으로 한 지역관광은 관광개발자로서 국가, 지방정부, 공기업, 종교단체, 관광기업인과 관광종사원 등이 있다. 또한 관광객의 공익성, 윤리성 및 사회적 책임성을 구현하는 지역관광정책을 개발해야 한다.

관광 효과 및 이념구현 기준의 지역관광

관광의 경제효과를 강조할 경우, 지역관광은 국가, 지역·국민경제에서 관광의 역할을 증대시킬 수 있는 지역관광정책이 개발되어야 한다. 비경제적 효과를 강조하는 경우에는 민족문화, 지역문제와 지역문화의 세계전파를 위한 지역관광정책의 개발이 필요하며, 이를 위해서 문화재의 발굴, 보존 및 전승이 먼저 이루어져야 한다.

관광의 이념을 구현시키기 위한 지역관광은 민주성, 효율성, 공익성, 대응성과 문화성을 실현하는 지역관광정책의 개발이 필요하다. 지역관광정책이 국민 및 국제관광의 목표를 조화시키는 방향에서 지역관광정책이 개발되어야 한다.

국가정책목표와 국내외 정치경제 연계성 기준의 지역관광

국가나 지역의 국토성과 풍토성은 해당 국가와 지역의 발전목표 설정에 커다란 영향을 미친다. 지역관광도 국가나 지역의 발전목표를 달성하도록 설정되어야 한다. 이것은 국토자원, 국토의 여가공간편성, 인구, 도시화, 산업화, 역사성, 문화성 및 민족성을 토대로 시행되어야 한다.

지역관광은 국가와 지역관광 측면에서 경쟁지역 국가의 정치, 경제여건 및 관광정책과 깊은 상호관계를 갖고 있다. 또한 관광유발지역 국가의 정치, 경제여건 및 관광정책과도 깊은 상관성을 유지하고 있다.

관광교통정책 연계성 기준의 지역관광

지역관광은 항공, 철도, 공로 및 선박 등의 관광교통수단과 밀접한 연관성을 맺고 있다. 지역관광정책의 내용에서 국가나 지역의 위치성, 접근성과 주관광지와의 통행거리를 포함시키고 있다.

지역개발정도 기준의 지역관광

선진국을 보면, 중앙정부 관광정책과 지역관광정책이 상호 간 조화를 이루며 시행되고 있다. 후진국의 경우에 중앙정부의 관광정책은 개발중심에 큰 비중을 둔다. 선진국도 국가, 지역경제의 여건에 따라 지역관광정책의 목표설정과 대안개발이 다르다.

지역주민 의식수준 및 가치관 기준의 지역관광

지역주민의 의식수준, 생활방식과 가치관이 전통적으로 여가활동이나 이동을 좋아하는 지역주민인지, 또한 여가, 휴가, 여행 및 관광에 대한 태도가 어떠한지를 정확히 파악할 경우에 지역관광정책의 개발에 큰 영향을 준다.

지역관광정책의 분류와 특성

지역관광정책의 분류

지역관광정책은 크게 지역·공간적, 국적, 현상적인 시각에서 3가지로 분류한다. 첫째, 지역·공간적 분류로서, 국내는 전국단위 관광개발정책, 지역단위 관광개발정책, 지방적 관광개발정책, 단위지구 관광개발정책이 있고, 해외는 국제관광 정책, 우주관광 정책으로 분류한다. 둘째, 국적 분류로서, 내국인에 대한 정책으로 국내관광 정책, 복지관광 정책, 해외여행 정책, 국민관광 정책 등으로 구분하고 그 외로 외국인관광 정책으로 나눈다. 셋째,

현상적 분류로 보면, 관광입지정책, 관광조직, 관광법규와 관광현상 간 조화, 관광기업 경영정책, 관광시설·자원정책, 관광선전·판촉정책, 관광계획·개발정책, 관광교육·인력관리정책, 모니터링 및 심사분석제도, 관광교통정책, 쇼핑정책, 출입국관리정책, 외환관리정책, 외자유치정책, 관광수급과 관광통계 등을 들 수 있다.

지역관광정책의 특성

지역관광정책은 지역주민의 생활향상과 인간의 창조적 활동의 총합으로 지역정책 중에서 우선순위가 높다. 지역관광정책의 환경은 매우 동태적이고, 거시적·종합적인 정책성격을 가진다. 지역관광정책은 지역관광 현상의 구성체계와 관련성이 밀접하고 개선대안은 정책효과가 높아야 한다.

요약

1. 지역개발은 일정지역 모든 자원의 최대한 이용개발과 생활환경의 정비로 지역소득과 복지 증진을 위한 종합적이고 계획적인 노력의 총칭이다.
2. 지역관광개발은 관광자원의 개발, 지역의 기반시설과 편익시설 개발, 종합적인 관광사업의 진흥활동 등을 통하여 지역의 제반자원을 합리적으로 이용·개발한다. 그리고 지역주민과 관광객의 욕구를 충족시켜 관광복지를 증대시키며, 지역발전과 지역주민의 생활의 질 향상에 기여하는 공공 및 민간부문의 종합적이고 계획된 노력과정이다.
3. 지역관광개발의 주체는 공공주도, 민간주도, 지역주민 및 민간합동형 등으로 다양하다. 지역관광개발의 효과들도 경제적, 사회문화적 및 환경적인 측면에서 발생한다.
4. 지역문제는 복잡한 내외부적인 요인들로 생기며, 지리적, 경제구조, 사회문화 및 정치행적 등의 다양한 원인들로 발생한다. 지역문제를 개선하는 지역정책은 일반 및 부문목표를 가지며, 2가지 방법으로 지역정책에 미치는 정치적 영향을 파악한다.
5. 지역정책은 크게 지역 간 정책과 지역 내 정책으로 구성된다. 지역정책개발은 광의적으로 지역공간에 초점을 두는 공공정책, 협의적으로 지역사회의 질·양적으로 바람직한 변화를 유도하는 공공정책이다.
6. 지역관광정책은 지역관광사업을 통하여 지역경제를 활성화하는 정책으로 다양하게 해석된다. 지역관광정책은 무형의 수출산업이며 환경오염이 없는 녹색산업이다. 그 범주는 시간, 경제, 공간, 관광효과, 관광이념 구현, 국가정책목표와 국내외 정치경제 연계성 등의 기준들에 따라 제반 내용들이 상이하다.

중요개념

지역	지역개발	지역관광
지역관광개발	지역관광개발의 주체	지역관광개발의 효과
지역문제	지역정책	지역정책개발
지역관광정책	지역관광정책의 범주	지역관광정책의 분류

연습문제

❶ 지역관광을 정의하고 나서 지역관광개발의 개념과 특성을 설명하시오.

❷ 누가 지역관광개발을 수립하며, 지역관광개발이 지역에 미치는 효과들을 말하시오.

❸ 지역관광개발이 갖고 있는 장단점들은 무엇이고, 바람직한 지역관광개발의 방향을 이야기하시오.

❹ 지역 문제들은 왜 생기며, 이를 개선하기 위한 접근방법들은 어떻게 강구할 수 있는지 나열하시오.

❺ 지역정책개발의 개념과 속성을 규명한 다음에, 지역관광정책이 가진 의미들을 종합적으로 언급하시오.

❻ 지역관광정책의 범주에 있는 다양한 기준을 토대로 지역관광을 설명하시오.

News

홍성군, 죽도관광 명소화에 50억 투입

홍성군이 지역의 대표 관광명소로 급부상한 홍성의 유일한 유인도인 죽도 관광 명소화 사업으로 내년까지 50억원을 투입한다. 군이 발표한 2019년 12월 31일 기준 군정 주요 통계 중 관광객수를 살펴보면 2019년 58만8천803명으로 2018년 53만7천461명 대비 5만1천342명이 폭증했다. 이는 죽도 트레킹 방문자 수 증가가 주요 원인으로 분석되고 있다. 참고로 올해 군이 밝힌 죽도 방문객수는 약 6만여명으로 추산된다. 죽도는 대나무 숲 절경이 가득한 1천270m 길이의 탐방로 및 섬 곳곳의 조망대 등 빼어난 절경으로 전국적인 유명세를 타며 대표 웰니스 관광지로 부상하고 있다.

군은 올해 서부면 죽도리 일원 방파제 및 등대 설치사업 착공에 들어간다. 국비 18억원을 포함해 총 사업비 22억원이 소요될 예정이며 방파제 설치 길이 80m, 등대설치 높이 15m를 주 사업내용으로 한다. 군 관계자는 설치를 통해 선박의 안전운해는 물론, 지역 관광 명소화도 기대 된다고 밝혔다. 군은 1억 5천만원의 사업비를 들여 죽도 일원 탐방로 주변 등 동백나무 및 백일홍, 꽃양귀비 식재 등을 사업내용으로 하는 경관수 식재 및 초화류 단지 조성 사업에도 착수한다.

올 3월 착공해 6월 준공예정으로 사업완료시 관람객들에게 죽도의 호젓한 분위기를 더해 줄 볼거리를 제공해 줄 것으로 기대된다. 또한 군은 죽도 일원에 2022년까지 조림사업에 7천만원을 투입한다. 사업면적은 7ha로 수종은 현재 검토 중이며 조림사업 완료시 섬 경관 및 휴게 공간이 조성돼 관광객 유치에 긍정적 효과를 기대하고 있다. 그 밖에 군은 죽도 내 민박집을 대상으로 한 먹거리 발굴·체험 운영 및 관광 팸투어 프로그램 사업비로 1천 300만원을 편성했다.

군은 죽도 내 식수원 개발사업에도 25억원을 투자해 올해 말 준공 완료 할 계획이다. 해저 상수관로를 매설하는 사업으로 완공시 주민 보건 위생 증진 및 먹거리 발굴사업에도 탄력을 받을 것으로 전망된다. 군 관계자는 "죽도는 남당항과 연계해 서부 해안권 관광벨트로 조성해 나갈 계획"이라며"주변 관광자원과 연계할 수 있는 방안을 강구해 나가겠다"고 말했다.

◆ 자료: 중부매일(2020-02-17)

Chapter 4

관광수요의 동향과 수요예측

4.1. 관광환경의 변화

4.2. 관광수요의 유동동향

4.3. 관광수요의 예측방법

개관

한국 관광환경의 변화동향을 경제, 사회문화 및 기술환경의 입장에서 알아본다. 이를 감안하여 국내외 관광수요의 유동동향 및 관광권을 개괄적으로 살펴본다. 끝으로 관광수요의 개요와 수요추정방법을 전반적으로 파악한다.

제4장

관광수요의 동향과 수요예측

4.1 관광환경의 변화

경제환경의 변화

세계경제환경의 변화

세계경제는 2018년에 교역량 증대 및 고용호조, 주요 선진국 및 신흥국의 성장세가 지속되면서 약 3.7%의 경제성장을 기록했다. 단지 2018년 하반기 이후 장기화된 미·중 무역분쟁, 미국의 금리인상, 신흥국의 금융불안 등에 따라 세계경제 성장세의 둔화에 대한 우려가 증가했다. 미국의 경우에 민간소비 기여도가 상승하여 3% 이상 경제가 성장하고 견고한 회복세를 달성했다. 즉, 근로자의 임금상승 및 가계재무 건전성의 강화, 소비심리의 개선으로 안정적인 경기회복세를 견지했다.

유럽의 주요국은 경제성장률이 하락하고 소비와 수출, 선행지표 등 경기가 부진한 모습을 나타내 경기둔화가 우려되었다. 일본은 2018년 하반기에 자연재해의 영향으로 일시적으로 경기가 둔화했으나, 고용개선에 따라 민간소비 확대와 설비투자 및 수출 증대로 완만한 경제성장세를 유지했다. 한편, 중국은 2018년에 6.6%의 성장률을 기록했고, 이것은 28년 만에 최저 성장률로 산업의 생산과 소비, 투자 모두 증가세가 둔화된 양상을 드러냈다. 특히 미국과 중국의 무역갈등은 수출과 내수소비의 감소는 물론 제조업의 생산둔화를 야기시켰다.

국내경제환경의 변화

2018년 한국경제는 2017년에 비해 2.7%의 감소세를 기록했다. 이것은 고용불안에 의한 소득수준의 저하, 소비침체에 따른 국내경제의 생산 및 투자의 부진에 기인했다. 민간소비도 낮은 일자리 창출, 신흥국의 불안증대, 미·중 무역전쟁으로 인한 경기회복의 둔화로 증가하지 못했다. 건설 및 설비투자도 모두 감소세를 보였고 고정투자는 전년 대비 2.2%나 감소했다. 단지 제조업은 전기 및 전자기기 중심으로 전년 대비 약 3.6%의 성장률을 달성했고 서비스업도 약 2.8%정도 상승했다.

관광의 경제적 기여도

세계여행관광협회(WTTC)는 2018년에 여행·관광분야의 직접적인 기여도는 세계 GDP의 3.2%(2.8억 달러), 전체 고용의 3.8%(1억 2289만개)를 점유한다고 추정했다. 여행·관광분야의 직·간접적인 영향력은 세계 GDP의 10.4%(8.8조 달러), 고용에 대한 기여도는 3억 1,881만개로 조사되었다.

사회문화환경의 변화

인구구조 변화와 고령화

고령화에 따른 인구구조가 변화하는 특성을 보이고 있다. OECD는 세계인구 중 60세 이상 비율은 2040년까지 2배 이상 증가를, 2050년에 세계 인구의 25%를 차지할 것으로 전망한다. 한국에서 65세 이상 인구는 2018년 전체인구의 14%에서 2060년에는 41% 증가할 것으로 추정된다. 세계관광시장에서 선진국 및 국내 고령자들의 구매력과 여행욕구가 높은 수준을 보여 잠재적인 관광소비시장의 주역으로 등장할 것이다. 여가생활의 즐거움을 적극적으로 추구하는 액티브 시니어가 블루오션층으로 부각되고 있다. 액티브 시니어는 자기개발에 대한 투자와 문화생활에 대한 소비에 적극적이다.

또한 제일 희망하는 여가활동으로 관광활동을 선택하여 잠재적인 관광수요가 높다.

한편 1인 가구는 2018년에 전체가구의 29.1%에서 2045년에는 36.3%를 점유할 것으로 전망된다. 결혼이민과 귀화에 의하여 다문화 가구도 꾸준히 증가할 것이다. 결혼이민자는 최근 3년간 평균 0.96%로 증가했고, 2018년 귀화자수는 전년 대비 14.6% 증가한 총 11,556명으로 나타났다.

여가와 생활가치관의 트랜드

일상생활에서 상당수의 소비자는 소확행(소소하지만 확실한 행복)을 추구하는 가치관에 공감하며 작더라도 확실한 행복을 중요시했다. 쇼핑에서도 가심비(가격에 대한 심리적 만족의 비율)가 높은 제품을 구매하는 소비자가 65%로 나타났다. 최근에는 소비자들이 워라밸(work and life balance)를 중시하며, 여가활동을 희망하는 경향이 증대하고 있다. 2018년에 주 52시간 근무제가 법제화되어 일과 생활 사이에 균형을 원하나, 근로자의 58%는 현실적인 어려움을 토로했다. 직장에서 과도한 업무량과 스트레스 때문에 실제로 퇴근 후에도 편히 쉬지 못했다. 오늘날 정부는 국정과제로 삼고 여가활성화를 위한 정책적인 노력을 기울이며, 매주 수요일에 문화가 있는 날로 지정하여 주요 문화시설의 할인 및 무료 방문을 추진한다.

과잉관광(overtourism) 및 관광수용력의 관리

'과잉관광' 혹은 '오버투어리즘'은 관광지가 수용가능한 한계를 넘는 관광객의 유입으로 발생하는 부작용이다. 이것은 스페인의 바르셀르나와 이태리의 베니스 등 유럽 유명관광도시의 반관광(anti-tourism)운동에 대한 언론보도로 세상에 알려졌다. 특정 관광지에 관광객 급증으로 유발된 투어리스티피케이션(touristification), 반대관광 및 관광혐오(tourism phobia) 현상은 과잉관광 현상의 특징으로 이해된다.

과잉관광은 성수기에 관광객에 대한 관리능력의 한계에서 비롯되고, 그 현상들은 관광객 밀집, 관광지에 부정적인 악영향(교통혼잡, 보행사고 위험),

관광경제의 물리적 영향 등을 양산한다. 한국에서도 2018년 이후에 제주도, 전주 한옥마을, 서울 북촌에서 과잉관광의 부작용을 경계하는 보도가 있었다. 한국의 과잉관광은 전국적인 현상은 아니며, 일부 관광지에서 발생하는 문제로 인식되고 있다. 향후 지속가능한 관광의 시각에서 과잉관광으로 인한 관광객과 지역주민 간 갈등문제를 해결하는 관광정책이 중요하다.

기술 및 기후환경의 변화

기술환경의 변화

4차 산업혁명의 도래에 따라 공유경제, 사물인터넷(IoT), 자율주행차, 인공지능(AI), 가상현실(VR), 빅데이터 등의 다양한 혁신기술은 디지털 플랫폼을 통해 사회영역에 신기술을 제공하고 소비자의 편의를 제고시켰다. 디지털 플랫폼의 등장은 관광산업 생태계에도 큰 변화를 가져온다. 신기술의 도입으로 관광수요에 부응하는 '디지털 콘텐츠'는 관광지와 관광산업에 필수요소가 되었다. 관광객은 여행회사보다 디지털 플랫폼을 활용하여 여행지를 선택하여 SNS의 영향력이 확대되고 있다. 사람들도 전통적인 미디어인 TV, 신문 및 잡지에 대한 이용시간 보다 모바일 인터넷을 더욱 활용한다. 이를 테면, 모바일 인터넷 이용률은 2011년 36.7%에서 2018년 86.7%로 2.4배 급증했다. 이제 포털사이트가 인터넷의 주된 정보원으로 등장하여 여행정보의 입수경로도 인터넷이 40% 이상 차지했다. 디지털기업의 독점현상이 강화되는 기술진보시대에 관광지 및 관광산업은 관광수요에 혁신적으로 대응해야 생존할 수 있다. 이를 위하여 중소기업의 디지털화를 지원하며, 국제협력을 강화하여 데이터 및 개인정보에 대한 보안대책도 강화할 필요가 있다.

기후환경의 변화

지구온난화에 의한 폭염, 한파 등 이상기후 현상은 기후변화에 대한 국제적 협력과 대책의 중요성을 강조한다. 2015년 파리 기후변화협약(COP:

Conference of the Parties, 21)은 지구평균기온 상승을 2도 미만으로 유지하는 파리협정을 채택했다. 2018년 COP24에서는 온실가스 감축을 위한 공동약속을 정하여 파리협정이행을 위한 기후패키지를 채택했다. 관광은 자연 및 생태자원, 기후변화와 밀접한 연관성을 가지며, 에너지사용과 폐기물 배출량이 증가할수록 지속적인 발전에는 한계가 있다.

유엔은 2017년을 '지속가능한 관광의 해'(the international year of sustainable tourism for development)로 지정했다. 이를 계기로 유엔환경계획(UNEP), 유엔세계관광기구(UNWTO) 등이 자원효율적 저탄소 관광산업 진흥방안을 논의했다. 오늘날 미세먼지를 피해 혼자 여행하는 '피미족'이 생겨났다. 미세먼지는 관광산업을 둘러싼 기후환경 변화의 핵심이슈로 대두되었다. 국내 여행객의 40%는 대기오염(황사, 미세먼지)이 심각하게 발생하면 여행을 취소했다.

<표 4-1> 관광환경의 변화양상 내용

환경부문	변화 양상
경제환경	▸세계경제환경; 세계경제 둔화, 미국경제 회복, 중일경제 둔화 ▸국내경제환경; 고용불안, 생산·투자 하락, 제조업성장 하락 ▸관광의 경제적 기여도; GDP의 3.2% 및 고용의 3.8% 점유
사회문화환경	▸인구구조 변화와 고령화; 1인가구 증가, 시니어 소비주역 ▸여가와 생활가치관의 트랜드; 소확행, 가성비, 가심비, 워라벨 ▸과잉관광 및 관광수용능력의 관리; 반관광, 관광혐오 등
기술환경	▸4차산업혁명의 혁실기술 출현, 디지털 플랫폼의 등장과 성장 ▸디지털 콘텐츠 확대, 모바일 인터넷과 SNS 활용
기후환경	▸지구온난화, 지속가능개발 중요성 대두, 미세먼지의 관광영향

자료: 문화체육관광부(2019)

4.2 관광수요의 유동동향

방한 해외관광객의 동향

관광수요는 관광상품이나 관광서비스에 대한 관광자의 요구수준으로 관광객수 혹은 관광지 방문자수로 측정한다. 1999-2018년 방한 해외관광객은 지속적인 증가로 연평균 6.6%의 성장세를 유지했다. 2000년대는 9.11테러('01년), SARS와 이라크전쟁('03년), 조류독감('07년) 발생 등으로 전 세계 관광시장이 동반 침체를 보여 방한 해외관광객도 답보상태를 나타냈다. 방한 해외관광객은 2009년 700만명, 2010년대는 매년 약 100만명씩 증가하여 2016년 역대 최대규모인 1,724만명을 달성했다. 2017년은 중국의 단체관광 판매 금지조치 위기 후에 방한 중국관광객의 감소가 방한 전체 해외관광객의 감소에 큰 영향을 미쳤다. 그러나 2018년 중국의 전체 관광시장의 고른 성장으로 다시 방한 해외관광객은 상승세로 전환되었다. 2018년 방한 외래관광객은 시장다변화를 통한 일본 및 아시아중동의 전략시장 증가 및 평창올림픽 등에 힘입어 전년 대비 15.1% 증가한 1,535만명을 기록했다. 2018년도 방한 해외관광객은 관광수입은 약152억 달러로 전년 대비 14.6% 증가했다.

국민 해외관광객은 2012년에 1,374만명, 2015년에 1,931만명, 2018년에 2,870만명으로 과거 6년 동안에 연평균 13.1%의 신장세를 유지했다. 2018년 국민 해외관광객은 저가항공노선이 증편되고 해외여행 열기가 지속되어 전년 대비 8.3% 늘어났다. 국민 해외관광객은 2017-2018년 상반기 동안에 명절, 연휴와 공휴일 기간 동안에 계속되는 해외여행 열기의 영향으로 급격한 증가세를 유지했다. 그러나, 2018년 하반기에는 자연재해 등으로 증가세가 다소 주춤했다. 2017년에 100만명 이상 방문한 해외방문국들은 일본 26.9%, 중국 14.5%, 베트남 9.1%, 미국 8.8%, 필리핀 6.3% 및 홍콩 5.6% 등의 순서였다. 저가항공사의 단거리 국제노선이 증편되고 해외여행의 열기

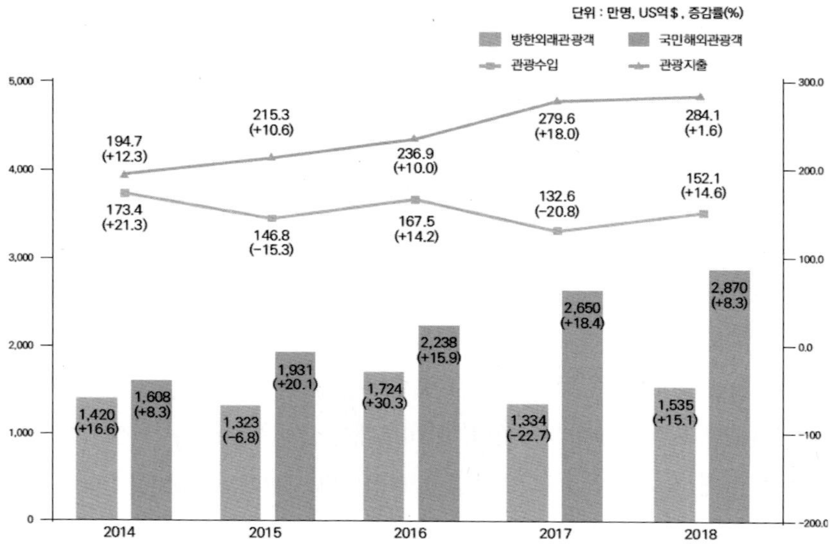

자료: 문화체육관광부·한국관광공사(2019)

<그림 4-1> 한국 주요 관광수요의 추세

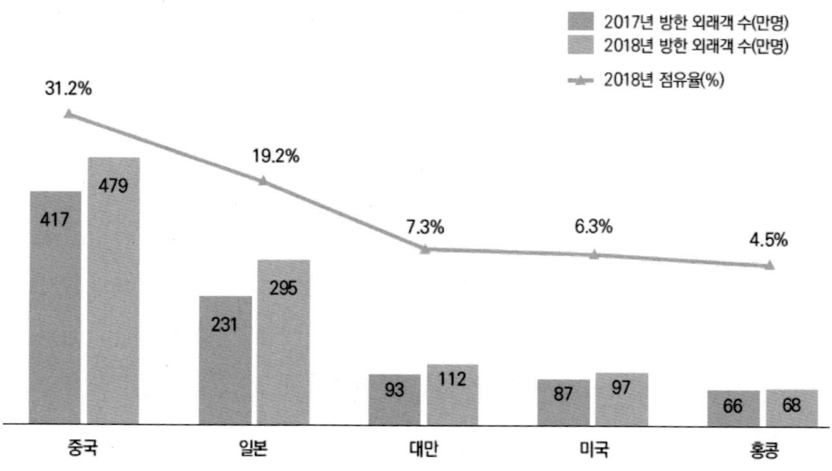

자료: 문화체육관광부·한국관광공사(2019)

<그림 4-2> 국가별 방한 해외관광국 (상위 5개국)

가 지속되어 근거리 방면 관광객이 급증했으며, 그 중에서도 베트남과 일본행 관광객의 증가세가 두드러졌다.

한국의 관광수지

방한 외국인 관광객의 관광지출에 의한 관광수입은 2001년부터 2007년까지 50-60억 달러 수준이었으나, 방한 외국인 관광객의 점진적인 증가와 함께 쇼핑관광의 활성화에 의해 2008년 관광수입은 전년 대비 59.8% 증가하여 처음으로 90억 달러를 넘어섰다. 2010년에는 100억 달러를 초과하였으며, 2014년에는 전년 대비 21.3% 증가한 173억 달러로 사상 최고치를 기록했다. 2018년도 잠정 관광수입은 전년대비 14.6% 증가한 152억 달러로 추산된다.

우리나라 국민의 관광 지출은 2005년에 전년대비 22.0% 증가하여 처음으로 100억 달러를 넘었다. 2014년 이후 지속적으로 두 자리 수의 증가세를 유지하였으나 2018년 전년 대비 1.6% 증가한 284억 달러를 기록했다. 2018년도 관광수지는 중국 관광객 시장의 일부 회복 및 한반도정세 안정화 등에 따라 외국인 관광객이 다소 증가하고 내국인 출국자 증가세가 둔화되면서 2017년 보다 적자폭이 다소 줄어든 약 132억 달러의 적자를 기록했다.

국내 관광수요의 동향

2018년 내국인 국내여행 경험률은 89.2%로 나타났으며, 관광여행은 84.0%, 기타여행은 56.5%로 조사되었다. 국내여행 횟수 총량은 311,153천 회(숙박여행 163,204천 회, 당일여행 147,949천 회)로 드러났고, 관광여행 횟수 총량은 236,590천 회, 기타여행 횟수 총량은 74,562천 회로 나타났다. 한편, 국내여행 일수는 556,890천일(숙박여행 408,941천일, 당일여행 147,949천일)로 관광여행 일수는 426,651천일, 기타여행 일수는 130,239천 일이었다. 국내여행 지출액은 43,133십억원(숙박여행 32,447십억원, 당일여행 10,686십억원)이었으며,

관광여행 지출액은 35,196십억원, 기타여행 지출액은 7,937십억원으로 나타났다.

<표 4-2> 국민의 국내관광수요 동향(2018)

구 분		단위	국내여행	관광여행	기타여행
여행경험률		%	89.2	84.0	56.5
여행 회수	국내(소계)	천회	311,153	236,590	74,562
	숙박여행	천회	163,204	128,436	34,767
	당일여행	천회	147,949	108,154	39,795
여행 일수	국내(소계)	천일	556,890	426,651	130,239
	숙박여행	천일	408,941	318,497	90,445
	당일여행	천일	147,949	108,154	39,795
여행 지출액	국내(소계)	십억원	43,133	35,196	7,937
	숙박여행	십억원	32,447	27,257	5,190
	당일여행	십억원	19,686	7,939	2,747

자료: 문화체육관광부·한국관광공사(2019)

국내 관광권의 발전

한국에서 10대 관광권은 제2차 경제개발 5개년 계획에서 최초로 제안되었다. 그 범위에는 수도권, 부산권, 경주권, 설악권, 부여권, 제주권, 한려수도권, 속리산·무주권, 지리산권, 내장산권이 들어가 있다. 8대 흡입권 24개 발소권은 1979년에 한국관광진흥 장기종합계획에서 대중관광시대를 맞이하여 지역특화, 지역개발 및 국토개발에 기여하기 위해서 제시되었다. 8대 흡인권들은 수도권, 태백권, 중부권, 내장권, 경주권, 한려해상권, 서남해상권, 제주권으로 형성되었다. 8대 이용권, 26개발소권은 1983년 '국민관광 장기종합개발계획'에서 제시된 권역이다. 이것은 제2차 국토종합개발계획과 관련한 국토공간변화에 따라 도단위 행정구역, 주변지역 여건과 관광자원 특성 등을 중심으로 설정했다.

5대 관광권 24개발 소권은 1992년에 법정권역으로 확정되었고 각 지역의 관광자원에 비중을 두고 행정구역 및 지형을 중심으로 구분했다. 16개 시·도 관광권은 관광자원을 동질적 특성보다 권역계획의 행정권을 고려하여 설정했다. 이것은 지역분권형 관광개발체계를 확립하여 권역계획의 실천성을 제고하는 것이었다. 또한 관광자원이 기능적으로 연계된 광역관광권은 관광개발의 수단으로 채택하였다. 2012년 제3차 관광개발기본계획에서는 16개시·도 + 7대 광역관광권, 4+2 초광역관광권은 16개 시·도, 광역경제권, 초광역 개발권 등 변화하는 행정위계를 반영했다. 시·도 관광권과 5+2광역경제권을 관광권역으로 수용하고, 초광역 관광벨트(서해안관, 강변생태문화, 동해안, 남해안 Sun)들로 계획권역을 기능적으로 연계·보완했다.

연도	계획	관광권역
1972년	제2차 경제사회발전 5개년 계획	10대 관광권
1979년	한국관광진흥 장기종합계획	8대 흡인권 24개발 소권
1983년	국민관광 장기종합개발계획	8대 이용권 26개발 소권
1992년	제1차 관광개발 기본계획 〈제1차 권역별 관광개발계획 1992~1996〉 〈제2차 권역별 관광개발계획 1997~2001〉	5대권 24개발 소권
2002년	제2차 관광개발 기본계획 〈제3차 권역별 관광개발계획 2002~2006〉 〈제4차 권역별 관광개발계획 2007~2011〉	16개 시·도 관광권역
2012년	제3차 관광개발 기본계획 〈제5차 권역별 관광개발계획 2012~2016〉 〈제6차 권역별 관광개발계획 2017~2021〉	16개 시·도 관광권 5+2 계획관광권역 4+2 초광역 관광권

자료: 문화체육관광부(2019)

<그림 4-3> 우리나라 관광권역의 변화 추이

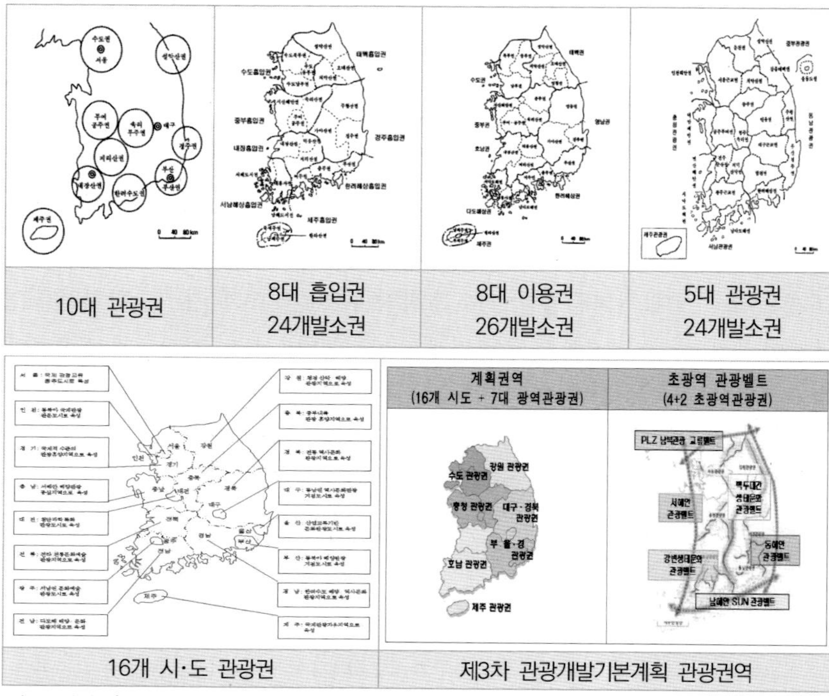

자료: 강필성(2013)

<그림 4-4> 한국 관광권역의 변화

4.3 관광수요의 예측방법

관광수요 및 수요예측의 개념

관광수요의 개념

관광수요는 관광위락을 행하는 소비자의 욕구 또는 욕망으로 구체적으로 관광재의 수요량이다. 관광재는 특수한 성격을 가진 경제재로서, 그 대상인 관광자원의 다양한 성격으로 인해 일반 소비재와 다른 양상을 보인다. 관광재는 복합적인 특성을 가져서 관광재를 소비하는 관광행위는 자연적 매력,

인문적 매력, 관광시설 매력, 공급처리시설, 편의시설, 인력, 시간, 비용, 여행 등의 관광자원들이 배합되어 성립한다. 이러한 관광수요의 예측은 일반 소비재의 수요예측과는 다르다.

● 관광수요예측의 의미

관광수요예측은 기업 혹은 국가차원의 관광계획 수립이나 의사결정에서 매우 중요한 도구이다. 관광수요예측은 공공부문 계획·정책과 입안자에게는 물론 민간기업의 경영계획·정책의 수립에도 중요하다. 미래 관광수요의 정확한 예측은 관광산업 및 관광정책에 관련된 다양한 의사결정을 하는 데 필수적인 요소이다. 실제로 공공기관에서는 관광지 개발계획의 수요예측 결과를 바탕으로 관광지의 시설과 투자규모를 산정한다. 민간영역에서 추진되는 리조트, 호텔 혹은 콘도미니엄 등의 시설계획에서 잠재이용자를 대상으로 하는 사전 수요예측이 필수적이며, 수요예측 결과는 사업타당성 분석의 기초가 된다.

국제관광의 경우에도 시계열 자료를 이용하는 방법 또는 관광수요에 미치는 영향변수를 중심으로 하는 인과모형을 구축하여 국제관광수요를 예측하고 관광정책에 반영한다. 국제행사의 계획과 준비과정에서도 국제관광수요가 정확하게 예측되어야 원활한 행사진행과 다양한 지원대책 수립이 가능하다. 관광수요 예측의 목적은 과거자료와 주어진 상황에서 확률적 혹은 비확률적 방법을 통해서 최대한 정확한 예측모형을 활용하여 미래 관광수요를 추정하는 것이다. 아무리 정교하며 복잡한 모형으로 관광수요를 예측해도 실제 결과와 추정치에는 차이가 있다. 따라서 관광수요 예측에서 중요한 사항은 1회적 예측을 통하여 일정 추정치를 보고하고 사용하는 것이 아니다. 급변하는 미래상황을 최대한 정확하게 예측하기 위하여 관광수요에 영향을 미치는 변수 및 영향요인을 지속적으로 관찰하고 그 결과를 예측모형에 반영하는 노력이 소중하다. 예측된 관광수요도 피드백과정을 통하여 수요예측 단계에서 고려하지 못했거나, 과소·과대하게 사용된 변수 혹은 가정을 파악하여 추후 예측작업에서 반영해야 한다.

관광수요의 특성과 영향요인

관광수요의 특성

관광객을 일정한 관광지로 여행하도록 유인하거나, 체류하게 만드는 많은 요인들은 일반 상품수요와는 다른 복합적인 형태로 작용한다. 관광수요는 인구규모, 생활수준, 정부의 관광정책 및 관광행정, 그리고 잠재적인 관광시장의 다른 요소들인 배출요인들에 의해서 결정된다. 관광수요는 공급요인이 되는 교통편리성, 교통비용, 숙박시설, 목적지의 관광조직과 관광진흥정책, 그리고 다른 매력적인 흡인요인에 의해서도 영향을 받는다. 이러한 관광수요는 몇가지 특성을 나타낸다.

첫째는 관광수요의 탄력성이다. 이것은 가격구조의 변화 또는 관광시장의 다양한 경제상태 변화에 대한 수요반응의 정도이다. 탄력성은 근본적으로 가처분소득과 적절한 유급휴가 등 경제적 여력과 자유재량의 시간적 조건을 뜻한다. 관광소비는 일반 소비재 구매와 경쟁관계에 있고, 개인 및 가족의 예산규모에 의해 전적으로 결정된다. 이 때문에 관광수요는 일반소비재의 가격변화에 영향을 받는다. 탄력계수는 수요증가율을 가격인하율로 나눈 계수이다. 탄력성의 크기는 1을 기준으로 1보다 크면 탄력적, 1보다 작으면 비탄력적이라고 부른다.

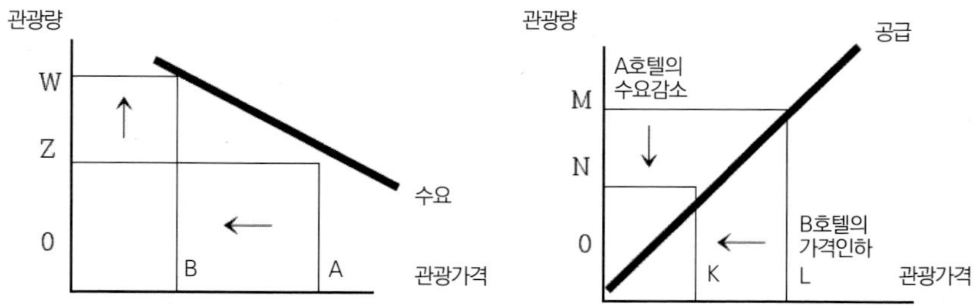

<그림 4-5> 관광수요와 가격의 변화

둘째, 관광수요의 민감성이다. 관광은 각국의 정치·사회적 상황과 여행경향의 변화에 매우 민감하게 반응한다. 정치불안, 사회적 격변과 불안정 등이 있는 관광지는 여행비가 적게 들어도 가고 싶은 매력적인 관광지가 되지 못한다. 관광 송출국과 관광 수용국 간에 우호적인 정치관계 혹은 상호 호혜적인 국가관계는 대체로 상호관광을 촉진시킨다. 국가 간 정치불안이 존재하면, 관광객은 그 지역을 여행하는 경우에 불안하고 불편한 관광환경이라는 선입관을 갖는다. 이것은 여행에 불안을 느끼며 지역주민도 관광객에게 적개심을 가질 것이라 생각된다. 관광수요는 여행경향의 변화에 민감하게 반응한다. 여행경향 추세는 대형여행사가 시행하는 판촉활동 혹은 조직적인 광고활동을 통하여 형성되는 관광진흥활동에 의하여 만들어진다.

셋째, 관광수요의 계절성이다. 관광수요는 계절 혹은 성수·비수기에 심한 변동을 나타내는 특성이 있다. 관광수요는 관광송출국의 자연·기후조건, 학교·회사의 하계휴가 시기에 매우 큰 영향을 받아서 특정기간에 관광수요가 집중되는 경향이다. 계절적 수요변동의 결과는 대부분 관광지에서 겪는 경영난의 원인이다. 관광이 중요한 발전산업인 국가 혹은 지역은 계절적 요인으로 인한 시기별 경기불황을 극복하기 위해서 다양한 관광정책을 강구한다.

넷째, 관광수요의 팽창성이다. 국제사회는 다양한 변화가 일어나며, 이것은 세계경제를 호황 혹은 불황으로 이끈다. 관광수요는 국제사회의 다양한 변화에도 불구하고, 계속적으로 팽창한다. 관광수요를 팽창시키는 몇가지 요인들이 있다. ① 현대에 과학기술이 발달하여 항공교통을 비롯한 각종 교통수단이 급격히 발전했다. ② 여행에 대한 관심과 관광지에 대한 호기심을 불러일으키는 대중매체가 발달하고 신속정확한 인터넷 이용이 더욱 많아졌다. ③ 여행에 참가하는 폭넓은 인구를 가진 관광송출국이 경제적으로 풍요하고 개인소득이 증대되었다. ④ 주간 근무일수의 단축과 경제활성화를 위한 연중 휴가장려 등으로 여간시간이 증가했다. ⑤ 기계적이며 반복적인 생활환경에서 살아가는 시민들이 일상의 단조로움에서 벗어나 새로운 환경변화를 추구했다. ⑥ 국제적이며 대형의 포탈관광이 출현하여 사람들은 보다 저렴한 비용으로 안정적인 관광을 하는 기회들이 증가했다.

관광수요의 영향요인

관광수요에 영향을 미치는 요인들은 다양하다. 첫째, 소득수준은 관광수요에 가장 직접적이고 중요한 결정요인이다. 소득이 증가하면 관광수요는 소득증가에 대해 대부분 정(+)의 방향으로 증가하며 관광수요의 소득탄력성은 1보다 크다. 둘째, 여가시간은 유급휴가 기간의 증가, 노동시간의 단축이 관광지에 대한 총방문 회수의 증가와 비례한다. 셋째, 관광비용은 관광이란 재화를 구매 및 이용하는 가격 또는 대가이다. 여기에는 화폐비용은 물론 기회비용(시간비용, 심리적 비용)까지 포함되며, 관광비용의 대체변수로 물리적인 공간거리를 많이 사용한다. 넷째, 상대가격은 관광객이 이용하는 자원, 시설이용 비용 이외에 보완적, 대체적인 자원 혹은 시설의 상대적인 가격이다. 다섯째, 선택 대상자원의 다양성 유무로서, 이것은 자원과 경합성을 지니는 경제적인 자원이 그 지역 주변에 얼마나 많은가라는 외적요인에 영향을 받는다. 이를 테면 서울랜드 개방이 용인에 있는 에버랜드 운영에 미치는 영향을 뜻한다.

여섯째, 잠재수요자의 교육수준으로서 교육수준이 높은 사람은 여가참여율이 높기 때문에 관광수요에 영향을 미친다. 일곱째, 직업구조로서, 보통 정신노동 종사자들은 육체노동 직종보다 더욱 많은 여가 및 관광 선호욕구를 가지고 있다. 연령 및 생애기간의 단계로서, 연령구조는 관광, 위락행위의 성격에 따라 유발정도를 다르게 하며 생애주기도 여행성향에 영향을 미친다. 여덟째, 사회문화적 요인은 사회가 처한 문화적 배경, 제도와 가치관을 말한다. 아홉째, 지역사회의 인구학적 구성으로서, 사회의 인구규모와 인구밀도를 말한다. 많은 거주 인구는 관광수요의 잠재력이 크며, 인구밀도가 갖는 의미는 관광시설 접근도의 용이성을 뜻한다. 인구 조밀지역은 잠재적 소비자가 좁은 공간에 많이 분포하는 탓으로 관광재에 대한 접근을 용이하게 한다. 하지만 인구 과소지역은 관광시설에 대한 접근도가 낮아 장거리 여행을 요구하여 관광수요가 적다. 지역의 대중교통수단이 잘 확충되면 관광수요는 증가시킨다. 열째, 관광지의 개발정도는 지역의 숙박시설, 수영장, 놀이시설 및 상하수도 시설 등 관광지의 개발정도 또는 시설수준을 의미한다. 관광지역의 개발정도는 관광객의 재방문 회수를 결정하는 중요한 요인이다.

관광수요예측의 고려요소

자료의 유형

관광수요를 예측하기 위해서는 다양한 수준의 자료가 존재하며, 여기에는 집계자료와 비집계자료가 있다. 집계자료는 중국에서 한국에 입국한 관광객수처럼 기초적인 숫자들이 모여서 하나의 숫자로 표현된 것이다, 비집계자료는 개별자료로서 합산되기 이전 수준의 자료이다. 수요예측에 사용되는 자료의 유형은 연구 목적과 연관되어 있다. 여행에 대한 의사결정은 개인 혹은 가족수준에서 이루어진다. 개인의 의사결정에 대한 부분을 분석하려면 당연히 개별자료를 사용하여 추정한다. 반면에 합산된 수준에서 관광수요를 예측하는 경우에는 우선 개별수요를 추정하고, 이를 합산하여 전체수요를 파악하거나, 수요자료를 합산하여 집합수요를 예측할 필요가 있다.

여행주기, 변환점과 방향전환

관광수요의 예측에서 가장 중요한 사항은 여행주기, 방향전환 혹은 변환점을 추정하는 것이다. 변환점에 대한 예측은 관광정책의 수립이나 관광사업자에게 모두 중요하다. 관광수요의 추정작업은 비모수적 방법 혹은 선행지표 접근법을 사용하기도 하나 현실적으로 어려운 과정이다.

● 관광의 계절성 분석

많은 관광수요의 예측에서는 연간자료를 주로 사용했고, 분기 혹은 월별자료를 활용하는 것은 적었다. 연간자료를 사용하면 계절성은 분리하지 못하나, 월별 혹은 분기자료를 이용하는 경우에 관광수요에서 계절성은 매우 중요한 존재이다. 계절성을 추정모형에서 고려하는 방법은 확률적 혹은 확정적으로 보느냐에 따라 구분된다. 확정적으로 가정할 경우에 계절 더미를 고려하는 것으로 모형이 충분히 고려하고 있다. 확률적인 가정에서는 시계열에서 계절 단위근(unit root)를 고려하여 계절적으로 차별화할 필요가 있다.

● 사건영향 분석과 위험예측

관광수요는 항상 인공재해 혹은 자연재해의 영향을 많으므로, 재해가 관광수요에 어떠한 영향을 미치는지 분석한다. 재해가 관광수요에 미치는 영향을 사후적으로 분석하는 것도 중요하다. 그러나 사전적으로 재해가 관광수요에 미치는 위험수준을 평가하는 것이 더욱 필요하다. 관광수요의 위험요인에 대한 사전적 예측은 매우 제한적인 특성이 있다. 따라서 재난에 대한 시나리오를 작성하여 관광수요를 예측하는 것이 요구된다.

<표 4-3> 관광수요 예측기법의 종류

구분	분야	기법의 종류
정량적 기법	시계열모델	• 나이브, 추세분석법(선형, 비선형) • 이동평균법, 지수평활법, 분해분석법 • ARIMA(박스-젠킨스법) 기본/확장모형
	인과모델	• 회귀모델, 여행비용접근법, 중력모델 • 조건부가치측정법, 개재기회모형, 공적분기법
정성적 기법	• 시나리오설정법, 델파이모델, 판단기법, 사례분석법	
결합기법		

자료: 문화관광정책연구원(2006)

정량적 관광수요의 예측기법

개요

정량적(계량)기법은 경험적인 자료를 수집하고 계량화하여 현상을 통계적으로 분석하는 방법으로 시계열모델과 인과모델이 있다. 시계열모델은 과거의 추세가 미래에도 지속될 것이라는 가정 하에 미래수요를 예측하는 것이다. 인과모델은 독립변수와 종속변수 간 인과관계를 함수로 표현하여 수요를 예측하는 기법이다. 시계열모델은 나이브(NAIVE), 추세분석법, 이동평균법, 지수평활법, 분해법, ARIMA 등이 있다. 각 예측기법은 장·단점 및 특성이 다르기 때문에 자료의 특성과 비용, 분석의 용이성 등에 따라 적절한 기법을 선정하고 이용한다. 한편, 인과모델은 인과관계 함수를 이용하여 미래수요를 예측하는 방법이다. 여기에는 회귀모델, 여행수요모델(여행비용접근법, 클로슨방법, 중력모델, 조건부가치측정법), 공적분기법 등이 있으며, 독립변수와 종속변수 간의 인과관계 및 그 영향력을 분석하는데 편리하다.

시계열모델의 내용

나이브(NAIVE)는 과거수요 혹은 과거수요 변동율을 이용하여 미래수요를 예측하는 방법이다. 선형추세분석법은 시간을 독립변수로 사용하여 과거 추세가 미래에도 지속된다는 가정하에 선형함수관계로 나타내어 미래수요를 예측한다. 비선형추세분석법은 수요모형이 시간이 지남에 따라 비선형적인 변화를 보인다는 가정을 고려하여 수요를 추정한다. 이동평균법은 과거 시계열자료를 연속적으로 산술평균하여 관광수요를 추정하거나 가중평균을 이용할 수 있다. 지수평활법은 최근 관측값에 더 많은 가중치를 부여하도록 과거의 관측값들을 지수적으로 가중평균하여 미래를 예측한다. 분해분석법(추세조정법)은 시계열에 포함된 기본패턴들을 네 가지 변동(추세, 계절, 순환, 불규칙변동)으로 분해해서 각 성분들을 개별적으로 예측한 다음에, 이들의 재합산을 통해 미래의 시계열을 예측한다.

ARIMA 모형은 불안정한 시계열을 안정화 시킨 후, AR모형(자기회귀모형)과 MA모형(이동평균모형)을 결합하여 적용한다. SARIMA 모형(Seasonal ARIMA)은 RIMA모형에 계절차분, 계절적 AR모형, 계절적 MA모형을 추가적으로 고려하여 사용한다. ARIMA 확장모형에서 개입모형은 ARIMA 오차항 회귀모형 중 외부충격 더미변수를 독립변수로 정의한 모형이다. 동적 회귀모형(전이함수모형)은 ARIMA 오차항 회귀모형 중 시차독립변수를 독립변수로 정의한 모형이다.

인과모델의 내용

회귀모델은 종속변수와 독립변수 사이에 원인과 결과의 관계가 존재한다는 가정 하에, 독립변수와 종속변수의 관계를 함수관계로 나타내어 미래를 예측한다. 여행비용접근법은 여행비용으로 이용자의 방문수요를 추정하는 기법이다. 중력모델은 출발지(origin)와 관광지(destination) 간 거리나 여행시간이 관광객 이동에 미치는 영향을 고려하여 수요를 추정한다. 조건부가치측정법은 관광자원이 지닌 가치를 금액으로 평가하는 방법이다. 개재기회모형은 관광지의 개입기회의 수가 출발지에서 관광지로의 이동에 미치는 영향을 고려하여 미래수요를 예측하는 기법이다. 공적분기법은 변수들의 단위근 검정을 통해 불안정하다고 판단된 인과관계 변수들의 선형결합이 장기적으로 안정적인 관계에 있을 경우 ECM(error correction model)을 통해 수요를 추정하는 방법이다.

정성적 관광수요의 예측기법

개요

정성적인 기법은 연구자의 직관적인 통찰로 현상의 의미를 해석하고 이해하는 연구방법이다. 정성적(질적)기법은 과거 정보에 대한 양적 자료의 수집이 불가능한 경우에 주로 사용되고, 관련 전문가의 주관적인 가치판단 요소를 포함시키는 것이 특징이다. 정성적 기법의 종류에는 시나리오설정법, 델파이모델, 판단기법, 사례분석법 등이 들어간다.

예측기법의 종류

시나리오설정법은 예상되는 여러 개의 시나리오를 설정하여 미래를 예측한다. 델파이모델은 미래 특정사건의 발생 가능성에 대해 관련분야 전문가들의 지식과 경험을 조합하는 조직적 접근방법을 의미한다. 판단기법은 전문가 집단 구성의 일치된 의견을 도출하여 미래예측을 수행하는 기법이다. 사례분석법은 유사 지역의 사례를 이용하여 분석지역의 추계를 예측하는 방법이다. 한편, 결합기법은 두 개 이상의 계량모델 또는 계량모델과 질적 모델을 결합·적용하여 미래 수요를 예측하는 기법이다. 이것은 개별 예측방법을 사용하는 것보다 더 많은 정보와 장점을 가지고 있어 정확도를 향상시킨다.

관광수요의 예측기법의 장단점

시계열모델은 2,3개월의 예측치에 이용가능하나, 중·장기 예측에는 적합하지 못하다. 또한 관광수요에 영향을 미치는 형태 및 분석자료 해석의 이해 정도에 따라 주의 깊게 선택해야 한다. 지수평활법은 적용이 쉽고 간단하여 여러종류의 시계열을 간단히 예측하는 장점이 있지만, 초기예측치가 필요하다는 단점도 갖고 있다. ARIMA(autoregressive integrated moving average)는 단기간을 정확하게 예측하는데 유용하다. 그리고 시계열의 구성요소가 시간의 흐름에 따라 매우 빠르게 변동하는 경우에 가장 효과적이나, 상대적으로 시간과 비용이 많이 소요되는 것이 단점이다. 회귀모델은 환경요인 변화의 중·장기 예측에 유용하다. 하지만 중요변수를 포함하지 않거나 부적절한 함수형태를 취할 수 있는 자기상관, 이분산성, 다중공산성과 같은 문제가 발생할 수 있다.

정성적 접근방법에 속하는 델파이기법(delphi technique)은 비교적 신속하고 저렴하게 사용하며, 기본자료가 적거나 계량화가 곤란한 문제에 대해 유용하다. 또한 전문가들의 책임감이 적어지고 좋은 의견과 잘못된 의견이 같은 비중으로 평가되어 해석에 한계가 있다. 시나리오 설정법(secnariowriting models)은 미래 환경에 대한 시나리오의 초점을 맞추고 가능성을 제시하여 체계화시켜 나가지만, 연구자의 주관성에 많은 영향을 받는다. 인과모델은 주로 단기에서 장기예측에 적합하고 전환점 예측이 양호하며, 비용은 시계열모델에 비해 다소 높다.

<표 4-4> 관광수요 예측기법의 제반 비교

기법	장점 / 단점	예측기간	전환점예측	비용
정량적(계량) 기법-시계열모델				
NAIVE	간단분석 / 추세분석 예측저하	단기-장기	빈약	낮음
단순회귀	적용 및 분석간편 / 초기예측 필요	중기-장기	빈약	낮음-보통
성장곡선		장기	양호	보통
이동평균법		단기	빈약	낮음
지수평활법		단기-장기	빈약	낮음
분해분석법	변동변화 파악 / 실제예측 한계	단기	빈약	낮음-보통
ARIMA	추세예측 용이 / 다량자료, 비용	단기-중기	빈약	보통-높음
개입모형		단기-장기	양호	보통
정량적(계량) 기법-인과모델				
회귀모델	중장기 예측 / 이분산, 자기상관성	단기-장기	매우 양호	보통
클로손		단기-장기	양호	보통
중력모델		단기-장기	빈약	낮음-보통
개재기회모형		단기-중기	빈약	보통
정성적(질적) 기법				
시나리오설정	미래상황 예측 / 연구자 주관	중기-장기	빈약	보통
델파이모델	자료부족시 / 책임감, 의견다양	단기-장기	빈약	보통-높음
사례분석법		중기-장기	빈약	보통
결합기법		중기-장기	빈약	보통-높음

자료: 문화체육관광연구원(2006)

정성적기법은 중·장기 예측에 적합하며, 전환점 예측은 빈약하지만, 과거 자료가 양적자료로 확보하기 힘든 경우에 쉽게 사용된다. 따라서 수요예측은 아무리 정교한 기법을 사용하더라도 오차가 발생한다. 예측치가 완벽하게 실제치와 일치할 수 없다. 그러므로 하나의 기법을 이용하는 예측의 절대치를 사용하기보다는 대안방법들을 병행하여 활용해서 예측작업의 신뢰도를 증진하는 것이 대단히 중요하다.

요약

1. 한국의 관광환경은 경제, 사회문화, 기술 및 기후환경 등의 측면에서 변화되는 양상을 보여왔다. 경제환경은 세계경제의 둔화, 국내경제의 성장세 저하 경향이 있었고, 관광진흥은 소득과 고용면에서 국가경제에 기여하는 것으로 나타났다.
2. 관광환경은 사회문화적으로 인구의 고령화, 1인 가구의 증가 속에 국민의 여행에 대한 가치관도 변모했고 과잉관광으로 인한 악영향도 생겨났다. 4차산업혁명으로 디지털 플렛폼이 관광시장에 다양한 영향을 미쳤고, 지구온난화로 환경을 감안한 지속가능 관광이 부각되었다.
3. 관광수요의 유동을 보면, 방한 해외관광객의 완만한 증가세가 유지되었지만, 국민의 해외관광객은 상대적으로 급증세를 보였다. 이에 따라 중국과 일본의 방한 해외관광객의 점유도는 컸으며 관광수지 적자도 다소 많았다. 국내 관광권역은 관광정책의 중요성이 커지고 국민관광시대를 맞이하여 국토공간상 관광권역 설정 및 관광정책이 확대되어 왔다.
4. 관광수요는 탄력성, 민감성, 계절성, 및 팽창성 등의 다양한 특성을 갖고 있다. 관광수요는 소득수준, 여가시간, 관광비용, 관광자원의 다양성, 수요자의 교육수준, 직업구조, 상대가격, 연령 및 생애기간, 사회문화, 인구구조 및 관광지의 개방수준 등 다양한 요인들에 의하여 영향을 받는다.
5. 관광수요의 예측은 관광개발계획의 수립이나 의사결정에서 중요하고 기본적인 도구이다. 관광수요를 예측하는 경우에는 자료의 유형, 여행주기·변환점과 방향전환, 관광의 계절성 분석, 사건영향 분석과 위험예측 등의 다양한 요소들을 종합적으로 고려할 필요가 있다.
6. 관광수요의 예측기법에는 정량적 및 정성적 기법들이 들어있다. 정량

적인 기법의 시계열 모델에는 나이브, 추세분석법(선형, 비선형), 이동평균법, 지수평활법, 분해분석법, ARIMA(박스-젠킨스법) 등이 포함된다. 인과모델에는 회귀모델, 여행비용접근법, 중력모델, 조건부 가치측정법, 개재기회모형, 공적분기법 등이 속한다. 정성적(질적) 기법은 시나리오설정법, 델파이모델, 판단기법, 사례분석법 등을 갖고 있다. 관광수요 예측기법들은 다양한 장단점과 특성을 비교하고 파악할 필요가 있다.

중요개념

관광환경의 변화 경제·사회문화 환경 관광권의 발전
해외관광객의 동향 관광사업시장의 동향 관광수요 개념
관광수요의 특성 관광수요의 영향요인 수요예측 고려요소
정량적 수요예측기법 정성적 수요예측기법 수요예측기법 장단점

연습문제

❶ 우리나라 관광환경의 변화양상을 경제, 사회문화, 기술 및 기후 등의 제 측면에서 구체적으로 설명하시오.

❷ 한국에서 전개된 국내관광권의 발전 및 관광개발계획의 특색들을 시대별로 간단히 기술하시오.

❸ 관광수요는 무엇을 뜻하며, 관광수요예측의 의미와 중요성을 아는 대로 말하시오.

❹ 관광수요가 갖는 특징들을 구체적으로 설명하고, 관광수요의 변화요인들을 사례 중심으로 언급하시오.

❺ 관광수요를 예측하는 경우에 고려할 요인들이 무엇인지 나열하시오,

❻ 관광수요를 예측하는 정량적 및 정성적 기법들의 종류와 장단점을 상호 비교하여 이야기하시오.

News

경북 봉화 '산타마을', 지난해보다 관광객 42% 늘어 '대박'

경북도가 봉화군, 한국철도공사 경북본부와 함께 지난해 12월 21일부터 봉화 분천역 일원에서 운영한 '봉화 분천 산타마을'을 방문한 관광객이 크게 늘었다. 18일 경북도에 따르면 2014년부터 1년에 두 번(여름, 겨울) 운영해 오던 산타마을은 올해 11번째로 개장했다. 지난 16일까지 이번 겨울기간 동안(58일간) 약 15만명의 관광객이 방문해 누적 관광객 수 93만명을 달성했다. 이는 지난해보다 42% 늘어난 것이다.

가족단위, 연인 등 다양한 계층의 관광객들과 유튜브 등을 비롯한 다양한 정보채널로 수도권 등 타지에서 많은 단체관광객들이 이곳을 방문한 것으로 나타났다. 이곳은 개장 기간 동안 21회에 걸친 주말 및 공휴일 색소폰 공연과 산타조형물 등 볼거리와 산타우체국을 통한 엽서발송(760명), 삼굿구이 체험, 산타썰매 등 즐길거리를 제공했다. 특히 새롭게 선보인 알파카 먹이주기 체험은 모든 연령층으로 부터 큰 관심과 호응을 받았다.

김상철 경북도 문화관광체육국장은 "따뜻한 겨울, 코로나19 등 변수가 있었으나 산타마을이 지역의 겨울철 대표 관광 상품임을 재차 확인할 수 있었다"며 "문화체육관광부와 함께 추진 중인 '봉화 분천 산타마을의 세계적 관광 명소화' 사업을 차질 없이 추진해 세계인이 찾는 관광 명소로 육성하겠다"고 밝혔다.

◆ 자료: 뉴시스(2020-02-18)

Chapter 5

도시관광의 역할과 자원

5.1. 도시관광의 개요
5.2. 도시관광의 역할
5.3. 도시관광의 자원
5.4. 도시관광의 사례조사

개관

도시관광의 개념과 기능을 알아보고, 도시에서 관광이 어떠한 역할을 하고 있는지 살펴본다. 이를 토대로 도시관광의 자원으로서 여러 마케팅 기법을 분석하고, 도시관광의 사례를 조사한다.

제5장

도시관광의 역할과 자원

5.1 도시관광의 개요

도시관광의 개념

도시관광은 일반적으로 도시 관광객과 도시의 관광대상, 관광기업, 관련 정부, 도시주민과의 상호작용과 현상을 의미한다. 도시관광은 도시내부 혹은 도시 외부에 의해서 도시의 각종 매력물과 편의시설 및 도시 이미지를 관광대상으로 도시에서 발생하는 관광현상을 말한다. 관광도시는 도시 자체가 지역 외부로부터 관광객의 방문동기를 유발시킬 수 있는 충분한 매력과 그들을 수용하는 관광시설(숙박, 교통, 위락, 문화, 정보, 음식, 이벤트 관련시설)과 관련 프로그램을 갖추고 있어 일반도시에 비하여 외래 방문객이 많은 도시를 의미한다. 세계적인 유명한 관광도시는 특별한 자연 혹은 인문자원을 보유하거나, 인위적인 시설을 개발하여 주요 관광대상지로 자리잡고 있다. 어느 국가에서 대표적인 관광도시는 국가의 관문이나 관광거점으로서 중요한 역할을 담당하며, 도시 자체가 훌륭한 관광대상이다.

도시관광의 주요 매력물은 도시에 존재하는 박물관, 공원, 극장, 유적지, 현대적 건물, 쇼핑, 음식, 위락 및 도시적 환경과 경관 등이다. 종합적으로, 관광도시는 도시 자체가 훌륭한 관광지 및 휴양지로서 자원과 기능을 보유하여 특성화된 고유의 각종 민속, 문화, 관광 이벤트를 정기적으로 개최하고, 주요 자원들에 대한 홍보선전에 주력함은 물론 관광산업를 활성화시켜 지역사회를 선도하는 도시이다.

도시관광의 기능

도시의 관광적 기능에는 관광목적지로 가는 경유지로서 교통 및 관광정보의 제공지, 관광목적 배후지로서 숙박장소, 다양한 도시관광 대상물에 의한 위락지, 시민의 삶과 생활풍습의 현장, 각종 이벤트의 개최지 등이 들어있다. 도시관광이 활성화되면, 소득 및 고용 창출, 문화유산의 보전 및 재창출, 기반시설의 확충·정비, 도시재개발의 확대, 서비스중심의 경제구조 변화 등의 기대효과가 발생한다.

현대에 도시관광은 도시의 재생 및 활성화 측면에서 세계적으로 중요하게 인식되고 있다. 도시관광이 도시문제를 개선하기 위한 도시의 재개발 및 재생과 연관되어 도시경제를 성장시키고 도시환경을 정비하는데 필요한 중요한 정책수단이 되고 있다. 1980년대 이후 유럽 도시들은 제조업이 쇠퇴하여 경제불황이나 높은 실업율에 직면하였다. 그러자 유럽 도시들은 관광산업을 고부가가치 산업으로 인식하여 도시관광을 도시의 성장산업으로 선택했다. 실제로 2차 세계대전 후에 영국의 에딘버러시 및 일본의 주요 도시들이 도시관광을 통하여 도시재개발 및 도시활성화 사업을 추진하였다.

로우(Law)는 '도시관광진흥을 산업개발, 오피스개발, 혹은 유사한 지역경제 개발정책의 한 요소로 취급하는 것은 잘못이다' 라고 보았다. 한편 도시관광의 옹호자들은 '도시관광이 도시의 타기능들보다 훨씬 중요하다' 고 주장했다. 관광투자는 시설, 사업, 물리적 환경, 지역개발의 이익이 되는 기간시설의 개발을 포함한다. 도시관광 투자는 도시를 시장화하고, 산업과 상업활동을 유도하는 데 필요한 도시이미지를 크게 향상시킨다. 지역의 대도시는 관광중심지의 기능을 담당한다. 그러나 도시관광이 지역경제에서 중요한 기능을 담당하려면, 도시관광산업의 규모가 실질적으로 증대될 필요가 있다.

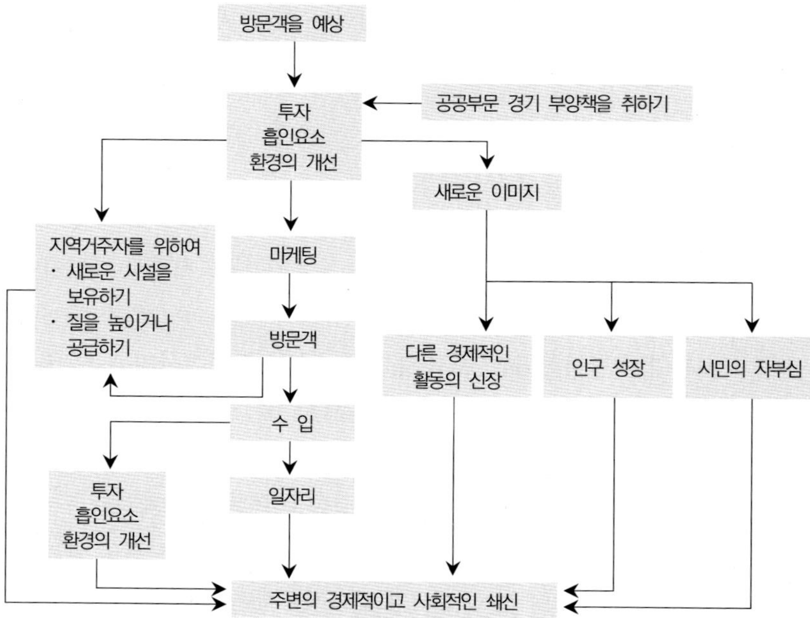

자료: Christopher M. Law(1992)

<그림 5-1> 도시관광의 전략

이것은 해당 도시에 많은 관광객을 유인하여 관광분야의 고용을 창출하고 도시경제를 성장시키기 때문이다.

도시관광의 유형과 구조

도시관광의 유형

도시관광의 유형은 도시내에서 이루어지는 관광형태이다. 그 유형들은 목적과 활동에 따라 비즈니스관광, 쇼핑관광, 이벤트관광(컨벤션관광), 문화관광, 위락·휴양관광 등으로 다양하며, 방문객 특성에 따라 지속적으로 변화한다. 도시관광의 주요 방문객은 관광객, 회담·전람회 대표자, 단기 휴가자, 당일 여행객, 친구와 친척 방문객, 장기휴가자, 단기방문 장기여행자 등이다.

관광도시의 유형

관광도시는 관광객의 도시내 유입이 많은 도시로 다양한 관광 매력물을 갖추고 관광객의 편의시설, 현대적 문화이벤트 등을 통해 지속적으로 관광객을 유인할 수 있는 도시이다. 관광도시의 유형분류는 넓게는 관광의 유형분류 체계 속에 포함된다. 하지만, 도시의 특성 및 관광객의 활동특성에 따라 세부적인 유형들은 다르게 구분되고 있다. 관광도시 유형은 도시관광 형태를 보여주는 분류작업으로 관광형태, 입지, 자원와 기능 등 다양한 차원에서 구분될 수 있다.

첫째, 행태에 의한 분류로서, 관광행태를 중심으로 볼 때 관광도시는 크게 쇼핑관광, 이벤트관광, 문화관광, 비즈니스 관광, 휴양 관광으로 나눈다. 중요한 사례 도시들은 홍콩의 쇼핑관광도시, 프랑스 몽펠리와 니스의 휴양관광도시 등이 있다. 둘째, 입지에 의한 분류로서, 관광도시의 입지를 중심으로 해안형, 산악형, 내륙형, 수변형으로 구분한다. 주요 사례도시로는 해안형인 일본 고베, 산악형의 프랑스 샤모니, 수변형인 스위스 즈네브 등이 있다.

<표 5-1> 관광도시의 유형 분류

구분	유형분류	사례지역
행태	쇼핑관광, 이벤트관광, 문화관광, 비즈니스관광, 휴양관광	쇼핑관광도시(홍콩), 휴양관광도시(프랑스 몽펠리에, 니스) 등
입지	해안형, 산악형, 내륙형, 수변형	해안형(일본 고베), 산악형(프랑스 샤모니), 수변형(스위스 즈네브)
자원	역사형, 문화형, 자연자원형, 산업형, 위락형	역사형(공주), 산업형(포항), 위락형(용인) 등
도시 기능	복합기능 관광도시 단순기능 관광도시 : 어업형, 광업형, 공업형, 교통형, 교육형, 정보형 등	복합기능 : 서울, 인천 등 대도시 단순기능 : 공주, 천안 등

자료: 김향자·유지윤(2000)

셋째, 자원에 의한 분류로서, 관광자원을 중심으로 관광도시를 분류하면, 크게 역사형, 문화형, 자연자원형, 산업형과 위락형으로 나눈다. 사례도시로는 역사형(공주), 산업형(포항), 위락형(용인) 등이 있다. 넷째, 도시기능 분류체계에 근거하여 도시기능에 따라 분류하면, 대략 복합기능 관광도시와 단순기능 관광도시가 있다. 복합기능 관광도시로는 서울, 부산, 인천 등 대도시이다. 단순기능 관광도시는 도시의 중점기능에 따라 다시 어업형, 광업형, 공업형, 교통형, 교육형, 정보형 등으로 구분한다.

도시관광의 구조

도시관광의 유형은 관광대상이 되는 도시여건 혹은 도시방문객의 유형에 따라서 구분한다. 도시관광의 구성요소를 공급자 및 수요자 측면으로 구분하여 분석가능하며, 이것은 도시관광을 비교적 명확하게 구분하는데 유효하다. 공급 측면에서 도시관광의 영역구분은 도시가 관광객을 위해 어떠한 관광자원과 시설들을 공급해야 하는지에 중점을 둔다. 한편 수요 측면에서 도시관광의 영역구분은 도시 관광객이 도시에서 어떤 관광활동을 원하는지에 초점을 둔다.

도시방문객의 유형

도시의 방문목적은 관광목적처럼 매우 다양하다. 방문자는 동기에 따라 친구·친지, 비즈니스, 회의·전시회 참가, 교육, 문화역사 관광, 종교여행, 축제 및 이벤트 방문, 여가·쇼핑, 일일 방문객 등 도시방문객을 9가지로 유형화 한다. 도시관광객은 방문객의 목적 혹은 활동에 의하여 크게 비즈니스관광, 쇼핑관광, 이벤트관광(컨벤션관광), 문화관광, 자연생태관광, 위락 및 휴양관광 등 유형으로 구분한다. 이러한 유형은 방문객의 특성에 따라 지속적으로 변화한다. 따라서 도시관광의 주요 방문객 시장은 비즈니스 여행객, 컨벤션 참가객, 친지방문, 도시 주변지역을 찾는 단기휴가자, 단기방문을 위해 잠시 체류하며 계속 여행하는 장기휴가자 등으로 구분한다.

5.2 도시관광의 역할

도시 경제·사회적 역할

도시의 경제적 수입증가 및 고용창출

도시관광이 다양한 도시기능 중에서 중요한 것은 경제적 가치를 생산하는 것이다. 도시를 방문하는 관광객의 소비로 인해서 경제적 수입을 증가시키며, 숙박업 및 편의시설 등의 관광산업 부문의 고용을 창출한다. 관광산업이 다른 산업과 기능적으로 연계하여 도시경제의 시너지 효과를 수반하는 다른 파급효과가 있다. 따라서 도시관광은 도시를 경제적으로 재활성화(regeneration)시켜주는 파급효과를 가진다. 1980년대부터 구미 제국의 많은 도시들은 도시의 장기적인 경제불황을 타개하기 위해서 관광산업을 중요한 도시정책수단으로 선호했다.

비용과 편익 측면의 역할

관광산업이 도시지역에 미치는 경제적 영향을 비용 혹은 편익 측면에서 파악할 수 있다. 경제적 비용으로는 경제활동에 대한 과다집중, 비용 인플레이션, 지가 상승, 생산·서비스·노동력의 수입체제 심화, 지역경제로부터 관광소비 유출 등이 있다. 경제적 편익으로는 도시의 소득증가, 일자리 창출, 경제활동의 구조개선과 균형, 기업활동의 장려 등이 존재한다.

부동산 투기와 교통혼잡 등 사회적 비용의 발생

관광객이 도시의 일부 관광지에 급증하면, 주변지역의 상권이 활성화되어 지가상승과 함께 부동산 투기, 교통혼잡 등의 사회적 비용이 발생한다. 더욱이 다른 지역에 매력적인 관광시설·상품이 생기면, 도시관광객은 다시 이동한다. 이러한 경우에 기존 관광시설에서 새로운 관광수요를 창출하기는 현실적으로 힘들다. 결국 쓰나미처럼 관광객이 대량으로 이동하여 기존 관광시설의 경기는 쇠퇴한다. 도시관광의 개발이익이 시정부, 부동산 업자 혹은 개발회사 등에 집중되면, 시민에게는 별다른 개발이익이 분배되지 않을 수 있다.

도시 공간구조적 역할

도시의 공간적 재구조화에 영향

도시관광은 도시경제에 다양하게 영향을 미친다. 기업이나 개인의 공간적 이동을 유발하여 도시의 물리적 환경을 변화시킨다. 도시관광은 도시의 공간적인 재구조화(restructuring)를 통하여 물리적인 영향을 미친다. 첫째, 도시환경이 변화하여 농업적인 토지이용이 감소하고, 도시에서 수문시스템이 변화한다. 둘째, 도시에서 건물면적이 증가하거나 새로운 건축양식이 생기는 가시적인 변화가 발생한다. 셋째, 기반시설의 변화로서 기반시설에 대한 이용과 개발에서 과부하가 형성되고 새로운 기반시설을 제공해야 한다. 넷째, 도시내부의 형태가 변하는 데, 그 모습들은 거주지 토지이용이 상업시설로 변화하고 도시내부가 보행자체계에서 교통관리체계로 구조적인 변화를 보인다. 도시지역에서 관광적인 토지이용과 거주지 토지이용 간 질적 측면에서 비교하고 분석하게 된다. 다섯째, 도시환경이 복원하며, 그 사례들은 잉여 건물의 재이용, 역사적 건물 및 입지의 부활 및 보전 등이다.

특정계층을 위한 공간 개발

도시관광개발은 도시의 환경을 개선하지만, 직접적인 개발 효과가 발생하는 공간은 한정되어 있다. 이러한 과정에서 자칫 도시공간의 차별성이 오히려 양극화 현상을 유발할 수 있다. 이를 테면, 관광객의 소비행위를 유도하기 위하여 고급 쇼핑센터 혹은 휴양공간이 입지하면, 일부 특정계층에 개방되는 듯한 도심 속의 섬으로 전락하고 만다.

도시개발의 역할

지역 정체성과 무관한 획일적인 관광 개발

도시관광개발이 관광시설의 규모나 외형적 모습에 집착하면, 도시의 장소성 및 정체성이 크게 훼손될 수 있다. 도시관광은 경제, 사회 및 문화에 걸쳐 다양한 파급효과가 있지만, 도시관광의 과제들을 잘 조정하고 개선하는 것이 도시관광의 장기적인 성패를 좌우한다.

급격한 도시관광의 개발추세는 도시의 정체성을 상실하고 획일성을 조장한다. 그러나 가시적인 도시발전의 효과가 있으면, 도시관광이 다른 도시에 비하여 급속도로 추진된다. 도시의 중심지역마다 비슷한 유형의 상점들이 많은 것처럼 모든 도시가 천편일률적으로 도시관광을 장려하는 것은 바람직하지 않다. 도시마다 있는 독특한 장소성과 역사적인 주제성에 근거하여 도시관광을 발전시켜야 한다.

과도한 도시개발의 유도

도시관광을 통하여 방문객에게 볼거리와 흡인요소를 제공하는 과정에서 과도한 도시개발을 조장할 수 있다. 상대적으로 볼거리와 흥미 거리가 많은 도시는 관광객 유치경쟁에서 유리하나, 도시관광을 계속 발전시키는 데는 한계가 있다. 일반 대중은 특정 도시의 관광만을 고집하지 않으므로, 관광객의 기대수준 향상에 부응하여 도시환경을 개선하고 많이 투자하여 최상의 관광서비스 수준을 유지해야 한다.

지역 내 다른 유형의 관광지와 경쟁

도시관광은 다른 관광장소와 경쟁하는 형태에 있다. 대도시의 관광자원이 그 도시에만 있는 특별한 것이 아니며, 리조트나 해안과 같은 연안자원을 제공하는 경쟁요소를 간과할 수 없다. 이외에도 도시성장 정책에서 성장과 복지 간 갈등문제, 유지관광이나 녹색관광의 문제 등을 들 수 있다.

도시브랜드의 역할

도시의 매력성 강화 및 이미지 제고

도시관광에 의한 도시공간의 재구조화는 도시를 더욱 독특하고 흥미 있는 장소로 만든다. 이것은 도시 공간을 다양성이 더욱 공존하는 장소로 변화시킨다. 도시재개발 과정에서 관광객과 시민이 많이 찾는 시내 핵심지역들의 외관이 뚜렷하게 변함에 따라 도시의 관광매력성은 더욱 증가된다. 도시변화는 도시의 이미지를 제고시켜 투자를 유인하고 도시재개발을 통하여 도시의 재활성화에 기여한다. 이러므로 세계 도시들은 도시재개발 전략에 관광산업을 적극 활용한다.

장소마케팅의 효과적인 추진

지방자치단체는 지역 알리기 혹은 지역경제 활성화란 목표를 달성하기 위하여 신도시 발전전략을 강구한다. 장소마케팅은 지역의 주민과 기업인, 행정기관 등이 기업과 관광객 등에게 특정 장소를 매력적인 공간이 되도록 하기 위해 독특한 이미지를 만들고, 이를 통해 부가가치를 창출하는 다양한 방식의 전략이다. 장소마케팅은 도시발전을 위한 중요한 도시정책수단으로

<표 5-2> 도시관광의 역할

역할 구분	역할의 세부내용
도시경제사회적	• 도시의 경제적 수입증가 및 고용창출 • 관광소비 비용의 지출과 경제적 편익 향상 • 부동산투기, 교통혼잡 등 사회적 비용의 발생
도시공간구조적	• 도시의 공간적 재구조화에 영향 발생 • 특정계층을 위한 도시공간 개발
도시개발	• 지역정체성과 무관한 획일적인 도시개발 • 과도한 도시개발의 유도 • 지역 내 다른 유형의 관광지와 경쟁 발생
도시브랜드	• 도시의 매력성 강화 및 이미지 제고 • 장소마케팅의 효과적인 추진

활용되며, 그 사례는 지역축제, 특징적인 문화시설 등과 같은 관광전략이다. 예를 들어, 역사적인 건물을 보전하면서 축제를 개최한다거나, 문화예술센터, 미술관 등의 레저문화시설을 조성하여 도시이미지를 탈바꿈시킨다.

5.3 도시관광의 자원

도시장소마케팅

도시 장소마케팅의 효과

프랑스의 에펠탑, 미국 뉴욕시의 자유의 여신상, 영화로 유명한 영국의 노팅힐 거리, 인도의 타지마할처럼 특정 장소를 대표하는 단어들이 있다. 이곳은 매년 수많은 관광객이 찾는 관광명소로 장소 마케팅기법이 적용된 장소이다. 이처럼 장소마케팅은 단순한 도시홍보에 그치지 않고, 도시에 관광수요가 창출되도록 정책방향을 설정한다. 이것은 정책 목표집단의 설정, 전문성, 재원조달 및 마케팅방법에서 보다 조직적이며 효과적으로 다루어진다. 장소마케팅은 도시 내부의 공동 목표를 위해 공공과 공공, 공공과 민간간 재정, 운영 및 통제의 책임을 다양한 수준에서 분화시킨 협력관계를 구축하며, 도시를 역사와 문화적 중요성을 갖는 차별화 된 상품으로 만드는 것이다.

장소마케팅의 효과들은 다양하다. 첫째, 도시내부의 통합이다. 장소마케팅을 통하여 도시민들에게 지역에 대한 정체성, 소속감, 자긍심을 확립시켜준다. 또한 시민의 정서안정을 도모하며 문화공간 등 주민이 공유하는 공공영역을 창출하여 도시이미지를 개선하고 지역복지를 향상시킨다. 둘째, 도시경제의 활성화이다. 장소마케팅은 도시의 문화 및 홍보 등 일련의 마케팅기법으로 도시를 판촉한다. 이것은 전문가 집단의 삶의 질을 개선하여 기업투자를 유치하고, 관광객을 유인하여 도시에 체류하게 만들어 도시경제를 활성화시킨다. 복합용도 개발이나 문화지구의 형성을 통해 사무실, 상업, 외식시설 및 문화시설 간에 상승작용을 일으켜서 물리적인 도시개발계획의 이윤을 확보한다. 셋째, 도시문화의 산업화이다. 도시 내 문화 및 역사 등 장소마케팅을 통하여 문화를 산업화한다. 문화상품의 생산과 유통을 지역경제 성장의 중요한 정책수단으로 활용하며, 문화산업 자체가 도시의 고용 및 소득 창출로 이어지게 만든다.

● 도시 장소마케팅의 평가척도

첫째, 경제성이다. 장소마케팅을 통하여 지역경제 활성화의 공헌도, 실질적인 경제적 파급효과, 주민의 고용창출효과, 관광자원화의 효과을 평가한다. 둘째, 사회통합과 계급성이다. 장소마케팅은 지역사회 통합의 달성도, 새로운 갈등의 도출 유무, 사회갈등의 은폐와 왜곡 정도, 혜택의 분산도, 지역주민의 고용과 삶의 질 측면에서 기여도를 분석한다.

셋째, 문화적인 정통성이다. 어떤 문화와 역사를 판매 했는가를 파악한다. 이것은 상징적인 조작으로 문화 및 장소의 획일화가 초래되어 문화의 본질이 왜곡될 수 있기 때문이다. 넷째, 지역적인 배타성이다. 도시별 치열한 경쟁관계 속에서 여러 도시들이 동반성공 했는가를 평가한다. 유동적인 국제자본을 유치하려는 도시간 경쟁이 심화되어 모두 이득이 없을 수 있다.

● 장소마케팅의 문제점

첫째, 과잉 홍보로 인하여 장소의 이미지와 실체와의 괴리가 발생한다. 둘째, 지가를 상승시키고, 지역 간 차별화가 이루어지지 못할 경우에 개발 효과가 낮다. 셋째, 개발이익이 지역 주민에게 분산되지 않고 개발에 참여한 일부 계층에만 편중되는 경향이 있다. 넷째, 정치적 책임성과 형평성의 문제가 발생하거나, 장소마케팅의 효과를 정확하게 측정하기 곤란하다.

도시공원

도시공원은 도시자연경관을 보호하고 시민의 건강·휴양 및 정서생활을 향상시키는 데에 이바지하기 위하여 설치 또는 지정된 공원을 말한다. 도시공원법 제2조에서 '도시공원은 도시계획 구역 안에서 자연경관의 보호와 시민의 건강, 휴양 및 정서생활의 향상을 위하여 각종 이용시설을 갖추어 일반에게 공개하는 지역'으로 규정한다. 도시공원은 도시계획법에 의하여 도시계획시설로 설치되는 녹지지역, 풍치지구 등의 공원 및 녹지를 말하며, 도시 내부 또는 주변에 조성하는 후생적 자원으로 시민에게 교육, 건강, 위락 활동 및 공공의 복지 증진을 위한 것이다.

도시공원은 쾌적한 도시환경을 형성하여 건전하고 문화적인 도시생활의 확보와 공공의 복리증진에 기여함을 목적으로 한다. 도시공원은 공원이 위치한 행정구역을 관할하는 시장 또는 군수가 조성 계획에 의하여 설치 및 관리하는데, 국립공원이나 도립공원이 도시공원에 포함될 수도 있다. 경주국립공원, 서울의 북한산국립공원, 광주의 무등산국립공원이나 대구의 팔공산도립공원이 그 좋은 사례이다.

도시공원은 크게 생활권공원과 주제공원으로 나누며, 도시생활권의 기반공원 성격인 생활권공원은 소공원, 어린이공원, 근린공원으로 세분한다. 주제공원은 역사공원, 문화공원, 수변공원, 묘지공원, 체육공원, 기타로 구분된다. 도시공원은 도시의 미관을 높이며, 어린이의 놀이터와 청소년의 교화에도 도움을 준다. 또한 가각녹지와 가로수 등의 도로공원, 도시주변의 경사지를 이용한 시외공원 등 현대 도시계획에서 중요시설로 여겨지고 있다. 이러한 도시공원은 관광대상이 되므로 관광자원적인 접근전략이 요구된다.

도시공원의 기능은 사회의 변화에 따라 발전해 왔다. 초기의 도시공원은 일부 귀족 등 소수계층이 공원혜택을 누렸고 휴식과 위락의 즐거움을 제공하는 장소였다. 현대에 도시공원은 공공의 소유로 주민 누구에게나 개방적

복지혜택을 주는 장소이며 시민의 일상생활에서 휴식, 운동, 행락 등에 이용된다. 도시 내 오염된 공기를 정화하고 화재를 방지하며, 재해발생의 피난 장소로도 사용된다.

세계적으로 대표적 도시공원들은 미국 뉴욕의 센트럴 파크, 영국 런던의 하이드 파크, 스페인 바르셀로나의 파크구엘이 있다. 매년 현지 주민은 물론 수많은 관광객이 방문하는 유명한 관광지이다. 싱가포르는 높은 밀도를 지닌 도시임에도 불구하고 녹지율이 상당히 높은 국가이다. 녹색의 수직 고층빌딩, 바이오필릭 디자인 건축물, 대규모 공원, 파크 커넥터라고 불리는 보행 동선은 싱가포르 도시 전체를 정원으로 만들었다. 싱가포르의 공공녹지 면적은 도시 전체의 48%로 전 세계 주요 도시 중 노르웨이 오슬로(68%) 다음으로 높은 비율을 보인다. 오늘날 도시공원은 도시의 인프라로서 공원과 녹지를 연결하는 그린웨이나 대형산업부지에 조성한 도시공원은 도시의 골격을 이루는 녹색기반 시설이다. 미국 뉴욕의 센트럴파크는 20세기 초반의 레크레이션공간에서 20세기 후반에는 공공예술과 사회행사의 장소이자 도시관광자원으로 활용되고 있다.

[개요]	[전경]
• 위치: 미국 뉴욕 맨해튼, 도시공원 • 개원: 1857년 • 설계: 프레데릭 옴스테드, 갈버트 보 • 면적: 3.41㎢ • 크기: 남북 4km, 동서 1km • 공원운영비: 주변 고급아파트 주민의 기부 80% • 방문객: 연간 37.5백만명	

자료: 위키백과(https://ko.wikipedia.org)

<그림 5-2> 뉴욕 센트럴파크의 개요·전경

도시문화관광축제

축제는 축하하며 벌이는 큰 규모의 행사이다. 지역축제는 고유한 지역성을 공유하는 공동체 구성원들이 특정한 기념일에 자신들의 문화를 표출하는 축하행사이다. 문화관광축제는 전국의 지역축제 중에서 고유의 특산물, 인문자원, 자연자원 등을 활용하여 외래관광객을 유치하고 지역경제활성화에 도움이 될 수 있도록 문화체육관광부가 선정하고 지원하는 관광상품성이 큰 축제이다.

문화관광축제는 각 특별시·광역시에서 3개 이내, 각 시·도에서 7개 이내의 축제를 추천하면, 관광·축제 분야의 전문가로 구성된 선정위원회에서 축제 프로그램 등 콘텐츠, 축제의 부가가치 창출효과, 국내외 관광객 유치실적 등을 기준으로 선정한다. 2014년 문화관광축제의 유형과 구성비를 보면, 전통문화형(27.5%), 특산물형(27.8%), 역사위인형(17.5%), 공연예술형(10.0%), 놀이경연형(10%) 및 자연생태형(7.5%)로 되어 있다.

우리나라 문화관광축제는 참여형 프로그램을 확대하고 새로운 브랜드를 창출하면서 지역축제의 비효율성을 개선하고 발전해왔다. 그리고 관광비수기에도 축제를 활성화하여 관광트랜드를 주도하고, 이를 통하여 지역관광을 활성화하는 데 견인차 역할을 담당했다.

최근에는 문화관광축제로 인한 관광상품을 개발하기 위하여 축제상품에 대한 투자가 늘어났으며, 이것은 축제의 사회·문화적인 가치를 창출할 뿐만아니라 축제의 국제적인 인지도를 상승시켜 왔다. 해외의 유명한 문화관광축제를 보면, 브라질의 리우카니발(Rio Carnival), 영국의 에든버러축제(Edinburgh Festivals), 중국의 하얼빈빙설대세계, 일본의 삿포로눈축제(Sapporo Snow Festival), 케나다의 오타와 윈터루드(Ottawa Winterlude), 미국의 메인스트리트 포트워스 예술축제(Port Worth Art Festival) 및 스페인의 뷰놀시 토마토축제(La Tomatina) 등이 있다.

<표 5-3> 한국 문화관광축제의 유형과 구성비

유형	해당축제	구성(%)
전통문화	김제지평선, 이천쌀문화, 서천한산모시, 7080충장, 대구약령시, 광안이러방, 목포해양문화, 여주오곡나루, 울산고래, 정선아리랑, 제주들불	27.5
특산물	강진청자, 문경찻사발, 강경젓가르 괴산고추, 담양대나무, 산청약초, 순창장류, 보성다향제, 봉화은어, 창원국화, 파주북소리	27.8
역사위인	평창효석, 통영한산대첩, 고령대가야, 수원화성, 해미읍성, 동래읍성, 송파한성백제	17.5
공연예술	춘천마임, 가평재즈, 인천펜타포트, 거창연극	10.0
놀이경연	화천산천어, 포항불빛, 장흥물, 충주무술	10.0
자연생태	무주반딧부르 진도신비의바닷길, 부여연꽃	7.5

자료: 문화체육관광부(2014)

도시쇼핑관광

도시쇼핑관광의 개요

도시쇼핑관광(urban shopping tourism)은 도시에서 관광객이 관광을 하는 과정에서 욕구에 따라 물건을 구매하는 행위을 말한다. 여기에는 부수적으로 발생하는 음식 먹기와 구경하기 등을 포함한다. 쇼핑관광은 필요한 물건을 단순히 구매하는 개념이 아니고, 관광을 유발하는 하나의 중요한 동기이다. 관광의 과정에서 발생하는 쇼핑은 여가활동으로서 쇼핑경험으로 접근할 필요가 있다. 쇼핑경험은 물품의 품질, 가격, 구매장소, 쇼핑시설 혹은 판매원의 서비스 등이 복합적으로 작용하여 만들어진다. 1970-1980년대 서울 쇼핑관광의 중심 지역들은 남대문시장, 명동 혹은 동매문시장 일대였으나 방문객이 점차 감소했다. 그 이후에 홍대·가로수길·코액스 등 비도심권이 새로 부상하면서 서울의 새로운 쇼핑관광지로 성장했다.

쇼핑관광이 성립되기 위해서는 몇가지 조건들이 충족될 필요가 있다. 첫째, 민족문화를 배경으로 하는 물건의 예술적 가치가 중요하다. 둘째, 물품

자체가 튼튼하고 부피가 작아서 휴대하기 편리하며 다양한 관광객의 기호를 충족시켜야 한다. 셋째, 물품의 미관은 물론, 편리한 운송에 적합하도록 포장해야 한다. 넷째, 상품 가격이 적절하고 보존성이 양호해야 한다.

쇼핑관광의 활성화 전략

쇼핑관광을 진흥하기 위해서는 몇 가지 전략들이 강구되어야 한다. 첫째, 상품브랜드를 개발하고 상품의 품질을 향상해야 한다. 한국을 대표할 수 있는 독특한 상품과 고유 브랜드를 개발한다. 또한 품질인증제도 등의 실시로 상품의 질적 향상을 도모하며 판매된 상품의 사후 품질보장도 중요하다. 둘째, 전문인력의 양성이 중요하다. 양질의 관광상품을 생산하는 데 필요한 전문적인 기능인력을 양성하여 잘 관리한다. 판매촉진을 위하여 상품에 대한 전문지식 및 판매와 관련한 기술, 서비스 정신을 갖춘 전문인력을 양성한다. 셋째, 쇼핑관광객에게 적합한 숙박, 교통, 음식, 관광서비스, 인전자원 등의 제반 서비스를 동시에 제공하고 홍보한다.

도시박물관

박물관의 개념과 역할

박물관은 고고학적 자료, 역사적 유물, 예술품, 그 밖의 학술자료를 수집·보존·진열하고 일반에게 전시하여 학술연구와 사회 교육에 기여할 목적으로 만든 시설이다. 박물관은 수집품의 내용에 따라 민속·미술·과학·역사 박물관 등으로 구분하며, 그 시설의 위치와 직능에 따라 중앙박물관 및 지방박물관으로 나눈다. 오늘날 박물관은 세계적으로 국가의 중요한 도시 및 지역관광시설의 하나이다. 관광객은 박물관을 관람하여 그 나라의 역사, 문화 및 생활상 등을 종합적으로 알 수 있어 박물관을 필수적으로 관광한다.

박물관은 사회문화적 역할, 경제적 역할 및 정치적 역할을 갖고 있다. 첫째, 박물관은 사회를 반영하고 사회적인 불평등을 감소시키며 예술가와 함께 문화의 다양성을 이해시킨다. 문화의 요지로서 지역공동체가 박물관 활동에 참여하게 만들며, 문화프로그램을 개발운영하고 문화 하부시설을 지역에 제공한다. 둘째, 박물관은 관광사업의 콘텐츠로서 지역경제를 회생시킨다. 박물관 주변의 호텔·상가는 박물관 관람객의 증가로 성장하여 지역경제 성장의 원동력이 된다. 박물관 문화단지를 조성하여 직업창출과 고용 증대로 지역경제 활성화에 도움이 된다. 셋째, 박물관은 일반 대중의 자긍심과 국가적, 문화적 정체성을 고양하고 전통적 문화가치를 향상시킨다.

박물관의 종류

박물관의 종류는 크게 종합박물관 및 전문박물관으로 나눈다. 종합박물관은 각 분야의 자료를 모두 수장하고 있는 박물관이다. 종합박물관은 많은 분야의 자료를 수집 및 전시하며 대상지역이 많이 한정되어 있다. 전문박물관은 미술, 역사, 과학, 등 전문분야의 자료를 수장하고 있는 박물관이다. 전문박물관은 다시 미술관, 역사박물관, 과학박물관으로 구분된다. 미술관은 자료의 지리적, 민족적 분포나 자료의 시대, 자료의 분류, 전시지역 등에 의

<표 5-4> 세계 박물관 방문객 순위

이름	소속 도시	소속 국가	연간 방문객	기준 연도
Louvre	파리	프랑스	9,260,000	2014
British Museum	런던	영국	6,695,213	2014
Metropolitan Museum of Art	뉴욕	미국	6,226,727	2013
National Gallery	런던	영국	6,031,574	2013
Vatican Museums	바티칸(로마)	바티칸(로마)	5,978,804	2013
Tate Modern	런던	영국	4,884,939	2013
National Palace useum	타이페이	대만	4,500,278	2013
National Gallery of Art	워싱턴 D.C	미국	4,093,070	2013
Musee National d'Art Moderne	파리	프랑스	3,745,000	2013
Musee d'Orsay	파리	프랑스	3,500,000	2013
Victoria and Albert Museum	런던	영국	3,290,500	2013

자료: 김향자·유지운(2000)

해 다양한 형태를 갖고 있다. 역사박물관은 민속, 민족학, 고고학, 사회학, 혁명 등의 자료를 수장한 박물관, 기념관 및 역사적 기념관 등이 있다. 과학박물관은 자연사, 공학, 산업 등에 관한 자료를 수장한 박물관과 동·식물원, 수족관, 자연박물관 등이 있다.

5.4 도시관광의 사례조사

관광명소의 개념과 유형

관광명소는 풍경이나 풍물을 구경하기 좋아 이름이 널리 알려진 장소이다. 관광명소화의 유형들은 도시재생사업, 건축물의 랜드마크화, 문화프로그램, 장소마케팅, 자연공간 및 시민공동체 활용 등이 있다. 첫째, 도시재생사업으로서, 도시의 변화과정에서 계획적인 도시재개발 혹은 문화적 요인에 의하여 도시에 변화가 생긴다. 이를 통하여 도시가 새로운 매력공간으로 재탄생되어 관광객이 증가하는 현상이 발생한다. 둘째, 건축물의 랜드마크화로서, 특징적이고 기념비적인 건축물은 도시의 랜드마크로서 역할을 한다. 이 경우에 도시방문객들이 즐겨찾는 관광명소로 거듭나게 된다. 이것은 도시 어메니티를 개선하며 도시경제의 성장을 가져온다. 이를 테면, 중국 북경의 자금성, 프랑스 파리의 에펠 탑, 미국 뉴욕의 자유의 여신상, 호주 시드니의 오페라하우스 등은 도시의 훌륭한 랜드마크시설이다.

셋째, 문화 프로그램으로서, 축제 및 이벤트 등 도시의 문화예술 프로그램은 도시주민의 생활을 풍요하게 만들며, 도시를 세계적인 관광지로 성장시킨다. 넷째, 장소마케팅으로서, 도시가 축제 이외에 영화, 드라마, 혹은 TV광고 등에 노출되면서 새로운 명소로 각광받고 있다. 도시의 유명한 공간, 독특한 행사 등을 통하여 도시를 알리는데 기여한다.

다섯째, 자연공간의 활용으로서, 도시 내의 자연자원, 공원·녹지는 도시를 방문하는 관광객에게 훌륭한 관광공간이다. 이러한 자연공간은 시민을

<표 5-5> 관광명소화 부문별 사례

구 분	사 례	비 고
도시재생 사업	일본 롯본기 힐즈-미드타운	복합문화공간
	프랑스 라데팡스	신개선문의 랜드마크적 역할, 보행자중심도시
	한국 통영 동피랑	골목길 공공미술
	한국 전주 한옥마을	역사 문화공간 정비
	한국 수원 못골시장	재래시장 활성화사업
도시 한 장소 (one spot) 명소화	북경798예술지구	공장지대의 문화예술지구화
	문래동 문화예술	공장지대의 문화예술지구화
	인천 아트플랫폼	문화센타, 레지던시
건축물의 랜드마크화	스페인 빌바오 구겐하임미술관	도시재개발사업
	호주 시드니 오페라하우스	상징적 건축물
	미국 뉴욕 엠파이어스테이트빌딩	도시의 랜드마크
	한국 서울N타워	도시의 랜드마크
	인천 아트플랫폼	근대건축물의 문화공간화
문화행사 프로그램	한국 인천 펜타포트 락 페스티벌	한국 최고 규모의 음악축제
	한국 양주시 인디밴드	특색있는 음악축제
장소마케팅	한국 부산 BIFF 거리	부산국제영화제
	한국 제주도 서귀포 섭지코지	영화촬영지
	프랑스 몽마르뜨	영화촬영지
	일본 히메지	필름 커미션
자연공간의 활용	일본 오사카 남바파크	공원의 관광활용
	미국 브라이언트 파크	공원의 관광활용
도시브랜딩	오스트리아 그라츠	유럽문화의 수도
	이탈리아 오르비에또	슬로시티
	이탈리아 로마, 피렌체, 비센차	세계문화유산
시민공동체 활동	일본 카나자와 시민문화예술촌	경관을 배려한 마을만들기
	한국 서울 성미산 지킴이	생태환경 보호운동

자료 : 김향자(2011)

위한 공간뿐만 아니라 관광객의 휴양·관광 공간으로서 활용된다. 여섯째, 도시 브랜딩으로서, 도시의 특징을 부각시켜 타 도시와 구별하고 도시의 경쟁력을 높이는 것이 목표이다. 도시의 브랜드화는 도시의 인지도를 높이며 이미지를 새롭게 하여 인구유입을 도모한다. 일곱째, 시민 공동체의 활동으로서, 도시는 시민들에 의하여 그 특성이 만들어진다. 이러한 측면에서 시민의 문화활동은 매우 중요한 도시매력의 요인이다. 시민이 주도적으로 생성하는 활동들은 자생적인 공동체를 형성하여 도시를 명소로 만든다.

도시관광의 성공사례

요소별 도시관광의 성공사례

국내외 도시관광의 성공사례들은 다양한 시각에서 설명할 수 있다. 첫째, 도시관광을 위한 관광기반시스템을 만든 것이다. 관광기반시스템의 목적은 도시교통 및 안내시스템을 구축해서 도시관광의 진흥 및 발전을 도모하는 데 있다. 도시특성을 반영한 관광시스템을 구축하여 관광객의 편의성을 증진하는 것은 관광객의 증가와 재방문 의도에 긍정적인 효과가 있다.

<표 5-6> 국내외 관광기반시스템의 성공 사례

관광도시	기반사례	내 용
브리스톨	안내체계	• 1980년대 공공디자인의 개선과 불필요한 가로정보의 제거 • 필요정보의 통합화, 가로상황의 단순화·최적화 • 이용자 중심 디자인화: 글자의 형태, 크기와 배색 일관화
홍콩	교통	• 저렴 효율적인 대중교통시스템의 형성과 관광편리성 증대 • 다양한 교통수단의 이용편리(택시, 페리, 열차, 버스, 트램)
런던 이층버스	시티투어	• 런던관광의 상징적인 빨간색 이층버스 운행 • 런던 관광객의 도시관광을 위한 상징물로 부각됨
홍콩 스탠리 마켓	쇼핑	• 바닷가 마을에서 재래시장 견학의 즐거운 관광 • 좁은 길에 있는 해안가 150여개 가게들이 실크제품, 전통의상, 신발, 가방, 의류, 액세서리 등 다양한 물건판매
싱가포르 오차드 거리	쇼핑	• 싱가포르의 간선가로 및 최고의 쇼핑거리 • 대로변에 유명 쇼핑몰, 호텔, 레스토랑, 까페 존재

둘째, 문화·위락 등의 매력적인 도시관광공간이다. 도시에 하나의 특징공간을 조성하여 관광객에게 매력적인 장소로 접근한다. 그 대표적인 사례는

<표 5-7> 국내외 도시휴양공간의 성공사례

관광지역	세부내용
미국 뉴욕 센트럴파크	• 뉴욕의 심장인 휴식공간; 잔디밭, 호수, 산책로, 스케이트장, 분수 등 다양한 즐길거리와 볼거리가 존재 • 세계 제일의 도심지 공원, 매년 3750만명의 관광객 방문
일본삿포로 오도리공원	• 다양한 도시행사, 축제의 개최장소로 상시 볼거리 제공 • 매분기 축제행사의 개최, 도시 관광객의 쉼터 역할 수행
일본 쿄토 철학의 길	• 은각사 옆쪽으로 조성된 약 2킬로미터의 산책로와 도보가능 • 과거에 유명한 일본철학자의 순례길 생각과 철학의 길 명명
서울 숲	• 공원 내 5개 테마공원과 다양한 시설의 시민공원의 역할 • 시민참여의 유도, 기존 역사적 시설과 시민문화공간의 기능
호주 시드니 달링하버 (수변공간)	• 중심업무지에 관광객/지역민의 여가오락을 위해 조성된 세계 제일의 선착장, 시드니의 중요한 관광명소 • 시드니 중앙업무지구내 위치, 1984년 뉴사우스웨일스의 200주년 기념사업으로 재개발
후쿠오카 캐널시티 (수변공간)	• 도시극장으로서 쇼핑몰·영화관·공연극장·호텔·쇼룸·오피스 등 다양한 형태의 업종이 집중된 복합시설 엔터테인먼트 • 도시거리의 중앙에 운하개설, 시간대별 다이나믹한 분수쇼
싱가포르 마리나베이 (수변공간)	• 싱가폴의 국제무역항, 물과 정원으로 둘러싸인 녹지대 • 강변 수변지대에 상점거리의 조성
샌안토니오의 수변공간	• 샌안토니오 도심과 유기적으로 연결된 리버워크 주변의 먹거리·볼거리 조성 • 리버워크몰, 고급호텔, 카페, 다양한 건축물, 유적지관광 가능.
한국 서울 청계천 (재개발 수변공간)	• 청계광장-신답철교 간 5.84km에 산책로, 폭포, 돌다리, 조형물 등의 설치, 서울의 대표적 랜드마크 역할
스페인 코르도바 구시가지	• 스페인 동남부 안달루시아 지방을 흐르는 과달키비르강을 끼고 대형이슬람 사원인 메스키타를 중심으로 도시형성 • 고대 유적의 산재로 문화산실, 도보친화적 도시관광지역

자료: 위키백과(https://ko.wikipedia.org)

도심지에서 볼 수 있는 자연환경, 감성을 자극하는 문화 및 오락의 거리들이다. 셋째, 도시 휴양공간을 조성한다. 도심지 공원 혹은 도로 등 휴양지에 체험공간을 만든다. 도심지역에서 행사가 없는 기간에도 다양하게 활용하며 복잡한 도심지에서 시민의 휴식장소로 정착된다.

넷째, 도시관광을 축제로 만든 경우이다. 도시 성격에 적합한 축제를 정기적으로 개최하여 관광객을 모으고 국내외에 도시이미지를 크게 개선한다. 도시의 특산품이나 지형적인 특성을 살린 축제를 발전시키면 도시경제는 더욱 성장한다.

<표 5-8> 국내외 축제의 성공사례

축제 사례	축제별 세부내용
영국 글래스고우	• 글래스고우는 빅토리아시대의 아름다운 건축물과 편리한 쇼핑시설, 문화적 볼거리로 60만명 도시에 연간 200만명의 관광객의 방문 • 1990년에 유럽문화도시의 지정, 장소마케팅으로 연중 다양한 문화 이벤트와 공연시행으로 지역경제 성장과 관광객 유치에 기여
영국 에딘버러 축제	• 다양한 매체활용, 매년 8월 개최의 영국의 최대축제, 인구 45만 명의 1200만명의 축제시 관광객을 유치 • 하이 서울 페스티벌과 유사, 에딘버러 카니발인 '타투 축제'는 세계제일의 군악대 카니발로 연간 27조원의 경제적 이득효과
일본 삿포로 눈축제	• 지자체-주민 간 협치로 지역축제 운영, 눈 예술조각 1.5km 전시 • 삿포르의 폭설을 축제활용한 장점과 축제의 인지도 높음
한국 보령 머드축제	• 매년 7월 개최, 국내외 방문관광객수 250여만명 • 해변 산악도시 보령시가 머드도시로 변신과 최대해양관광도시

다섯째, 도시의 관광상품으로 만든다. 도시 행사들을 하나의 코스로 연결하여 관광객에게 편의를 제공하는 관광상품을 홍보한다. 하나의 관광프로그램에 참여하여 전반적인 도시 흐름을 파악한다.

<표 5-9> 국내외 관광상품의 성공사례

상품사례	상품별 세부내용
서울 시티투어코스	• 서울 주야간의 도시탐방코스, 유명명소 및 주요 관광지 코스연결 • 한국어와 외국인 이용 관광경로의 마련
대구 스템프트레일	• 대구시내 주요 문화유산과 관광시설을 연계한 루트 • 30개 관광지에 스탬프 마련과 스탬프 소인 안내책자의 준비
난타	• 서울, 제주에 문화공연 전용극장의 신설 • 연간 외국인 약 38만명 관람의 한국의 대표적인 문화관광상품

여섯째, 도시에 야간관광을 활성화시킨다. 도시의 방문목적들은 비즈니스, 쇼핑, 문화유적 관람 및 국제회의 참여 등 다양하다. 도시 방문객이 해당 도시에서 숙박을 하면, 야간활동에 대하여 기대감을 불러일으킨다. 예를 들어, 먹방과 술마시기 활동, 산책, 연예, 유흥 및 오락 등이다. 야간관광 프로그램은 공연 및 전시회 참관, 엔터테인먼트 활동과 같은 실내외 문화활동이 있다. 그리고, 야간 스포츠경기의 관람, 자전거타기 등 레저·스포츠 활동, 야간의 먹거리 및 쇼핑, 야간축제의 참가, 야간시티투어 참여 등의 활동들이 있다.

<표 5-10> 국내외 야간관광의 성공사례

관광사례	관광별 세부내용
홍콩 침사추이	• 홍콩 빅토리아항 야경의 배경으로 수변공간의 야경관광시설 • 역동적인 동서양 공연, 화려한 마차와 야간 퍼레이드 시행
싱가포르 나이트 사파리	• 세계 최초, 아시아 유일의 동남아 열대우림 야간 동물원 • 110종의 1200마리 희귀동물의 8개구역으로 야간관광
진주 유등축제	• 진주 역사적 사건배경의 야간시간대의 등축제 • 지역특색을 살린 의미형 야간관광과 지역경제활성화에 기여
서울 세계불꽃축제	• 여의도 한강시민공원에 매년 10월 야간에 불꽃놀이 중심 축제. • 세계불꽃축제로 국가·일자별로 특징 상이, 120만명 이상 참석

요약

1. 도시관광은 일반적으로 도시관광객과 도시의 관광대상, 관광기업, 관련정부기관, 도시 주민과의 상호작용과 현상을 말한다. 도시관광이 활성화되면 소득과 고용 창출, 문화유산의 보전 및 재창출, 기반시설의 확충정비, 도시재개발의 활력, 서비스중심의 경제구조 변화 등의 기대효과들이 발생한다.
2. 도시관광의 유형은 목적과 활동에 따라 다양하다. 관광도시 유형은 도시관광 형태를 담아내는 분류작업으로 관광형태, 입지, 자원과 기능 등 다양하게 분류할 수 있다. 도시관광의 구조도 수요와 공급측면에서 분석가능하며 도시방문객도 관광의 목적처럼 여러 가지가 있다.
3. 도시관광의 사회경제적인 역할들은 경제적 수익과 고용의 확대, 비용편익 측면의 작용, 부동산투기와 교통혼잡 등 사회적 비용지출 등이 있다. 도시관광의 공간구조적 역할에는 도시공간의 재구조화에 영향, 특정계층을 위한 소비공간의 개발들이 포함된다.
4. 도시개발의 입장에서 도시관광은 지역정체성을 살린 관광개발, 적정개발의 유도, 지역의 차별성을 살린 개발을 도모하는 역할이 요구된다. 한편 도시브랜드 측면에서도 도시관광은 도시의 매력성 제고, 장소마케팅을 활용한 역할이 강조되고 있다.
5. 도시관광 자원에는 도시의 장소마케팅, 도시공원, 도시문화축제, 도시쇼핑관광 및 박물관 등이 존재한다. 이러한 도시관광들은 사례조사를 통하여 도시관광명소들을 발견하고, 그 사례들은 관광기반시스템, 도시휴양공간, 도시축제, 도시관광상품 및 야간관광에서 볼 수 있다.

중요개념

도시관광의 개념	도시관광의 기능	도시관광의 유형, 구조
도시관광의 역할	도시관광의 개발역할	도시관광의 자원
도시공원과 문화축제	도시관광명소	도시관광의 성공사례

연습문제

❶ 도시관광이란 무엇이며, 도시관광은 무슨 기능들이 있는지 설명하시오.

❷ 도시관광의 유형들을 도시관광, 관광도시 및 도시방문객을 중심으로 세부적으로 언급하시오.

❸ 도시관광의 경제사회적 혹은 공간구조적 역할을 말하시오.

❹ 도시관광의 역할을 도시개발 또는 도시브랜드의 측면에서 이야기하시오

❺ 도시장소마케팅이란 무엇이며, 효과와 문제점에 대해 논의하시오.

❻ 도시관광의 자원으로서 도시공원 및 도시축제의 세부적인 사항에 대하여 아는 대로 기술하시오.

❼ 도시관광의 자원으로서 박물관(미술관)의 역할에 대해 설명하시오.

❽ 도시관광의 성공사례를 찾아 설명하고 성공요인을 제시하시오.

News

문체부, 관광거점도시 5곳 선정…국제관광도시에 부산

지역 관광 혁신을 위한 관광거점도시 사업 대상지로 부산광역시와 강원 강릉시, 전북 전주시, 전남 목포시, 경북 안동시 등 5곳이 선정됐다. 문화체육관광부는 관광거점도시 육성 사업 대상지 가운데 국제관광도시로 부산광역시 1곳을, 지역관광거점도시로 강원 강릉시, 전북 전주시, 전남 목포시, 경북 안동시 등 4곳을 선정해 올해부터 본격적으로 사업을 시작한다고 28일 밝혔다. 관광거점도시 육성 사업은 외국인 관광객이 서울에 집중되는 한계를 해소하기 위해 지역에 새로운 관광거점을 육성하고자 추진되는 사업이다. 국제관광도시는 6개 광역시 중, 지역관광거점도시는 8개 광역도가 추천한 기초지자체 중에서 선정됐다. 광역시 단위인 국제관광도시 선정 과정에선 부산과 인천이 마지막까지 치열한 경합을 벌인 것으로 알려졌다.

문체부 관계자는 “부산이 거점도시로서 가진 인프라와 주변 지역과의 협업에서 더 높은 점수를 받았다”며 “새로운 시설을 짓는 것보다는 기존 관광 자원을 어떻게 잘 활용할 것인지가 주된 평가 기준으로 작용했다”고 전했다. 지역관광거점도시 중 경기권과 충청권은 최종 선정지에 포함되지 않았다. 경기권의 경우 포천·남양주·가평 3개 도시가 지원했으나 서류 심사에서 모두 탈락했으며, 충청권에서는 충남 보령시와 충북 청주시가 최종 후보까지 올랐다가 고배를 마셨다.

이번에 선정된 사업지는 올해부터 2024년까지 방한 관광시장의 새로운 동력으로 성장할 수 있도록 지원받는다. 문체부는 우선 올해 국제관광도시에 43억원, 지역관광거점도시에 각 21억5천만원(총 86억원), 홍보 및 컨설팅에 30억원 등 국비 159억원을 투입한다. 향후 지원되는 구체적인 예산 규모와 세부 사업 내용은 도시별 계획을 바탕으로 확정하되, 도시별로 5년간 최대 500억원까지 지원하는 것을 목표로 하고 있다. 사업 첫해인 올해는 외국인 관광객 수요를 반영해 도시 관광전반에 대한 기본계획을 세우고, 도시 관광환경과 안내 체계를 정비하는 등 필수적인 사업부터 추진한다. 관광객 입출국 시 환승 편의 제고, 스마트 안내 체계 및 관광지 순환 교통체계 등을 구축해 접근성을 높이는 한편, 숙박시설을 확충하고 면세점 즉시 환급과 같은 쇼핑 편의도 제공할 방침이다.

문체부는 이번 선정을 위해 관광·건축디자인·도시계획·교통·스마트 관광 등 다양한 분야의 민간 전문가로 위원회를 구성, 지원 도시들의 발전 잠재력과 관광 기반의 우수성 등을 평가했다. 부산광역시는 다양한 축제와 역사·문화를 활용한 사업 내용이 우수하고 정책 이해도가 높다는 평가를 받아 국제관광도시로 선정됐다. 특히 관광 기반시설이 가장 우수하고 해양을 끼고 있는 지리적 이점을 잘 살려 향후 남부권의 국제 관문 도시로 부상할 수 있다고 평가됐다. 강원 강릉시는 평창 동계올림픽 유산을 비롯해 전통문화·자연환경 등 보유 자원을 바탕으로 지방 공항과의 연계, 강원 지역 내 연계 체계 등을 구축해 동해안권 관광거점으로 성장할 것으로 예상됐다. 한옥마을 등 전통문화 브랜드를 갖춘 전북 전주시는 전북 내 지방자치단체 간 업무협약을 통해 협력 관광상품을 계획하는 등 지역관광거점으로서의 역할을 높게 평가받았다.

근대역사문화, 음식문화 콘텐츠, 섬 등 지역 특화 자원 상 잠재력이 있는 전남 목포시는 관광거점도시 육성 사업과 원도심 재생을 연계해 사업성을 높였다. 유교 문화자원을 활용한 사업 비전을 제시한 경북 안동시는 경북권 인근 지자체와 협업 체계를 구축해 내륙관광거점으로의 발전 잠재력을 인정받았다.

문체부는 다음 달 선정된 5개 지자체 담당 공무원을 대상으로 공동 연수를 실시하고, 새로운 관광 콘텐츠 개발 및 지역·중앙 간 협력 방안 등에 대해 논의할 예정이다. 박양우 문체부 장관은 "관광거점도시들이 세계적인 관광지로 성장하고 방한 관광시장의 성장 기반이 될 수 있도록 예산뿐만 아니라 사업 전반에 걸친 자문, 홍보 등 지원을 아끼지 않을 것"이라고 말했다.

◆ 자료: 연합뉴스(2020-01-28)

Chapter 6

지역관광의 역할과 자원

6.1. 지역과 관광의 역할
6.2. 지역관광자원의 종류

개관

지역에서 관광의 역할을 무엇인지에 대해 알아보고, 지역관광자원에는 어떠한 것들이 있는지 살펴본다. 그 후에 지역관광자원의 개념을 알아보고, 해당하는 사례를 조사하여 설명한다.

제6장

지역관광의 역할과 자원

6.1 지역과 관광의 역할

관광과 지역사회의 개요

관광은 지역이 갖고 있는 전통, 문화, 자연생태, 관습, 생활모습·자원 등의 다양한 자원들을 관찰하는 여행이다. 관광의 가장 큰 의미는 지역에서 관광객과 지역주민 간 만남과 교류이다. 이러므로 관광학은 지역학의 도움을 받아 관광이 지역사회에 미치는 영향을 활발히 연구한다. 지역학은 융합학문으로 특정지역의 문화, 지리, 정치경제, 역사 등을 종합적으로 연구하는 학문이다. 관광 측면에서 지역학은 지역의 고유성과 정체성을 기반으로 하는 관광학적 접근을 시도한다. 이를 통하여 관광을 통해 지역 내 다양한 상호작용 및 지역정체성의 확립과 변화를 연구한다.

지역경제·사회적 역할

지역에서 관광은 관광객과 지역주민 간에 만나서 교류하는 것이 핵심이다. 관광객은 지역에 있는 다양한 관광자원을 관찰하면서 지역주민과 소통하고 교류한다. 이러한 관점에서 관광은 일시적으로 체재하는 특정지역에 머무는 관광객과 지역주민 간의 관계로 볼 수 있다. 관광객과 지역주민 간 만남 및 교류에서는 사회문화적 측면에서 다양한 효과들이 발생하고 영향을 미친다. 따라서 관광이 지역사회에 미치는 영향과 효과를 분석하고 파악하는 것이 필요하다.

● 관광의 긍정적 효과

지역에서 관광이 미치는 효과를 산업, 고용 및 소득 등 측면에서 파악할 수 있다. 관광은 지역에서 관광관련 산업발전에 기여하며, 일자리를 창출하여 지역주민의 소득을 증대시킨다. 관광은 지역에서 전반적인 경제적 성장에 기여하며 대외이미지를 향상시켜 지역주민의 자부심을 고양시킨다. 지역관광을 통하여 지역의 전통문화를 재발견하거나 재해석한다. 지역의 유휴자원을 개발하고 관광자원으로 다시 활용하여 지역을 성장시킨다.

● 관광의 부정적 효과

관광이 지역사회에 끼치는 부정적 효과들은 환경, 문화 및 질서 등의 입장에서 파악할 수 있다. 지역에 관광객이 증가하여 지역의 생태환경이 파괴되고, 지역 전통문화의 파괴 및 지역의 상업화를 가져온다. 지역에 관광객이 증가함에 따라 운행차량이 늘어나서 주차난이 가중되며 교통공해가 심화되어 생활의 질도 저하된다. 외부의 투자자본이 지역 관광시설에 대규모로 투자된다면, 지역의 전통산업과 중소상권은 위축되어서 지역민은 상대적인 박탈감은 경험할 수 있다.

따라서 지역의 정체성과 특성을 고려하지 않고 무분별한 대규모 관광시설이 건설될 수 있다. 이러한 경우에 일시에 많은 단체관광객이 관광시설에 유입되면 관광이 부정적 영향으로 부각되며, 이로 인해 지역의 지속가능한 발전성이 점차 사라지게 된다. 예를 들면, 제3세계 국가의 경우에 다국적 대기업이 수천년, 혹은 수백년 전 문화유적이나 생태계를 무분별하게 개발하여 대규모 관광지를 조성하고 일시에 많은 관광객을 유치했다. 하지만 지역사회가 관광산업을 통해 얻은 것은 저임금에 의한 단순노동을 하였으나, 지역주민은 여전히 가난한 생활을 벗어나지 못하고 있다. 심지어는 관광으로 인한 지역 내의 경제적 불균형이 발생하여 지역 내부의 갈등은 물론, 지역민의 인권과 지역에 대한 자부심이 상실되고 있다. 다시 말해, 지가가 상승하여 일부 지역주민은 경제적 혜택과 보상을 받게 되어 지역주민 간 갈등이 야기된다. 또한 관광객과 지역주민 간 경제적 수준의 격차가 발생하여 지역주민의 문화와 인권이 무시되는 경우도 생긴다.

지속가능 관광과 상호작용

관광의 철학과 이념이 바르게 구현되기 위해서는 지역주민과 지역사회, 그리고 방문객 간에 사회적인 상호작용이 긴밀해야 한다. 관광객은 지역의 전통과 문화를 올바르게 이해하고, 지역주민은 다양한 지역자원에 대하여 자부심을 가져야 한다. 관광객의 입장에서 보면, 지역의 모든 요소들은 관광대상이며 관광자원이다. 즉, 지역의 자연생태, 유무형의 전통문화, 지역주민의 생활모습 및 생활경제 자원들이 모두 관광자원이다. 따라서 지역관광객은 지역의 정체성과 지역민을 존중하는 자세를 견지하는 것이 중요하다.

6.2 지역관광자원의 종류

농촌관광

농촌관광의 개념

농촌관광은 대중적인 관광에 대한 대안적 형태의 관광을 뜻한다. 대중적 관광은 대규모 관광시설을 조성하고 외지의 대자본을 유치하여 관광산업을 진흥시키는 형태이다. 대중적 관광은 지역에 대규모 관광시설을 조성하고 관광객을 대량 유인하여 관광자원의 고갈과 환경파괴 등의 문제를 유발한다. 반면에 농촌관광은 농촌환경, 자연생태계, 농촌생활, 농촌의 전통문화 등을 관광의 소재로 삼아 소규모 관광객을 대상으로 지속가능한 관광을 추구한다.

농촌관광은 서구 유럽을 중심으로 한 농촌지역의 지역활성화 방안으로, 전통적인 농업기능에 서비스 요소인 관광요소를 결합한 형태이다. 농촌관광은 초기에 농촌지역을 대상으로 하는 관광활동에서 시작되어 최근에는 농촌지역의 역사·문화·자연을 포괄하는 개념으로 확대되어 있다. 농촌관광의 핵심은 농촌에서 관광으로 농촌성(rurality)을 발생시키는 것이다. 최근에 농촌관광은 공간적, 기능적으로 농촌을 목적지로 하여 기존의 관광지에서 벗어나 농촌의 문화·자연환경·역사 등을 대상으로 하는 관광형태로 변화되어 있다. 이러한 농촌관광은 그곳의 자연경관 및 문화경관의 농촌성(농촌다움)을 핵심 편익으로 상품화한 관광이다. 시민들이 농촌다움이 보존된 농촌에 체류하며 농촌생활을 체험하고 여가를 즐기는 것이다.

따라서 농촌관광은 농촌의 자연경관과 전통문화, 생활과 산업을 매개로 하는 시민과 농촌주민 간 체류형 교류활동이다. 농촌관광은 시민에게는 휴식·휴양과 새로운 체험공간을 제공하고, 농촌에는 농산물 판매(1차), 가공산업(2차), 숙박, 음식물, 서비스(3차) 등 소득원을 제공하는 지역활성화 운동이다. 상기한 농촌관광은 관광활동, 관광상품, 농촌 활성화 수단 등 다양한 차원으로 정의된다. 종합적으로 농촌관광은 "농촌지역에서 이루어지는 관광활동 혹은 농촌지역의 자연적, 사회·문화적 관광자원의 중요성을 인식하고 농촌지역 주민이 이를 관광의 매력물로 제공하는 관광활동이다. 농촌관광은 혹자에 따라 그린투어리즘, 농업관광, 생태관광 등과 혼용되어 사용되는 경우도 있다.

농촌관광의 활동과 추진사업

농촌관광의 목표는 농촌주민의 삶의 질 증대, 관광객 만족, 깨끗한 농촌환경의 유지에 있다. 이로 인해 농촌관광개발 방향은 자연환경, 농특산물과 전통문화를 종합적으로 개발하여 시민을 불러들이는 지속가능한 농촌활성화 전략이다. 농촌관광활동에는 농촌관광의 수요자, 즉 관광객이 자택을 떠나서 농촌을 방문하고 귀가하는 일련의 과정에서 경험하는 것을 모두 포함한다. 여기에는 휴양, 체험, 학습, 교류활동 등 다양한 활동들이 들어있다. 일본은 그린투어리즘 활동을 학습, 체험, 식음, 휴식, 구매의 5가지로 구분했다. 이중에서 체험메뉴는 생활문화 및 생업체험, 자연체험, 놀이·학습 등 3가지로 분류한다. 농촌관광활동은 자원 측면에서 자연체험, 전원체험, 역사·문화 체험, 친수체험, 건강·보양체험, 제작체험, 레포츠체험 등 7개 유형으로 구분한다.

2000년대부터 정부차원에서 농촌지역을 활성화할 목적으로 부처들이 관광마을 조성사업을 개별적으로 추진했다. 사업 결과로 농촌전통 테마마을, 녹색농촌 체험마을, 문화역사마을, 정보화마을, 어촌체험마을 등 2천개 정도의 마을이 조성되었다. 관광마을 조성으로 농외소득이 향상되었고 농촌지역에 물리적인 인프라가 구축되어 생활환경이 크게 개선되었다. 농촌관광으로 농촌자원을 활용하여 농촌마을의 가치가 재평가되었고 주민공동체의 회복 및 결속력 강화의 계기를 마련했다. 그러나 농촌관광사업이 물리적인 시설투자에 집중되고 소프트웨어 측면의 지원사업은 부족해서 상당수의 농촌관광사업이 효율적으로 운영되지 못하는 실정이다. 그리고 농촌의 자연환경과 주변경관 및 마을 개성에 관광사업에 잘 반영하지 않아 경쟁력 있는 농촌관광마을로 성장하지 못하고 있다. 농촌관광과 유사한 정책사업은 문화체육관광부의 슬로시티 관광지원화사업, 문화마을 조성사업, 마을미술프로젝트, 농림축산식품부의 색깔 있는 마을, 환경부의 명품마을사업 등이 존재한다.

● 해외 농촌관광의 활성화 사례

해외에서 농촌관광의 활성화된 사례는 농촌관광의 구성요소인 마을주민, 자원, 관광에 주민과 관광객과의 관계를 고려하여 조사할 수 있다. 해외에서 농촌관광은 주로 지역주민의 적극적인 참여, 농촌고유의 자원을 활용한 관광상품의 개발, 마을주민과 관광객 간 다양한 소통방식 등으로 활성화되었다.

<표 6-1> 해외 농촌관광의 활성화 사례

구분	사례		특징
추진주체	관민합동형	일본 아타미정	민관합동의 관광기반 조성
	주민주도형	오스트리아 티롤 산촌	자발적 협회, 지속가능성 확보
마을지원	내부자원 활용형	이태리 코로테밀리아 에코뮤지엄	유무형 마을유산 보전과 활용
	외부자원 투입형	프랑스 퐁트누아 라 주트	농가활용 서점과 공방의 조성
관광상품	농가숙박형	일본 아지무정	농가민박 품질관리규정 운영
	농업체험형	일본 우키하정	계단식 논 소유제도 운영
지역민과 관광객 교류	팬클럽운영형	일본 이쿠노정	체험활동과 지역매력도 향상 펜클럽의 관광객 지속 연결
	명예시민위촉형	스위스 오버무텐	SNS활용 지속적 관계와 방문

자료: 박주영(2016)

생태관광

생태관광의 정의

생태관광은 생태학(ecology)과 관광(tourism)의 합성어이다. 생태관광은 자연보전을 위한 활동이 주목적이며, 관광객에게 환경보전의 학습기회를 제공하고 관광수익은 지역의 생태계 보전이나 지역주민에게 되돌아가는 관광형태이다. 이것은 단순히 풍물을 즐기면서 구경하던 과거의 관광행태에서 벗어나 갈수록 오염되는 지구환경의 심각성을 깨닫고 생태계 보호를 체험하는 관광이다.

오늘날 생태관광은 다양한 관광 중에서 급성장하며 자연보호를 위한 중요한 정책수단으로 간주된다. 세바우스 라스쿠라인(Hector Ceballos-Lascurain)는 1983년 멕시코 셀레스툰강 하구의 홍학 번식지를 보호하기 위해서 마리나개발 반대운동을 주도하면서 처음으로 생태관광 용어를 사용했다. 세계자연보전연맹(IUCN)과 세계생태관광협의회(TIES)는 생태관광을 국제적으로 정의했다. 생태관광은 자연을 즐기고 감상하기 위해 비교적 훼손되지 않은 자연지역을 방문하는 환경적으로 책임있는 여행이나 방문이다. 이것은 환경보전을 증진하며 부정적인 영향을 유발하지 않고 지역주민에게 사회경제적인 편익을 제공하는 관광이다. 이 정의는 1996년 10월 제1차 세계보전총회(the world conservation congress)에서 공식적으로 채택되었다. 세계생태관광협의회(TIES)는 생태관광에서 지역주민의 복지증진을 환경보전과 동등하게 중시하며 최초로 정의했다. 세계관광기구(WTO)와 유엔환경계획(UNEP)은 생태관광을 일련의 원칙에 기초한 지속가능한 발전수단인 동시에 특정한 관광시장으로 규정했다. 생태관광에는 자연감상형 생태관광, 환경체험형 생태관광, 그리고 보전참여형 생태관광 등 3가지가 있다.

생태관광의 필요성과 효과

생태관광의 성격은 체험형 관광, 자연과 문화에 대한 이해가 가능한 관광, 및 환경과 경제를 상생시키는 관광으로 파악할 수 있다. 생태관광은 여가생활의 패턴변화와 관광수요의 증가, 지역이미지의 제고 및 대규모 개발보다 지역경제활성화에 크게 기여하므로 더욱 필요하다.

생태관광으로 인한 효과들은 다양하다. 첫째, 관광객에 대한 교육효과가 크다. 사람은 자연에 대하여 알고 느끼는 만큼 소중하게 생각하고 보전한다. 둘째, 지역주민의 우수생태계 지역보전 노력을 적극적으로 유발한다. 지역 습지와 생태계 우수지역이 지역주민의 소득창출과 연계되는 경우에 적극적으로 자연을 보전한다. 셋째, 생태관광을 다른 지역에 전파해서 자연환경 보전운동을 더욱 확산시킨다. 이를 테면, 다른 지역이 순천만 갯벌 및 우포의 성공적 사례를 타 지자체들이 본받아서 전국적으로 자연환경 보전지역이 증가하며 난개발을 통한 자연환경 훼손이 감소하게 된다.

생태관광의 사례

2009년에 환경부는 최종적으로 한국형 10대 생태관광 모델사업지를 제시했다. 사업지들은 해안자원 유형의 태안군 신두리 해안사고, 철새도래지 유형의 서산시 천수만, 연안습지 유형의 순천시 순천만, 내륙습지 유형의 창녕군 우포늪, 화석동굴 유형의 평창군 백룡동굴과 동강, 산·강 유형의 영주시 소백산 자락길, 비무장지대(DMZ) 유형의 파주시, 화천군, 섬 유형의 제주도 거문오음과 서귀포생물권보전지역, 신안군증도, 울릉도·독도 등이 들어있다. 우선 국내외 생태관광의 대표적인 사례지역 중에서 우포늪, 순천만, 제주올레길과 일본의 야쿠시마 등을 보고자 한다.

우포늪은 창녕군 이방면과 대합면에서 낙동강으로 유입되던 소하천 폭이 좁아져서 형성된 국내 최대규모의 내륙 원시습지이다. 이곳은 각종 식물, 곤충, 어·조류가 살고 있는 생태계의 보고이다. 우포늪은 멸종 위기종과 천연기념물 등 1,500여 종의 많은 동식물이 서식하는 국내 습지 보호구역, 생태경관 보존지역, 자연생태계 특별보호구역으로 지정되었고, 1998년 람사르협약 등록 이후 대외적인 인지도가 높아졌다. 이곳은 철새 및 수생식물의 주요 서식처이며 따오기 복원이 이루어지고 있는 장소이다.

순천만은 갯벌습지 보호구역 및 람사르협약 등록습지로서 원형에 가깝게 보전된 연안습지이다. 여기에는 흑두루미와 재두루미, 큰 고니, 저어새 등 국제적 희귀조류 25종과 한국 조류 220여종이 월동 및 서식지로 찾는 철새

자료: 우포늪사이버생태공원 (http://www.upo.or.kr)

<그림 6-1> 우포늪 전경

도래지이다. 그리고 수달과 살쾡이, 너구리 같은 야생동물과 붉은 발말똥게, 꼬막, 짱뚱어 등 다양한 생물이 서식하는 생태계의 보고이다. 순천시는 2003년에 순천만 갯벌을 습지보전법 제8조의 규정에 근거하여 습지보호지역으로 지정 및 고시했다. 2006년에 순천만 갯벌 자연생태계는 국제적인 보전가치가 인정되어 국내 연안습지로는 최초로 세계자연보호연맹(IUCN) 산하 람사르에 등록되었다.

제주 올레길은, 2007년에 첫코스를 개장한 이래 2009년 10월까지 1-14코스, 총 16코스, 274km의 길을 만들었다. 제주올레투어 코스는 제주도의 동쪽 끝인 성산일출봉 근처의 시흥초등학교를 시발점으로 주로 해안도로, 바닷가 길 또는 오름 등의 주변으로 16개 코스가 계속 이어졌다. 또한 제주도 남부를 종주하게 되며, 지역별 전설 또는 설화 등의 스토리텔링 자원을 개발하여 여행 의미를 부가하는 작업도 병행한다. 총16개 코스의 평균거리는 대체로 16km, 가장 단거리코스는 8.81km(9코스), 가장 장거리코스는 23km(4코스)로 구성되어 있다. 서귀포시는 지역명소를 따라 걷는 야간 올레코스 7개를 개발하여 야간 올레투어를 실시했다.

<그림 6-2> 제주 올레길 코스

자료 : 부산일보(2015.6.18)

<그림 6-3> 일본 야쿠시마 숲 전경

일본의 야쿠시마 생태관광은 대부분 조몬스기와 원령공주의 숲으로 대표되는 원시림에 대한 환상적인 이미지를 제공한다. 야쿠시마 섬은 일본 규슈 남단 가고시마에서 60km 떨어져 있고 1993년 일본 최초로 유네스코 세계자연유산으로 지정되었다. 야쿠시마 섬은 수령 수천년의 삼나무숲과 이끼숲으로 구성된 원시 대자연이다. 열대와 온대가 교차하는 산악섬으로 해발 1,935m인 최고봉 미야노우라산을 비롯하여 1,800m 이상의 봉우리가 6개 솟아있다. 야쿠시마 생태관광의 특징은 생태관광의 추진조직인 '환경문화재단'을 설립하야 야쿠시마 환경문화촌 구상을 추진했다. 이러한 구상으로 야쿠시마의 뛰어난 자연을 보호하고 자연과 공생하는 새로운 지역만들기 사업을 전개했다.

해양관광

해양관광의 개념

해양관광은 해안선에 인접한 육지와 바다의 공간에서 해양 레크레이션 행위를 하는 활동이다. 해안지역에는 해안선에 인접한 육지와 바다가 포함된다. 해양관광은 일상생활을 벗어나 변화를 추구하는 행위이며, 해역과 연안에 접한 단위지역에서 일어나는 관광목적의 활동이다.

또한 해양과 도서, 어촌, 해변 등을 포함하는 공간에 부존하는 자원을 이용하며 발생되는 관광활동이다. 해양관광은 해역과 해안선에 접하여 해양환경의 영향을 받는 영역에서 이루어지는 관광행위이다. 해양관광의 목적은 일상에서 벗어나 변화를 추구하는 행위이다. 해양관광의 공간은 해역과 연안에 접한 단위 지역사회에서 일어나는 관광목적의 활동이다. 해양관광의 행태는 직·간접적으로 해양공간에 의존하거나 연관된 활동이다. 따라서 해양관광은 해안선에 인접한 육역과 해역을 포함한 해안지대에서 부존하는 유·무형의 자원을 이용하여 행해지는 총체적인 관광활동이다.

해양관광의 특성과 유형

해양관광은 구체적으로 몇가지 특성들을 갖고 있다. 첫째, 해양관광은 해양 자연환경에 대한 의존도가 절대적이다. 둘째, 해양생태 및 환경보전에 대한 배려가 필요하다. 셋째, 접근성에 있어 상당한 제약을 수반한다. 넷째, 해양관광은 내륙과 다른 육역과 해역이 교차하고, 해양특성으로 인하여 건강, 보양 및 휴식적 경향이 강하다. 다섯째, 해양관광은 기후 및 기상변화에 민감하다. 여섯째, 관광목적지까지 연결되는 도로, 철도, 항공 외에 해상교통수단을 이용할 필요가 있다.

해양관광의 유형은 활동공간과 이용자원에 따라 매우 다양하며, 대략 해양의존형과 해양연관형 활동으로 구분한다. 해양의존형은 해양을 직접 활용하는 관광활동으로 스포츠형, 휴양형, 유람형으로 나눈다. 해양연관형 활동은 해양문화, 어촌, 도서, 생태관광 등 해양과 연계된 관광자원을 활용하는 활동을 의미한다. 마크스(Marks)는 해양관광을 활동형 해양관광(윈드서핑, 바다낚시, 스킨스쿠버 등), 자연형 해양관광(해양생태관광, 경관감상 등), 사회·문화형 해양관광, 이벤트형(해양스포츠대회, 윈드서핑대회 등)의 네가지로 구분했다.

해양관광자원의 분류

우리나라는 2013년 기준으로 연안이 소재한 11개 시·도에 총1,435개의 해양관광자원을 가졌다. 이 중에 자원자원이 591개(41.2%), 문화자원이 240개(16.7%), 휴양레저자원이 604개(42.1%)를 차지했다. 전체 해양자원 중에서는 해수욕장(358개, 24.9%), 지역축제(130개, 9%)가 가장 많은 분포를 나타냈다. 지역별로 보면, 강원도에 263개로 가장 많았고, 전남 및 충남순으로 나타났으며, 3개 시도의 해양관광자원이 전체의 47.3%를 점유했다. 해역별로는 동해, 남해, 서해 순서로 나타났고, 서해권은 인구밀집도에 비하여 해양관광자원 개발이 미흡했다.

해양관광자원은 크게 자연자원과 인문자원으로 구분되며, 이 중에서 자연자원은 자연으로부터 얻어지는 관광대상이다. 인문자원은 인간에 의해 만들어지거나 가공된 유·무형의 관광대상으로서 사회·문화적 자원과 산업자원으로 나눈다.

<표 6-2> 해양관광 자원의 분류

구 분		내 용
자연자원		해수욕장, 해안경관(일출, 일몰, 기암괴석), 바다 갈라짐, 철새도래지
인문자원	사회·문화적 자원	해양박물관, 어촌민속전시관, 해양문화축제, 전통어구어법
	산업자원	항만, 마리나, 어항, 양식장, 바다목장

자료: 이석호외 3인(2015)

문화관광

문화관광의 개념

도시화가 가속화되고 인간위주의 개발 패러다임이 등장하여 문화에 대한 관심도가 증가하고 문화관광도 주목받고 있다. 유네스코(UNSCO)는 21세기 관광에서 문화가 중요한 화두라고 전망하며, 세계관광기구(WTO)는 전 세계 관광객의 약 37%가 문화관광객으로 파악한다. 관광은 문화와 밀접한 관계를 형성하고 모든 관광활동은 문화관광의 영역에 포함된다.

문화관광은 보통 문화적 동기에 의해 다른 지방이나 다른 나라를 구경하는 관광 활동이다. 여기에는 학습, 예술 감상, 축제 및 문화 이벤트, 유적 방문, 자연, 민속, 예술의 연구, 순례를 위한 여행 등이 포함된다. 세계관광기구(WTO)는 문화관광을 광의 및 협의 개념으로 정의하고 있다. 광의로 문화관광은 다양성을 추구하고, 개인의 문화적 수준을 향상시키려는 노력, 새로운 지식이나 경험 또는 만남을 추구하는 인간 욕구를 만족시켜주는 모든 이동이다. 협의로 문화관광은 학업·공연·예술 등의 관람을 위한 여행, 축제나 여타 문화행사를 위한 여행, 유적지 방문, 민속 또는 예술 연구를 위한 여행과 같이 근본적으로 문화적 동기가 이유가 된 사람들의 이동을 의미한다. 따라서 문화관광은 지역의 문화적 자산을 기반으로 하는 관광형태이다. 관광객은 문화와 관련된 관광활동 혹은 경험에 참여하거나 문화적 자산과 관련된 장소 및 건물을 방문한다. 오늘날 문화자산은 지역의 전통이나 사회문화적 유산을 넘어서 드라마, 연극, 영화, 박물관, 미술관, 음악 및 공연 등을 포함한다. 문화관광과 유사한 용어로는 유산관광(heritage tourism), 민속관광(ethnic tourism), 예술관광(art tourism), 역사관광(historical tourism) 등이 존재한다.

문화관광의 영향 및 자원

문화관광은 지역사회에 긍정적 영향 혹은 부정적 영향을 미친다. 긍정적 영향에는 대안관광의 하나로 부각, 세계화 시대에 지역주민의 전통에 대한 자부심 및 관심의 증가, 경제적 부가가치의 증대, 지역기반시설의 활성화 등이 포함된다. 한편, 문화관광의 부정적인 영향들은 문화의 상품화 우려와 관광명소의 진정성 결여 등으로 구성되고 있다.

문화관광이 문화자산에 미치는 부정적 또는 긍정적 영향도 파악해야 한다. 부정적인 영향에는 관광객의 과도한 이용, 관광산업에 지나친 의존도, 관광객의 문화훼손 행위, 무분별한 관광인프라의 개발, 문화자원에 대한 통제력의 상실 및 문화자산의 물리적인 훼손 등이 포함되고 있다. 긍정적인 영향은 지역경제의 활성화, 지역인프라의 개발, 전통문화의 재조명, 문화적 교류의 촉진, 문화적 자산관리재정의 준비 및 문화자원보존의 필요성 인식 등으로 형성된다.

관광자원은 크게 자연관광자원, 문화관광자원, 관광시설자원으로 구분한다. 문화관광자원은 다양한 분류가 있지만, 보통 탑, 불상, 건조물 형태의 유형문화자원과 승무, 탈춤, 판소리 등 예술활동으로서 무형적이며 시각적인 무형문화자원, 그리고 지역특성을 내포하는 축제, 음식, 술 등 기타 문화관광자원으로 크게 나눈다. 대표적인 문화관광자원은 세계유산, 문화재와 무형무화유산 등이다.

● 문화관광의 효과

첫째, 문화관광은 교육기능을 수행하며 교육효과도 탁월하다. 둘째, 문화관광은 문화예술을 진흥시킨다. 문화관광은 다양한 형태로 문화자원을 보호하고 강화하는 수단으로 활용되어 관광객에게 문화자산을 보호하는 이유와 필요성을 인식시킨다. 셋째, 문화관광은 국가경제를 활성화시킨다. 경제활동은 문화자원을 관광객에게 즐거움을 주는 상품으로 만드는 행동이다.

넷째, 문화관광은 지방재정의 증대에도 기여한다. 지역문화를 개발하고 문화관광을 전개함에 따라 지방재원의 증대에 도움이 된다. 이를 테면, 문화적으로 지역에서 숙박시설, 교통, 쇼핑과 인근지 관광에 대한 지출을 증가해서 주민소득이 증가하고 지역경제가 활성화된다. 다섯째, 문화관광은 지역이미지를 고양하며, 이로 인한 지역주민들은 지역에 대한 애정과 자부심을 갖는다.

그러나 문화관광은 지역에 대한 부정적인 효과들도 생긴다. 방문객으로 인하여 훼손되기 쉬운 문화유산이 파손되거나 망가진다. 지나친 홍보와 많은 관람객으로 인해서 교통혼잡, 과밀, 공해와 과도한 문화자원 이용으로 문화자원이 보호받지 못하고 훼손될 수 있다.

● 문화관광의 사례

오늘날 대표적인 문화관광 사례들은 산사체험(temple stay, 템플스테이), 고가·종택, 수원화성, 일본 시라카와촌 등이 있다. 산사체험은 1700년 한국 불교의 역사문화가 살아 숨쉬는 산사에서 수행자의 일상을 경험하는 전통문화체험 프로그램이다. 이것은 2002년 한·일 월드컵을 기점으로 외국인 관람객의 숙박시설 부족으로 시작되었다. 지금은 외국인은 물론 내국인도 체험하는 대표적인 문화관광상품으로 자리잡았다. 2009년 OECD 관광보고서에서는 산사체험을 전 세계에서 가장 성공적인 5개 문화콘텐트 중 하나로 선정했다. 2002년 33개 사찰에서 시작된 산사체험은 2018년 135개 사찰로 확대되었다. 2018년에 사찰의 시설개선과 프로그램 개발, 홍보 및 마케팅을 통하여 287천명이 산사체험에 참가하였다. 산사체험 프로그램은 불교문화사업단에서 사찰의 계절과 특성에 따라 유동적으로 운영한다.

고가, 종택은 주거용도로 사용되었거나 사용되는 전통건축물로서 전통가옥을 지칭한다. 문화재는 관례적으로 건설 후 50년 이상 된 건축물을 지정대상이며, 전통가옥은 건설 후 50년 이상 경과된 가옥을 의미한다. 정부는 관광산업에서 다양한 숙박시설을 확충하기 위하여 전통한옥인 고택·종택 등에 체류하며 전통문화의 체험이 가능한 체험형 숙박시설을 관광자원화 했다.

수원화성은 1997년 12월 4일에 유네스코 세계유산위원회 제21차 총회에서 세계문화유산으로 등록되었다. 수원시는 세계문화유산 '수원화성'을 국제관광지로 중점 개발할 목적으로 화성 성역화사업을 추진하여 화성행궁을 복원하고 창룡문 일대와 화서문 주변을 정비했다. 그 결과로 2006년도 수원화성의 총관광객은 연간 약 102만명이었다. 유료화로 전환 후에 약 7억원의 관광수입이 발생했고, 2020년도 800만명 관광객 유치목표로 약 2조원의 예산을 투입하여 화성 성역화사업을 추진하고 있다.

일본의 시라카와촌은 인간생활에 매우 불리한 입지 및 기후조건을 가진 마을이었다. 하지만, 자치단체와 지역주민이 공동으로 마을고유의 전통건축물과 문화를 활용하여 아름다운 '전통문화관광마을'로 성장시켰다. 시라카와촌의 관광자원화 활동은 공간설계와 연출설계의 두 측면에서 파악할 수 있다. 공간설계 측면의 노력은 전통생활문화를 적극적으로 보존 및 계승하고 관광자원으로 활용하는 것이었다. 이를 위하여 마을관광자원을 주민자치조직과 행정이 협력하여 보존조례와 보존계획에 근거하여 철저하게 보호한다. 신규로 관광시설을 조성하지 않고 합장가옥을 민박으로 적극 활용한다. 연출설계 측면으로 보면, 관광객에게 훈련프로그램을 통해서 청결서비스를 제공한다. 관광객은 재현된 마을고유의 전통생활문화 및 민속문화를 직접 체험할 수 있다.

요약

1. 관광은 지역사회와 관계 속에서 고용과 소득의 증가 등 긍정적 효과도 있지만, 환경 및 문화 측면에서 지역사회에 부정적인 영향을 끼친다. 지역관광이 발전하기 위해서는 관광과 지역사회가 지속가능한 관광을 통하여 균형 있는 상호작용을 유지할 필요가 있다.
2. 농촌관광은 농촌의 활성화와 관광의 위락요소가 결합된 형태이다. 농촌관광활동은 휴양, 체험, 학습 및 교류활동 등 아주 다양하다. 정부는 도시민의 여가활동과 농가소득 증대를 위하여 농촌관광사업에 투자하며 농촌관광을 활성화시킨다.
3. 생태관광에 대한 정의는 다양하나, 보통 환경을 보존하고 지역주민의 복지를 증진시키는 자연지역에서 이루어지는 책임 있는 관광이다. 생태관광과 유사한 용어에는 녹색관광, 자연관광 및 지속가능한 관광 등이 있다. 한국에서 대표적인 생태관광의 사례들은 우포늪, 순천만, 제주올레길 등이다.
4. 해양관광은 해안과 연안역에 접한 일정한 지역사회에서 발생하는 관광 목적의 활동이다. 해양관광은 해양의존형과 해양연관형 활동으로 구성되며, 해양관광자원에는 자연자원과 인문자원이 포함되어 있다.
5. 문화관광은 다양한 문화적 자산 혹은 자원을 기반으로 하는 관광으로 비슷한 개념에는 역사관광, 민속관광, 예술관광 등이 있다. 문화관광자원은 자연관광, 문화관광 및 관광시설으로 분류하고, 문화관광은 지역사회에 긍정적 혹은 부정적인 영향을 발생시킨다.

중요개념

지역관광의 효과	지역관광자원	농촌관광
생태관광	생태관광 사례	해양관광
해양관광의 유형	해양관광자원의 분류	문화관광
문화관광의 영향·효과		

연습문제

❶ 지역사회에 미치는 관광의 역할을 긍정적 혹은 부정적인 측면에서 설명하시오.

❷ 농촌관광을 정의한 후에, 농촌관광의 활동종류와 개발방식에 대하여 자세히 말하시오.

❸ 생태관광은 무엇을 말하며, 생태관광의 중요성 혹은 역할을 대표적인 사례를 들어서 이야기하시오.

❹ 해양관광의 개념을 설명하고 해양관광의 활동과 해양관광자원에 관해서 전반적으로 기술하시오.

❺ 문화관광의 의미는 무엇이며, 사례를 들어 문화관광의 자원종류와 효과들을 언급하시오.

News

전주, '지역관광거점도시' 선정 쾌거

문체부, 28일 지역관광거점도시 4곳 선정 발표
전주시, 5년 간 국비 500억 등 1300억 관광사업 투입

전주시가 세계적 수준의 관광 인프라를 갖춰 대규모 외국인 관광객 유치와 지역관광균형발전을 위한 관광거점도시에 선정됐다. 정부는 28일 지역관광거점도시 4곳과 국제관광도시 1곳을 선정해 발표했다. 지역관광도시로 전주시, 강원 강릉시, 전남 목포시, 경북 안동시가 선정됐고, 국제관광도시에는 부산광역시가 뽑혔다. 이에 전주는 우리나라 대표 관광도시에서 국제 수준 관광도시로 성장할 수 있는 발판을 마련했다.

관광거점도시는 관광 인프라를 갖춘 도시를 육성해 수도권에 편중된 관광객을 전국에 확산시키기 위한 정책이다. 특히 외국인 관광객 편중 현상을 개선하기 위해 기획됐다. 전주시는 한옥마을 등 외국인 관광객들이 체감할 수 있는 전통문화 브랜드가 확고하고, 내국인 관광이 활성화된 한옥마을의 관광성을 도시 전체로 확산할 수 있을 것으로 평가 받았다. 이어 도내 각 시·군 간 업무협약을 통해 협력 관광상품을 계획하는 등이 높게 평가받아 선정될 수 있었다.

관광거점도시 선정에 따라 전주시는 2024년까지 5년 동안 500억 원의 국비를 지원받는다. 여기에 전주시는 도비 200억 원과 시비 600억 원 등 모두 1300억 원을 투입해 전주와 전북을 국제관광도시로 발전시킬 계획이다. 이 같은 결과는 전북도의 전폭적인 지원과 나머지 13개 시·군이 협력해 만들 수 있었다. 도는 지난해 10월 정부에서 공모계획을 발표한 이후 선택과 집중이 필요하다고 판단했다. 도는 당초 3곳 정도의 시·군을 정부에 추천하려 했으나 도내에서 가장 경쟁력이

있다고 판단한 전주시에 역량을 집중하고, 추천명단에 올렸다. 나머지 13개 시·군은 불필요한 출혈경쟁을 지양하기 위해 '관광협력 업무협약' 맺고, 전주시의 지역관광거점도시 도전을 공식적으로 지지했다.

전주시는 관광거점도시 사업으로 △ 한옥마을 리브랜딩 △ 전주관광의 외연확장 △ 지속가능한 관광시스템 구축 △ 융합 협력형 관광역량 창출 등 4대 전략을 추진한다. 오는 2024년까지 외국인 관광객 150만 명을 유치하고 관광일자리 4만개 창출을 목표로 한다.

김승수 전주시장은 "전북도의 전폭적인 지원과 협조, 전주시의회 관계 전문가 협력을 통한 치밀한 전략을 펼쳐 국가 관광거점도시로 선정됐다"면서 "관광거점도시를 통해 세계 어느 나라를 가도 자랑스러울 수 있는 전주를 만들겠다"고 말했다.

◆ 자료: 전북일보(2020-01-28)

Chapter 7

도시지역관광개발의 내용과 방향

7.1. 도시지역 관광과 개발
7.2. 관광개발의 개념과 효과
7.3. 관광개발의 정책방향

개관

본 장에서는 도시지역의 관광 및 개발에 대하여 이론적으로 파악한다. 이를 기반으로 관광개발의 개념을 알아보고, 이에 따른 관광개발이 지역성장에 미치는 효과에 관하여 검토하며 관광개발의 정책방향을 제시한다.

제7장

도시지역관광개발의 내용과 방향

7.1 도시지역 관광과 개발

관광과 지역개발

개발은 포괄적으로 긍정적이거나 좋은 변화를 의미한다. 세계 각국에서는 관광이 지역 및 국가경제 성장에 기여하기 때문에, 관광을 효과적인 지역개발수단으로 선호한다. 관광은 지역개발·발전의 도구로서 몇 가지 매력적인 요인을 갖고 있다. 첫째, 관광은 지역에 다른 투자를 유도하여 고용을 촉진시키는 경제정책수단이다. 둘째, 관광산업은 노동 집약적인 산업으로 기업활동을 진취적으로 유도한다.

셋째, 매력적인 역사·문화·자연환경 자원을 보유한 지역은 관광객을 유인하고 관련 관광상품을 수출할 수 있다. 넷째, 관광은 지역에 호텔, 레스토랑, 카지노, 테마파크, 전시시설을 건설하여 주변지역에 긍정적인 파급효과를 가져온다. 다섯째, 관광산업은 올림픽 게임과 같은 특별한 이벤트나 축제, 박람회와 전람회 등과 더불어 더욱 발전한다.

국가발전과 관광의 특성

국가의 성장산업

1900년대 초기까지 사회활동으로서 관광은 소수 특권층에게 한정되었으나 관광에 참여하는 기회는 더욱 확대되었다. 1950년대 인류 역사에서 문화영역을 넘나드는 최대의 국제관광객의 통행량은 평균 2천5백만명 수준이었다. 2014년에는 11억 3,500만명 이상으로 국내관광을 포함하면 관광객수는 8-10배 이상 급증한 것이다.

국제관광은 단독으로 1조 2,450억 달러 이상을 창출하였고, 관광분야는 전 세계 국내총생산(GDP)의 9%에 이르는 6조 6000억 달러와 고용인원 2억 6,000만 명을 기록했다. 2020년에는 전 세계 GDP의 17%, 고용규모는 약 3억 3,000만명으로 증가할 전망이다.

● 부의 재분배 수단

관광은 부를 교환하고 보다 부유한 선진국 또는 지역에서 저개발국가나 빈곤지역으로 투자하는 효과적인 수단이다. 부의 재분배는 관광지에서 관광객의 지출과 부유한 관광송출국이 투자한 결과로서 발생한다. 그러나 관광객이 소비한 자금은 한 지역에서 다른 지역으로 바뀌나, 관광시설에 대한 외국의 투자는 착취와 종속으로 누출되고 있다.

공정여행은 '공정무역(fair trade)'에서 나온 개념이다. 공정여행은 생산자와 소비자가 대등한 관계를 맺는 공정무역처럼 관광객과 관광지의 국민이 평등한 관계를 맺는 여행을 가리킨다. 관광객의 윤리적 책무를 강조하는 '책임여행(responsible tourism)', '윤리적 여행(ethical tourism)' 등과 맥락을 같이 한다. 관광산업은 전 세계적으로 매년 10%씩 성장하지만, 오히려 관광의 경제적 이익은 대부분 선진국인 G7국가에 속한 다국적기업에 귀속된다. 관광수익이 지역주민에게 돌아가려면, 현지인의 숙박시설 및 음식점 이용, 지역의 향토생산품을 정당한 가격으로 구입하기 등의 안내지침을 준수하면, 관광수익이 지역주민에게 돌아가게 된다.

● 낮은 무역장벽

관광은 다른 국제무역과 달리 할당량, 관세와 같은 무역장벽에 의해 방해가 상대적으로 적다. 대부분 관광국가는 일반적인 무역제한이 없는 수출기회로 간주되는 국제관광시장에 자유롭고 평등하게 접근한다. 1995년 1월에 발효된 서비스부문에서 '무역에 대한 일반협정(GATS: general agreement on trade in service)에 관광이 포함되어 장벽이 다소 강화되었다. 많은 개발도상국가에서 관광은 외화획득의 중요한 하나의 공급원이다. 관광은 선진국에서도 국제관광에 의한 수익이 국제수지 및 여행계정에 크게 기여한다.

무료 기반시설

관광객에게 매력적인 대상들은 바다, 해변, 산 등 자연자원 및 고대로부터 물려 받은 역사자원이다. 관광은 건설할 필요가 없는 자연자원에 기반을 두기 때문에 창업비용이 낮다. 부존자원들이 부족한 저개발국가 혹은 도서국가에서 관광은 경제발전의 유력한 대안이 된다.

후방연계의 기회 제공

관광객은 관광지에서 숙박, 식음료, 유흥, 교통서비스, 기념품 등 다양한 재화와 서비스가 필요하다. 그래서 관광산업은 타산업보다 지역경제에 걸쳐 많은 후방연계의 기회를 제공한다. 관광은 관광객 및 지역주민에게 편익을 주는 제반 시설을 공급하도록 도와준다. 이를 테면, 지역에 국립공원을 지정하면 자연환경을 보호하기 위한 정당성을 확보할 수 있다.

7.2 관광개발의 개념과 효과

관광개발의 개념

관광개발은 보통 관광자원의 특성을 살려 관광의 편의성을 증진하고, 관광객의 유치와 관광소비의 증대를 목적으로 하는 개발사업이다. 이러한 관광개발의 목적에는 몇 가지가 있다. 첫째, 관광자원의 가치상실을 최대한 줄이고 고유한 관광자원의 특성을 보호 및 보전한다. 둘째, 관광자원을 합리

<표 7-1> 도시지역 관광개발의 효과

구분		항목	지역주민	관광개발주체	지방정부	관광객
긍정적 영향	경제적 효과	소득증대	●	●	◎	
		고용증대	●	●	◎	
		세수증가	◎		●	◎
		관광산업진흥	●	●	●	●
		지역산업진흥	●	●	●	◎
		자산가치상승	●	●	●	
		관련산업도입	●	●	●	◎
		지역상점활성화	●		◎	●
		인구증가	●	◎	●	
	사회 문화적 효과	생활환경개선	●	◎	●	◎
		여가공간확보	●	●	●	●
		건강증진	●			●
		교양의 향상	●			●
		문화교류	●	◎	●	●
		지역교류증진	●	◎	●	●
		기반시설확충	●	●	●	●
		자원가치상승	●	◎	◎	●
		지역지명도제고	●	◎	●	◎
부정적 영향	환경적 효과	자연환경파괴	●	◎	◎	●
		수질오염	●	◎	◎	●
		생태계파괴	●	◎	◎	●
		경관파괴	●	◎	◎	●
		토양오염	●	◎	◎	◎
		지가상승	●	●	●	◎
		지역경제 균형붕괴	●	◎	●	◎
		생활환경변화	●	◎	●	◎
		지역의식붕괴	●	◎	●	◎
		지역문화붕괴	●	◎	●	●
		교통혼잡	●	●	●	●
		윤리 및 풍기문란	●	◎	●	●
		고용문제	●	●	◎	◎

비고: ● 직접적 효과, ◎ 간접적 효과
자료: 이광원(2012)

적, 효과적으로 활용하여 정서함양과 문화발전을 도모한다. 셋째, 관광개발로 관광객을 증가시키고 관광수입을 증대하여 관광 및 지역개발 효과를 높힌다.

관광개발은 타산업과 직·간접적으로 관련되어 국가경제 및 사회에 미치는 영향이 크다. 관광개발을 단순히 서비스산업 개발의 한 부분으로 간주하지 못하는 복합성이 있다. 관광개발은 국제적으로 국가관광산업을 해외에 홍보하는 것이며 다양한 민간외교의 증진효과도 발생한다.

관광개발의 효과

관광개발의 효과는 크게 경제적 효과, 사회·문화적 효과, 환경적 효과로 구분된다. 관광개발의 파급효과는 관광개발주체, 지역주민, 지방정부, 관광객 등에 따라 긍정적인 효과 혹은 부정적인 효과로 구분한다.

1차 편익 (직접편익)	2차 편익 (간접편익·유발편익)	3차 편익 (외부효과)
관광자, 잠재 관광자	관광시장과 관광지역	지역 및 국가

자료 : 김은형(1998)

<그림 7-1> 관광개발의 지역경제적 효과

관광개발의 경제적 효과

관광개발의 효과는 관광개발의 양·질, 대상지역의 규모, 관광객 유형 또는 관광객수와 밀접한 관계를 갖는다. 이러한 요소들의 특성에 따라 관광개발의 경제적인 효과는 결정적인 영향을 받게 된다. 관광개발의 경제적 효과는 주민소득의 증대, 지역경제구조의 개선, 고용창출, 지역간 균형발전 도모 등의 긍정적 효과들도 있다. 한편, 부정적인 효과로는 관광지 물가상승, 지가상승, 및 기회비용의 발생 등이 존재한다.

관광개발, 관광소비

⬇

관광매력물 교통시설 숙박시설 위락시설 기반시설

⬇

경제적 효과 발생

⬇

편익측면	비용측면
‣ 고용효과, 지역개발 촉진효과 ‣ 타산업으로 관광승수효과 ‣ 조세수입	‣ 투자비용, 지역물가 및 지가상승 ‣ 수출효과: 재화와 용역수입, 급료수익송금

자료 : Pearce(1989)

<그림 7-2> 관광개발의 경제적 효과

관광개발의 사회·문화적 효과

관광개발은 국토개발, 지역개발 및 지역사회개발의 일환으로서, 그 중요성이 증대되고 있다. 지금까지 관광개발은 지역주민의 욕구충족보다도 관광개발 주체의 편리성과 관광객의 욕구충족에 중점을 두어 부정적인 효과도 제기되고 있다.

관광개발의 사회·문화적 효과는 주로 전시효과, 문화의 상업화, 사회적 병리 현상 등이 있다. 새로운 생활양식이 도입되면, 관광객의 생활양식이 노출되지 않던 일부사회에서 전시효과를 야기한다. 이 전시효과는 관광지 내부구조에 있어 여성의 역할, 지역사회 응집력, 인구통계 및 제도적인 구조 등 4가지 면에서 변화를 가져온다. 문화의 산업화는 원래 문화의 고유성이 소멸되면서 하나의 상품화가 발생하는 경우이다. 이외에 사회적인 병리현상들은 매춘, 도박, 약물중독, 풍기문란, 범죄 등을 가리킨다.

<표 7-2> 관광개발의 사회·문화적 효과

긍정적 측면	부정적 측면
• 사회구조의 분화-농업에서 서비스 분야로 고용전환, 농업의 근대화 생활수준의 격차 감소	• 인구구조의 분극화-소득분배의 불균형 미숙련 취업의 기회
• 가족구조의 근대화-여성의 지위향상 자녀 교육의 변화	• 가족구조의 와해-성적 자유분방 소비지향적 태도
• 지역주민 세계관의 확대-선입관, 편견의 완화, 홍보, 국제 친선	• 사회병리현상 발생-매춘, 도박, 약물, 알콜중독, 범죄, 폭력
• 지역문화의 발전-민족예술, 박물관 등) 공동체 의식 고양, 애향	• 토착문화 소멸과 문화의 상업화
• 자연환경의 보호-역사유적 보존 현대 기술 및 건축양식 도입	• 자연환경 파괴- 과다한 관광자로 유적의 파괴 전통 건물과 비인간화된 현대건물의 병존

자료: WTO(1982)

관광개발의 환경적 효과

저개발지역의 관광개발은 만성적으로 생활위협이 되는 기초적인 환경문제를 해결한다. 관광개발의 환경영향평가는 주로 성장효과, 교통혼잡 및 환경오염 측면에서 고려된다. 관광개발의 장기적인 환경효과는 지역의 물리적 특성과 역사적 토지이용 형태 등에 따라 지역마다 다양하다. 이것은 중요하므로 관광개발의 기획과정에서 반드시 고려해야 한다.

관광개발에서 긍정적인 환경효과는 저개발지역의 생활을 위협하는 환경문제(용수공급, 하수시설, 주거 여건, 질병 등)를 해결하는 것이다. 또한, 개발지역에 녹지공간을 확보하고 자연적·인간적인 환경보전과 역사·문화적 자원의 보전도 긍정적인 환경효과들이다. 한편, 부정적인 환경효과에는 교통혼잡, 오염수준의 증가, 자연풍경 및 생태계의 불균형 초래, 야생지역 파괴, 역사·문화자원 보전비용의 증가 등이 포함된다. 따라서 관광개발로 인한 환경적 변화는 불가피하지만, 개발지역 수용능력을 고려하여 관광개발로 인한 환경변화의 방향과 정도를 결정할 필요가 있다.

관광개발효과의 측정

대부분의 사람들은 발전을 단순한 경제성장보다는 경제적인 복지의 향상으로 생각한다. 관광이 진흥되면 단순히 경제성장에 기여한다고 보지는 않는다. 선진국과 후진국 간 사회적인 제반여건(부, 교육, 건강, 기회, 자유, 선택, 신뢰)를 비교하면, 관광개발의 효과는 기대했던 것보다 작다. 관광개발의 효과 혹은 결과는 관광수입, 수출 기여도, 국민총생산에 기여도, 고용수준 등을 계량화하여 측정한다. 이러한 지표들은 관광의 경제적인 기여도에 불과하고 발전에 해당되는 지표인지는 논란의 여지가 있다. 국제기관에서 국가의 사회·경제개발 수준을 측정하기 위한 유형에는 5가지가 제시된다.

관광객에 대한 일관된 정의가 없는 상태에서 관광개발의 기여도를 측정하는 것은 복잡하고 어렵다. 국제연맹(league of nations)은 1937년에 최초로 '관광객은 거주하는 국가 이외의 지역을 24시간 이상 여행하는 사람'이라 정의했다. 이 정의는 즐거움, 건강 또는 다른 목적을 더하여 사업상 여행도 포함했고 관광지에서 24시간 미만 체류하는 사람들을 '당일 여행객(excursionist)'로 소개했다. 방문객(visitor)은 보수를 받는 직업이 아닌 다른 목적으로 일

<표 7-3> 사회·경제개발수준 측정의 5가지 분류

유 형	세 부 구 분
소득기준	• 1인당 소득
무역기준	• 수입주도형, 수출주도형
자원기준	• 현재와 미래세대에 사용가능한 자연자원의 분포
삶의 질기준	• 공공 의료서비스 보급, 유아 사망률, 평균수명, 식자율, 교육서비스 등 사회복지 수준 • 여성지위, 소득분배, 주택 등의 소비재
체제 블록	• 자본주의 경제체제, 사회주의 경제체제

자료: Sharpley(2015)

상적인 거주지 이외의 국가를 방문하는 사람을 의미한다. 따라서 방문자는 숙박을 하면서 체류하는 관광객과 당일여행객 모두를 의미한다.

7.3 관광개발의 정책방향

환경친화적인 관광개발의 경향

1970년대에 정부는 경제성장의 관점에서 관광개발사업을 주도했다. 정부의 관광정책 결정자는 높은 관심을 갖고 적극적이며 주도적으로 관광산업 육성에 관여했다. 정부는 1960-1970년대에 역사적으로 경제성장과 국토개발정책에 주안점을 두었고, 관광개발을 통한 국민의 여가증진에는 소홀했다. 1980년대에 1988년 올림픽경기를 계기로 해외 관광객의 방문이 급증했으며 관광산업에 대한 새로운 인식이 생겼다. 관광개발은 농촌지역을 재개발하고 낙후지역을 발전시키기 위한 지역발전정책의 수단으로 제시되었다.

1990년대는 지방화시대가 전개되어 다른 지역의 자연자원에 집중한 관광자원개발과 농·산·어촌개발에 집중되었다. 1990년대 초반에 관광개발을 통한 지역경제 성장에 대한 관심이 높았다. 그래서 국토의 균형발전, 시·도 통합, 도·농 통합 목적의 관광개발이 활발했고, 환경친화적 개발은 물론 생태유적지, 스포츠 관광, 문화관광축제가 활성화되었다. 지방자치제의 실시로 개발사업 주체가 중앙정부에서 지방정부로 이양되었다. 지자체는 경제적 수익성을 중시한 관광개발에 치중하여 국가주도형 관광개발에 비해 비계획성, 재정부족, 지역 간 균형성 축소 등의 문제가 발생했다. 관광개발 방식도 기존의 물리적인 하드웨어 시설중심에서 소프트웨어 개발방식으로 전환됐다.

1990년대 후반에는 지속가능한 개발, 생태관광, 도시관광 등 관광행동 심리요인을 고려한 관광개발이 시행되었다. 그 후로 관광개발사업은 거점개발, 친환경, 세계화, 지역특성, 지속가능성, 문화관광자원 등을 고려한 개발로 발전했다. 농촌관광개발에 있어서는 지역사회 혹은 주민을 고려한 개발방안 등이 시도되었다. 관광상품은 친환경적 숙박시설, 생태관광, 그린투어리즘, 체험관광 등에 치중하여 개발되었다.

2000년대에 대안적인 관광개발이 지역환경 파괴문제를 개선하기 위하여 지역특성을 살린 개발상품, 환경친화적·지속가능한 관광개발 등의 형태로 나타났다. 관광개발이 미래에 국가성장의 동력으로 인식되면서 관광산업을 국가전략산업으로 육성하려는 노력이 계속되었다. 예를 들면, 지역특산물, 크루즈, 실버타운, 열차상품, 영화·드라마, 마을단위 관광상품 개발, 거리의 특징을 살린 도보관광, 주제공원, MICE산업, 산업관광, 생태관광, 문화관광 등과 같은 소프트웨어 중심의 관광사업이 활성화되었다.

지속가능한 관광개발

우리나라에서 지속가능한 개발에 관한 담론이 확산되면서 관광의 환경적, 사회적 영향에 대한 관심도 커졌다. 이로 인해 개발사업에서 생태적인 한계, 지속가능한 자원이용, 한정된 수용력에 대한 개념들이 널리 적용되고 있다. 지속가능한 개발에 대한 구체적인 조치를 취하지 않으면, 관광지와 관광자원은 남용되어 관광의 매력성은 상실되고, 결국 관광시설의 이용률은 감소한다. 이에 따라 관광개발도 세계화·환경화 시대에 관광의 정치, 경제, 사회 및 환경영향을 파악하는 넓은 안목에서 추진될 필요가 있다.

지속가능한 관광은 3가지 요인에 기초한다. 첫째, 장기적인 삶의 질 개선 차원에서 관광지의 주민필요를 충족시킨다. 둘째, 관광객의 수요증가를 충족하며, 이를 유지하려고 계속적으로 관광객을 유치한다. 셋째, 지역주민의 삶의 질 개선과 관광객 증대를 위하여 환경을 보호한다. 지속가능한 관광을 유지하려면, 장기적으로 자원활용의 경제적 효과를 고려하면서 현 세대와 미래세대가 동시에 필요한 사업에 관심을 가져야 한다.

오늘날에는 선진국 및 개발도상국가도 환경보호에 지대한 관심을 갖고 자연보호를 위한 입법활동, 전담기구의 설치 등 다양한 조치들을 시행한다. 관광개발의 경우에도 지속가능한 발전을 반영하여 자연지향적인 녹색관광, 생태관광 등 종전보다 더욱 환경친화적인 관광수요가 증가하는 상황이다. 이에 따라 국제기구들도 관광개발에 새로운 정책방향을 제시하고 국제적인 협조를 통하여 지속가능한 발전을 도모한다.

요약

1. 도시지역의 관광과 개발의 관계를 보면, 관광은 지역개발의 도구로서 장점을 갖고 있다. 관광이 가진 성장산업, 부의 재분배 수단, 낮은 무역 장벽, 무료 기반시설, 후방연계 효과 등의 특성들로 인해서 지역발전에서 관광이 중요한 역할을 담당한다.
2. 관광개발은 관광자원의 특성을 살려서 관광의 편의성 증진, 관광객의 유치 및 관광소비의 증대를 목적으로 시행하는 개발사업이다. 관광개발을 통한 지역경제적 효과는 1차, 2차 및 3차의 편익효과들이 발생한다.
3. 관광개발의 효과는 대략 경제적 효과, 사회문화적 효과 및 환경적 효과로 분류한다. 관광개발의 파급효과는 지역주민, 관광개발 주체, 지방정부, 관광객에 따라 긍정적인 영향과 부정적인 영향으로 구분하여 파악된다.
4. 관광에 대한 단일 정의가 부재하여 관광개발의 실제효과를 측정하는 것은 복잡하고 어렵다. 하지만, 사회경제개발 수준을 측정하는 5가지 분류에 의한 관광개발의 효과측정이 가능하다.
5. 관광개발의 방향은 자연친화적인 개발과 지속가능한 개발이다. 자연친화적인 개발은 지역특성을 살리면서 환경친화적이며 지속가능한 개발로 환경파괴의 문제를 개선하는 대안적인 관광개발이다. 지속가능한 개발은 주민의 삶의 질 향상, 관광객의 유치 및 환경보호를 통하여 현세대와 미래세대가 동시에 관심을 갖고 장기적으로 자원을 활용하는 개발이다.

중요개념

도시지역관광과 개발 / 성장산업, 부의 재분배 / 관광개발의 개념

관광개발과 지역경제 / 관광개발의 효과 / 관광개발의 긍정효과

관광개발효과 측정 / 환경친화적인 관광개발 / 지속가능한 관광개발

연습문제

❶ 도시지역 관광과 개발의 상호관계와 영향을 관광산업의 제반 특성을 고려하여 자세하게 설명하시오.

❷ 관광개발을 정의하여 보고, 관광개발이 지역경제에 미치는 효과들을 순차적으로 이야기하시오.

❸ 관광개발의 효과들을 경제, 사회문화, 환경적인 관점에서 구분하여 관광사업의 추진 주체별로 종합적으로 말하시오.

❹ 관광개발의 효과측정이 어려운 현실적인 이유를 알아보고, 관광개발 효과를 실제적으로 측정하는 방법들을 기술하시오.

❺ 우리나라에서 추구해야 할 장래 관광개발의 방향은 무엇이며, 특히 환경우선주의 혹은 지속가능한 관광개발에 대한 견해를 언급하시오.

News

매력적인 지역관광, 문체부와 국토부가 함께 만든다

문화체육관광부와 국토교통부는 12일 문체부 대회의실에서 '관광-국토교통 협력을 위한 업무협약'을 체결했다. 문체부와 국토부는 이번 업무협약에 따라 내외국인 관광객의 관광활동 편의를 높이고, 지역 기반 시설을 관광자원화하기 위한 협력 정책을 발굴해 추진한다. 양 부처는 업무협력을 공고히 하기 위해 문체부 제2차관과 국토부 제2차관을 공동단장으로 하는 '관광-국토교통 정책협의회'를 구성, 운영한다. 또한, 양 부처는 구체적인 협력과제를 추진하기 위해 정책협의회 내에 양 부처 국장을 공동단장으로 하는 분야별 실무협의회를 구성, 운영한다.

양 부처는 관광과 항공 분야의 협력기반을 바탕으로 외래 관광객의 지방공항 입국을 통한 지방관광 활성화를 위해 협력 사업을 추진한다. 관광과 항공 분야의 협력기반은 중앙정부와 지역이 어우러질 수 있도록, △ 양 부처 국장을 공동단장으로 지난 4월에 발족한 '관광항공 정책협력협의회'를 계속 운영해 관광과 항공업계 간 소통을 강화하고 협력과제를 적극 발굴한다. △ 지역에서는 지자체, 한국공항공사(지역지사), 한국관광공사(지역지사), 지역관광공사, 지방공항 취항항공사, 지역 관광업계 등이 두루 참여하는 '(가칭) 지역 관광항공 상생 어울림'을 구성·운영해 지역공항 입국 외래관광객 유치 사업을 추진한다.

구체적으로, 양 부처는 내년부터 △ 지방공항으로 들어오는 외래관광객 이용 항공노선을 확대하고, △ 해외 현지에서 '지방공항', '지방관광', '지방항공 노선' 등을 적극 홍보한다. △ '외국인이 처음 만나는 작은 지역'인 '항공기'와 '공항'을 활용한 지역관광 안내서비스도 강화하고 외래관광객이 지방공항으로 입국해 지방관광을 즐길 수 있도록 적극 협력한다.

양 부처는 지역관광 접근성 제고와 지역경제 활성화를 위해 교통이용 편의를 증대하고 관광친화적인 교통체계도 함께 구축한다. 이번 협약을 토대로 대중교통, 철도, 신교통서비스 등, 분야별 상생협의회를 구성하고, 관광교통 기본전략을 수립해 권역별·단계별로 관광수요자 중심의 지역관광 접근성 제고 방안을 모색할 예정이다. 또한 앞으로 상생협의회를 통해 △ 지역 접근과 관광 촉진을 위한 교통연계망 개선, △ 대중교통 편의 확대, △ 관광·교통 분야 정책 발굴 및 협력사업 등도 추진할 계획이다.

아울러 교량, 건축물 등 지역 기반시설이 매력적인 관광자원이 될 수 있도록 협력한다. 지역 개발 시 조성되는 시설과 연계된 관광 상품 개발, 관광객 관람 동선

마련 등 기반시설의 관광자원화 가능성을 지자체가 자율적으로 검토·적용할 수 있도록 한다. 이를 위해 문체부는 2020년에 지역 기반시설의 관광자원화를 위한 검토 지침을 수립해 지자체 등에 배포하고, 국토부는 지역 개발 사업에 관광자원화 검토가 시범 적용될 수 있도록 협업할 계획이다. 관광자원화 검토를 모범적으로 적용한 지자체에는 홍보·컨설팅, 관광 상품 개발 지원 등 유인책을 제공할 계획이다. 성장촉진지역의 관광 활성화를 위해 문체부는 홍보·컨설팅과 지역관광조직 육성, 상품 개발 등을 지원하고, 국토부는 기반시설 조성 및 지역개발계획 컨설팅 등을 지원하는 공동사업을 추진한다. 2020년에는 공동사업 계획을 수립하고 2021년에 지자체 공동 공모를 통해 사업을 추진할 계획이다.

박양우 문체부 장관은 "관광객의 '여행'은 비단 '관광지'만을 보는 것에 국한되지 않는다. 관광의 '시·종착점'인 항공과 공항, 관광객의 발이 되어 관광지로 안내하는 교통, 관광객이 지역에서 이용하는 기반시설들이 관광객의 '여행 전 과정'을 관통하고 있다"며 "문체부는 국토부와 함께 외래관광객이 지방공항으로 입국해 지역 관광지에 쉽고 친근하게 접근하고 관광지로 연결되는 교통은 더욱 편리해지며 지역이 더욱 매력적인 관광지로 거듭날 수 있도록 함께 고민해 나가겠다"고 말했다. 김현미 국토부 장관은 "관광수지 적자 지속, 외국인 관광객의 특정 지역 쏠림 현상 등을 극복하기 위해서는 관광과 교통·지역개발이 잘 결합되어야 한다"며 "관광 선진국들과의 경쟁에서 뒤처지지 않기 위해 우리 모두가 한 팀이라는 정신으로 협력해 나갈 계획"이라고 설명했다.

◆ 자료: 파이낸셜 뉴스(2019-12-12)

Chapter 8

관광정책의 개요와 방향

8.1. 관광정책의 개요

8.2. 관광정책의 변화와 행정조직

8.3. 해외 관광정책의 동향과 방향

8.4. 한국관광정책의 필요성과 방향

개관

관광정책의 개념과 필요성을 알아보고 관광정책의 목표와 대상을 파악한다. 이를 근간으로 우리나라 관광정책의 변화과정 및 관광행정조직을 살펴본다. 특히 외국 관광정책의 동향 및 운영전략을 종합적으로 검토한 다음에, 장래 한국관광정책의 방향을 종합적으로 제시하고자 한다.

제8장

관광정책의 개요와 방향

8.1 관광정책의 개요

관광정책의 개념

오늘날에 관광은 상당이 포괄적으로 정의되고 있다. 왜냐하면 관광의 경제적, 사회적인 가치가 확대되고 미래의 성장동력산업으로서 그 역할이 강조되기 때문이다. 과거에 관광은 일상생활권을 떠나 여행 및 체류지에서 일어나는 현상의 총체로 정의했다. 이것은 관광객의 목적지 활동과 연계되는 행위 등 관광객의 행위적 측면을 강조했다. 현대에 관광 개념은 관광객의 행동과 연관되는 다양한 공공 혹은 민간관광서비스의 상호작용 등 관광산업의 의미를 강조한다. 미래에 관광은 더욱 포괄적이며 광의적으로 정의할 필요가 있다. 다시 말해, 관광은 관광현상 그 자체로서, 일상 및 비일상 생활권에서 발생하는 여가와 여행활동, 관광객 행위와 관련된 모든 사회서비스 요소의 총합, 관광객 소비행위와 관련되는 모든 산업을 포괄하는 총체로 정의된다.

정책은 정치적 목적을 실현하기 위한 방책이다. 정책에는 조직의 이상, 목적 및 목표를 달성하는 구체적인 계획과 사업이 들어있다. 정책은 공공 혹은 민간부문에 따라 대상이 다르므로 정의도 다양하다. 종합적으로 정책은 바람직한 사회상태를 이룩하려는 정책목표와 이를 달성하기 위한 필요한 정책수단에 대한 권위 있는 정부기관이 공식적으로 결정한 기본방침이다. 정책은 대다수 사회구성원과 연관된 시급한 문제를 합법적으로 해결하여 생활의 질과 공익를 향상시키려는 정부 및 공공기관의 미래지향적인 활동방침이다. 따라서 정책은 문제해결을 위한 목표지향적인 행동방책으로 정부의 중요한 활동이다. 여기에는 공통적으로 목표성, 공공성 및 실제성의 특성들이 포함되고 있다.

보통 관광정책은 국가 또는 지방행정 기관이 관광사업을 위하여 실시하는 정책을 말한다. 그러나 관광정책은 관광 및 정책의 개념을 종합하여 정의하는 것이 타당하다. 관광정책은 관광문제에 대한 정부의 공적 개입 혹은 관광목적을 달성하기 위한 정부의 행동이다. 이러한 관광정책은 목적지향적인 성격, 공공적인 성격 및 실제적인 성격을 갖고 있다. 관광의 개념이 확대되면서 관광정책의 개념도 재정의되고 있다. 광의로 관광정책은 관광시장, 관광수용태세, 관광산업 등의 영역에서 형평성, 효율성의 향상과 국민행복 증진을 목표로 하는 정부의 개입행동이다. 최근에 관광산업은 융합시대를 맞아 다양한 분야와 접목이 강조되고 융합발전패러다임으로 전환되고 있다.

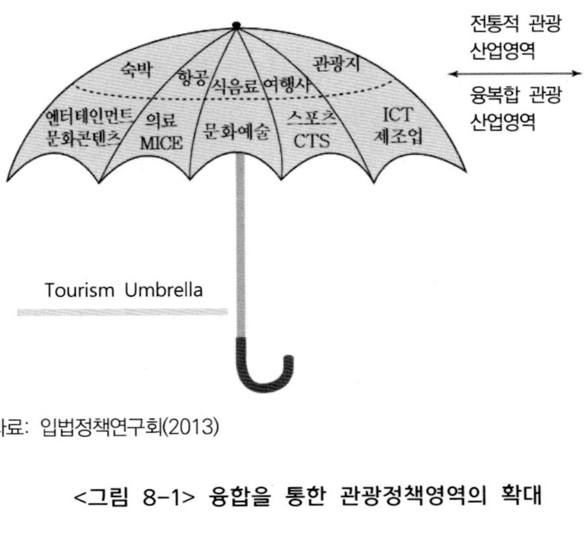

자료: 입법정책연구회(2013)

<그림 8-1> 융합을 통한 관광정책영역의 확대

이에 따라 관광정책의 영역과 범위에 부합되는 새로운 정책기능과 역할정립이 요구된다.

관광정책의 배경과 필요성

관광정책의 배경

제1차 세계대전 이후 대량관광의 등장과 함께 관광객의 이동촉진과 관광사업 진흥을 위하여 관광정책이 등장했다. 최초의 관광행정기구는 1910년에 프랑스정부가 외화획득을 목적으로 해외관광을 선전하기 위해서 설치한 중앙정부의 관광과였다. 사회복지관광은 제2차 세계대전 후 스위스정부의 재정지원으로 30년 동안 할인된 여행용 스탬프를 발매하여 저렴한 국민여행을 장려하면서 유래되었다. 이것은 국가가 인위적으로 복지정책 차원에서 관광지·관광시설을 직접 개발 혹은 휴가실시 등 많은 사람이 관광에 참여하도록 배려하는 복지차원의 관광이었다. OECD에서는 '사회복지관광은 여행자금, 경험 및 교육이 부족하여 여행이 어려운 관광소외계층을 관광활동에 참여시키는 수속과 조치들을 마련하여 다수가 여행에 참여하게 만드는 복지차원의 관광장려정책'으로 정의한다.

사회복지관광은 1972년 세계관광기구(WTO)의 비엔나헌장 제정부터 본격적으로 논의되었다. 대표적인 사회복지관광정책들은 유급휴가제도, 시차휴가제 실시를 통한 여행시즌의 분산, 소외계층의 철도, 항공기 운임할인, 유스호스텔 및 가족호텔 건립 등이다. 1990년대 이후 지구환경에 대한 관심이 고조되어 환경도 관광정책의 이슈가 되었다. 선진국은 관광산업을 국민복지 차원에서 접근했으나, 개발도상국은 관광산업을 외화획득을 위한 전략산업으로 육성했다. 우리나라에서는 1960년대부터 국가 주요경제정책의 일환으로 외화획득을 목적으로 관광사업을 정책적으로 육성했다. 1961년 8월에는 드디어 관광사업진흥법을 제정 및 공포했다. 초기 관광정책은 국제관광객의 왕래촉진과 수용태세를 확립하며 선전하려고 시작되었다.

정치·경제적 측면

해외여행에 필요한 여권, 비자 등에 대한 정책적인 배려가 필요하다. 중국관광객을 위한 제주도 무비자 입국수속은 관광산업의 육성에 기여한다. 여권법 혹은 출입국관리법에 근거하여 사회질서 및 국가안전을 도모한다. 경제적인 측면에서 관광특구의 지정 혹은 카지노설립의 허가를 통하여 외국인을 유치해서 외화를 획득한다. 관광산업체에 금융 및 세제혜택을 부여하거나, 지역경제 활성화 및 일자리창출 차원에서 관광정책이 필요하다.

사회·문화 및 환경 측면

관광정책은 국민의 여가수요를 수용하거나 사회복지관광을 위해서, 자국의 다양한 문화를 육성하거나 대외적으로 홍보하기 위해서 필요하다. 관광정책은 소비자 보호와 건전한 관광문화의 정착을 위해서도 요구된다. 특히 소외계층의 관광활동에는 국가의 정책적인 관심이 중요하다. 관광개발을 정책적인 계획 없이 무원칙으로 진행하거나 민간업체에 맡길 경우에 난개발이 발생한다. 이것은 주변환경을 파괴시키기 때문에, 정부가 정책적으로 개입하여 환경파괴를 막는 법제도의 정비와 대책마련이 절실하다.

관광정책의 목표와 대상

관광정책의 목표

정책목표는 정책을 통해 실현하려는 바람직한 상태로서 이념·체제 등 가치판단을 전제로 한다. 정책목표는 일종의 선택된 사회적 가치이며 사실상 여러 하위목표로 구성된다. 과거에 관광정책은 산업화 초기에 경제개발정책에 종속되어 본래의 비전과 목표를 설정하지 못하고 우왕좌왕했다. 사실상 관광정책은 외래관광객 유치를 통한 국가경제성장 정책과 동일시 되었다. 관광정책의 기본이념이 관광기본법에도 명확하게 규정 및 제시되지 못하여 관광정책의 이념과 목표를 명확히 재설정할 필요가 있다.

<표 8-1> 관광정책의 목표

측면	영역별 세부목표
정치적	• 해외여행에 필요한 여권, 비자에 정치적 정책 • 출입국 관리법을 통한 국가질서와 국민안전 유지
경제적	• 외국인 유치와 외화획득을 위한 경제적인 지원 • 관광사업체에 금융 및 세제 상 혜택 지원
사회문화적	• 국민 여가수용, 사회복지관광, 다양한 자국문화의 육성 • 대외홍보지원, 소비자보호, 건전문화의 정착, 관광소외계층 지원
환경적	• 환경파괴 예방을 위한 법·제도적 장치 마련

현대사회에서 관광은 경제적·문화적 가치를 가져서 관광을 통한 삶의 질 추구가 중요한 기본이념이다. 이에 따라 관광정책의 상위목표는 관광진흥을 통하여 국가발전과 국민의 삶의 질 향상이 될 수 있다. 관광정책의 목표는 정치·경제·사회문화·환경측면에서 세부적인 영역별로 제시되고 있다.

● 관광정책의 영역과 대상

국가의 개발정도에 따라서 관광정책은 후진국형, 개발도상국형, 선진국형으로 구분한다. 관광정책의 대상과 범위에 따라 국제관광정책, 국내관광정책, 국민관광정책, 복지관광정책으로 설명된다. 국제관광정책은 국제수지 불균형을 이루는 후진국이나 개발도상국에서 택하는 정책유형으로 볼 수 있다. 국내관광정책은 저개발국가보다는 선진국에서 더 큰 관심의 영역이 되고 있다.

복지관광정책과 관련된 관광정책은 선진국에서 깊은 관심을 가지고 있다. 이와 같이 관광정책의 관심영역이 국가의 개발정도와 깊은 관계를 가진 것은 관광현상이 정치, 경제, 사회, 문화환경과 깊은 상관성을 지니고 있기 때문이다.

관광정책의 체계와 유형

관광정책의 체계와 유형은 관광정책의 목표와 범위에 따라 구분할 수 있다. 일반적으로 관광정책은 정책영역. 정책영역과 수단, 정책속성별로 유형을 나누는 것이 바람직하다. 우선 정책영역을 기준으로 관광정책은 관광산업정책, 관광개발정책, 관광마케팅정책, 국민관광정책, 국제관광정책 등으로 구분한다. 관광정책의 유형은 정책수단별로 배분정책, 규제정책, 재분배정책, 구성정책, 상징정책 등으로 나눈다. 정책속성의 특성을 기준으로 하면, 관광요소 확충, 관광주체 역량강화, 관광산업생태계 조성, 관광문화형성, 정책추진체계 정비 등으로 구분할 수 있다.

정책영역의 관점에서 관광산업정책은 관광산업 지원 및 규제정책, 금융 및 세제 지원 등과 관련된 정책이다. 관광개발정책은 관광자원개발, 관광인프라 개선, 관광수용태세 개선 등과 연관되는 정책이다. 관광마케팅정책에는 관광홍보, 관광마케팅, 관광인식개선 등이 세부적으로 들어간다. 관광상품정책의 세부내용은 관광상품개발, 관광품질관리 등을 포함하고 있다. 국민관광정책은 국민관광 촉진, 복지관광, 여가관광정책 등과 관련된 정책이다. 마지막으로 국제관광정책은 출입국 관리정책, 관광수지 대책, 국제관광 경쟁력 대책 등과 결부되어 있는 정책이다.

<표 8-2> 관광정책의 체계와 유형

유형기준	유형별 중요 관광정책
정책영역	관광산업정책, 관광개발정책, 관광마케팅정책, 국민관광정책, 국제관광정책
정책영역·수단	배분정책, 규제정책, 재분배정책, 구성정책, 상징정책
정책속성	관광요소 확충, 관광주체 역량강화, 관광산업생태계 조성, 관광문화 형성, 정책추진체계 정비

자료: 이연택(2012); 입법정책연구회(2013)

8.2 관광정책의 변화와 행정조직

관광정책의 변화과정

한국의 관광정책은 1960년대 이후 정부의 경제발전 정책과 시대적 상황 변화에 따라 점차적으로 변모되어 왔다. 우리나라 관광정책의 변천과정을 발아기, 형성기, 확충기, 성장기로 나누어 설명할 수 있다.

첫째, 발아기(박정희 정부)시대의 관광정책은 관광이 싹처럼 돋아나는 시대로 정부정책은 주로 경제기반 구축과 경제성장에 주안점이 주어졌다. 관광정책은 단지 경제정책의 하위정책으로 인식되고, 관광은 수출산업 측면에서 외화획득을 위한 방편으로 고려되었다. 그래서 관광정책의 목표는 외래관광객 유치를 통한 외화획득 및 경기부양에 있었다. 세계경제의 악화와 국제교류의 증대로 관광정책은 평화적 교류를 위한 국제협력적 측면에서 강조되었다. 관광분야에서 정부의 역할은 국제협력 증진에 있었으며, 관광정책에서 정부의 기능은 조사연구, 해외홍보, 제도문제, 관광지개발, 관광계획기능, 관광자원의 목록화, 관광시설의 개발, 관광편의 증진 및 관광기업의 감독 등에 중점을 두었다.

둘째, 형성기(전두환·노태우·김영삼 정부)시대에 관광정책이 중앙정부에서 형성되어 그 모습을 드러냈다. 세계적인 정치·경제 환경의 급격한 변화속에서 국내관광정책은 관광산업을 통한 경제성장에 중점을 두었다. 또한 관광을 통한 경제·사회문화적인 균형발전을 도모하는 정부정책이 중요해졌다. 국내 민주화 및 자유무역주의 환경변화와 더불어 민간주도의 경제성장이 추진됨에 따라 관광의 경쟁력을 강화하고 국민관광을 진흥시키는 관광정책들이 추진되었다.

셋째, 확충기(김대중·노무현 정부)시대에 중앙정부에서 관광정책의 영역도 확대되고 다양한 관광정책들이 강구되었다. 국가적으로 관광정책은 점차 국민의 삶의 질을 향상시키는 측면에서 고려되었다. 국가균형발전과 지방분권이 핵심적인 국정과제로 부각됨에 따라 지방정부가 관광정책의 추진주체가 되고 지역관광에 대한 정책적인 관심이 증대되었다. 남북한 교류가 증대되어 남북관광의 중요성이 점차 부각되었다.

<표 8-3> 한국 관광정책의 변화동향

시대 구분	정책기조	주요관광정책
* 발아기 * 정부: 박정희 * 1963-1979	• 외화획득을 위한 수출측면의 고려 • 국제협력측면의 고려	• 관광정책 추진을 위한 법제도 기반마련 • 경제개발계획과 연계된 관광수용태세 정비 확충 • 외래관광객 유치를 위한 홍보기능 강화 및 산업환경개선에 중점
* 형성기 * 정부: 전두환 노태우 김영삼 * 1980-1998	• 세계 정치경제 환경변화속에 관광정책의 환경변화 • 국제관광에서 국민관광으로 정책기조 전환	• 국제-국민관광의 균형발전을 위한 계획수립 • 대규모 관광자원의 개발 시작, 관광 전담 주무부처의 확대 • 대규모 국제행사 유치 및 지원을 위한 기반시설의 확충 • 관광업무가 관주도에서 민간부문으로 점진 이관 • 관광산업에 대한 통제중심에서 규제완화로 전환
* 확충기 * 정부: 김대중 노무현 * 1998-2008	• 관광을 삶의 질 측면 고려 • 국가균형발전에 따라 지역관광에 대한 관심 증대 • 북방정책에 따른 남북관광 대두	• 관광산업을 신성장동력산업으로 육성정책 마련 • 관광산업의 경쟁력 강화를 위한 법제도 개선 • 국민관광수요에 대응하기 위한 국민관광활성화 정책 추진 • 한반도 평화시대를 열어가는 남북관광정책 추진 • 지역의 균형적인 광역권 관광개발 및 지역연계 강화
* 성장기 * 정부: 이명박 박근혜 * 2008-2017	• 세계경제 악화속에 관광산업경쟁력 강화를 위한 정책육성 • 공정관광의 가치부각과 사회적 책임, 복지관광에 대한 관심 증대	• 관광산업의 경쟁력 강화를 위한 제도개선 및 육성정책 마련 • 국민관광활성화를 위한 제도개선 • 지역관광활성화를 위한 방안제시 • 관광주체의 역량강화를 위한 민관협력 제고방안 모색 • 차별화된 해외관광마케팅 전개 • 대규모 국제행사와 연계한 관광홍보·마케팅사업 • 관광복지에 대한 제도적 지원강화 • 한국적 관광콘텐츠 개발 및 지원

자료: 문화체육관광부(2011, 2018); 입법정책연구회(2013)

넷째, 성숙기(이명박·박근혜 정부)시대에는 중앙정부가 추진하던 관광정책의 범위가 확대되고, 더욱 심층적이며 성숙해진 관광정책내용들이 수립되었다. 세계경제가 불안정한 시기에 중앙정부는 창조문화국가 비전을 설정하고 관광산업경쟁력을 강화하기 위하여 종합적인 관광정책을 강구했다. 사회에서 공정관광의 가치가 부각되면서 사회적 책임과 복지관광에 대한 관심에 정책적 주안점이 주어졌다. 성숙기에 관광정책은 관광산업의 양적인 성장과 경제적인 성과에 집중하는 특성을 가졌다. 문제인 정부에서는 사람중심의 질적 관광정책과 해양관광 및 명소관광에 관심을 두는 경향이 강했다.

관광정책의 성과와 한계

관광정책의 성과

첫째, 한국은 외래 관광객 1.7천만 시대를 실현했다. 2019년에 한국은 역대 최대 외래 관광객 1,750명을 유치하여 외국인 관광객이 1.8초마다 1명씩 한국을 방문했다. 이로 인해 관광수입 약 25조 1천억원, 생산유발효과 약 46조원, 취업유발효과 약 46만명이 발생했다. 한국의 관광경쟁력은 지난 3년간 세계 19위에서 16위로 높아졌다.

둘째, 관광산업 선진화를 위한 제도개선과 관광정책 실행방안을 강구했다. 방한 외국인 관광객수는 2011년 980여만명에서 2019년에 1,724만명으로 크게 증가했다. 동기간에 국민의 해외 관광객도 2011년 1,269만명에서 2019년 2,428만명으로 급증하여 국내 유입 관광객 대비 해외 관광객수가 오히려 많았다. 외래 관광객의 증가에도 불구하고 관광수지 적자가 132억달러로 여전히 많고 외래관광객의 일부지역 편중현상이 심했다. 그래도 정부의 관광정책은 국내 관광사업의 선진화를 위한 제도개선에 주목했다. 일련의 제도개선 대책들은 일시적인 정책홍보 수단이 아니라 현실적인 실행계획을 통해 구체적이고 지속적으로 시행되었다.

셋째, 한국적인 콘텐츠를 개발하고 고부가가치 관광산업을 발굴하여 육성했다. 소득과 여가시간의 증대로 국민관광수요는 증가했으나, 한국 고유의 브랜드 관광상품은 부재하여 내외국인 관광수요를 충분히 흡수하지 못했다. 이에 따라 한국의 유수한 관광자원을 콘텐츠로 개발하고 활용할 필요성이 증대되어 명품 문화관광 콘텐츠를 발굴하고 관광재생 프로그램을 추진했다. 이러한 결과로 한국적 특성이 강한 역사문화관광, 생태관광 및 산업관광이 활성화되고, 의료 및 MICE 등 타산업과 융합된 고부가가치 관광산업이 육성되었다.

넷째, 중국 및 동남아 등 전략시장 중심으로 외래관광객을 집중하여 육성했다. 중국 및 동남아 경제의 지속적인 성장으로 해외관광객이 크게 증가하고, 한류로 인해 한국문화에 대한 관심이 높아졌다.

다섯째, 한류관광을 통한 글로벌 관광브랜드를 만들었다. 한류로 한국의 대중문화사업이 글로벌 경쟁력을 확보함에 따라 한류관광 상품화, 한류 연계 한국관광홍보, 국내 한류관련 촬영지 팸투어, 한류스타 거리조성, 문화콘텐츠 체험시설의 확충 등으로 유입 외래관광시장의 양적인 확대와 해외 관광시장의 다변화에 기여했고, 국가브랜드 이미지를 향상시켰다.

● 관광정책의 한계

첫째, 관광수지 적자가 지속되고 있다. 2019년에 외래 관광객이 증가했음에도 불구하고 관광수지 적자는 약 132억달러로 여전히 많다. 다행이 관광수지 적자폭이 감소하나, 유입과 유출 관광객의 불균형 현상은 지속되었다. 지속적인 관광수지 적자는 내국인 출국자와 외래 관광객의 차이와 함께 외국인 1인당 관광객 지출비용이 여전히 정체상태에 있기 때문이다. 관광수지 적자를 감소하려면, 외래 관광객의 유입을 증가시키고 내국인 관광객을 국내관광으로 전환시키는 근본적인 대책이 요구된다.

둘째, 관광산업의 국제경쟁력이 여전히 낮다. 관광산업의 경쟁력이 국가경쟁력에 비해 상대적으로 낮게 평가되며, 아시아 주요 경쟁국과 비교해도 낮다. 2019년 세계경제포럼(WEF)의 한국 관광산업 경쟁력은 140개 평가대상 국가 중 16위로 2017년 보다 3단계 상승했다. 그러나 관광정책 및 기반 조성분야에서 국제개방성은 2017년과 비교하면 14위에서 17위, 가격경쟁력은 88위에서 103위로 크게 하락했다. 2019년 아시아 국가의 관광산업 경쟁력은 홍콩 14위, 싱가포르 17위, 중국 12위로 나타났다. 앞으로도 관광산업 육성에 대한 정부의 적극적인 의지, 지속적인 관광정책 관련 통계정비, 그리고 관광업계의 서비스 개선 및 품질강화 노력이 필요하다.

셋째, 국내관광 활성화가 부진하고 명품관광상품의 개발도 저조하다. 국민의 여가시간 증대와 사회복지관광 대중화의 시대를 맞아 내국인의 국내관광기회는 많아졌다. 그러나 이를 수용할 국내관광산업의 수용상태는 아직도 낮은 형편이다. 국내관광 활성화를 위해서는 휴가제도의 개선도 필요하지만, 지역관광산업의 환경을 개선하고 관광콘텐츠를 더욱 개발하고 홍보하는 것이 소중하다. 특히 관광취약계층을 위한 사회적인 여건이나 교통시설 서비스는 아직도 미비되어 있다. 지역사회가 주체적으로 지역관광시설을 개선하고 지역경제활성화로 연계되는 관광시스템을 강화해야 한다. 지역관광 거점을 중심으로 문화콘텐츠, 테마파크, 생태·산업관광, 역사문화, 도시관광 등 지역특성을 반영한 지역특화관광모델을 개발하는 것이 중요하다.

관광행정기관

관광행정은 국가 또는 지방자치 단체가 관광발전을 위해 관광행동과 관광사업을 조성·촉진하고 혹은 계도·감독·단속하는 활동이다. 관광정책은 한 나라의 관광행정활동을 종합적으로 조정하고 추진시키기 위한 범위와 방향을 나타내는 다양한 시책이다. 우리나라의 관광행정은 1954년 2월 17일 교통부 육운국에 관광과를 설치함으로써 국가차원에서 관광 업무를 관장하기 시작했다.

1962년 9월 26일에 한국관광공사의 전신인 국제관광공사가 설립되고, 1963년 3월 11일에 관광공로국에서 관광국이 분리되어 기획과와 업무과를 설치했다. 1965년 3월 19일에는 관광정책심의위원회 규정(대통령령 제2083

호)에 근거하여 국무총리를 위원장으로 하는 관광정책심의위원회를 설치하여 관광정책에 관한 각 부처간의 협조체제를 구축했다. 그후 1975년 12월 31일 관광기본법이 제정되면서 종전의 관광정책심의위원회를 동법에 흡수하여 관광기본법 제15조에 규정했다. 1995년 7월 13일 관광정책심의위원회 규정을 개정하여 위원장을 국무총리에서 문화체육부장관으로, 위원은 관계부처 장관에서 차관으로 변경함으로써 위원회의 활성화 및 실효성을 제고했다.

● 문화체육관광부

우리나라의 관광행정은 1954년 교통부 육운국에서 1994년 정부조직개편에 따라 관광국의 기능이 문화체육부로 이관되었다. 1998년에는 정부조직개편으로 문화관광부로 개칭되어 관광이 부처 명칭에 처음 들어갔고, 부서 명칭이 2008년에 문화체육관광부로 바뀌었다.

현재는 문화체육관광부의 장관 이하 제2차관 아래에 관광정책국이 모든 관광정책을 관장한다. 관광정책국은 관광진흥장기발전계획 및 연차별계획의 수립, 관광관련법규의 연구 및 정비, 지역관광 콘텐츠 육성 및 활성화,

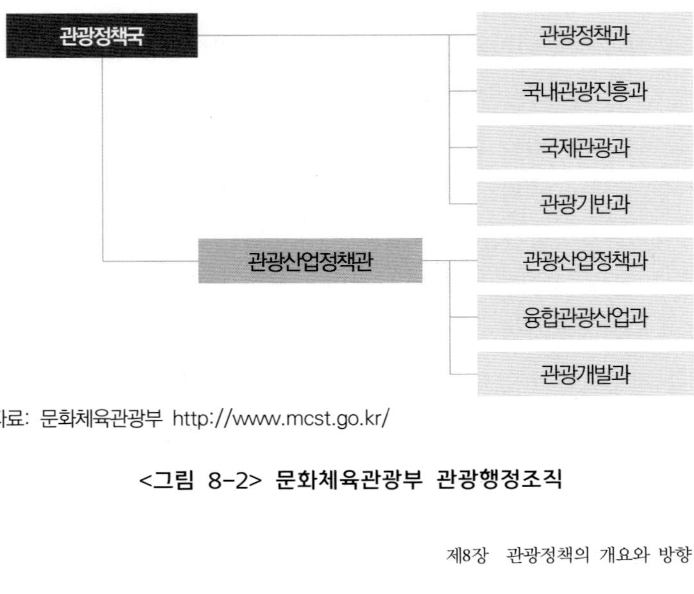

자료: 문화체육관광부 http://www.mcst.go.kr/

<그림 8-2> 문화체육관광부 관광행정조직

국제관광분야 정책개발 및 중장기계획 수립, 관광불편해소 및 안내체계 확충, 관광산업정책 수립 및 시행, 관광전문인력양성 및 취업지원, 국제회의 관련 외래관광객 유치 및 지원, 음식관광 활성화 및 서비스 개선, 관광개발 기본계획 수립 등을 추진한다. 관광정책국은 관광정책과, 국내관광진흥과, 국제관광과, 관광기반과로 구성되어 있다. 관광정책국 산하에는 관광산업정책관이 별도 존재하며, 정책관은 관광산업정책과, 융합관광산업과와 관광개발과 업무를 감독한다.

한국관광공사

한국관광공사(KTO: Korea tourism organization)는 국가 경제발전과 국민복지 증진에 기여하기 위하여 설립된 위탁집행형 준정부기관이다. 한국관광공사는 주로 관광진흥, 관광자원개발, 관광산업의 연구개발, 관광요원의 양성·훈련에 관한 사업을 담당한다. 1962년 6월에 한국관광공사법에 의거하여 설립되어 우리나라 관광산업의 초석을 다졌다. 1969년 호텔학교(현 관광인력개발원)와 도쿄 지사를 개설했다. 1975년에는 국내관광안내원 자격제도를 처음으로 실시했고 1977년부터 관광불편신고센터를 설치·운영한다. 한국관광공사는 2014년 서울 중구에서 강원도 원주시로 본사 사옥을 이전했다.

한국관광공사의 비전은 한국관광의 지속가능한 성장과 균형발전을 선도하는 공공기관이 되는 것이다. 오늘날 한국관광공사는 관광을 미래성장동력으로 이끌고 국민의 삶의 질 향상에 기여한다. 한국관광공사는 4본부, 15실·1원, 4센터 50팀, 34개 해외지사, 10개 국내지사로 구성되어 있다. 사장 이하에 경영혁신본부, 국제관광본부, 국민관광본부, 관광산업본부로 구성되어 있다. 공사는 한국관광공사법 제12조에 의해 국제관광 진흥사업, 국민관광 진흥사업, 관광자원 개발사업, 관광산업의 연구·개발사업, 관광 관련 전문인력의 양성과 훈련 사업, 관광사업의 발전을 위하여 필요한 물품의 수출입업을 비롯한 부대사업으로 이사회가 의결한 사업의 업무를 실제로 담당한다.

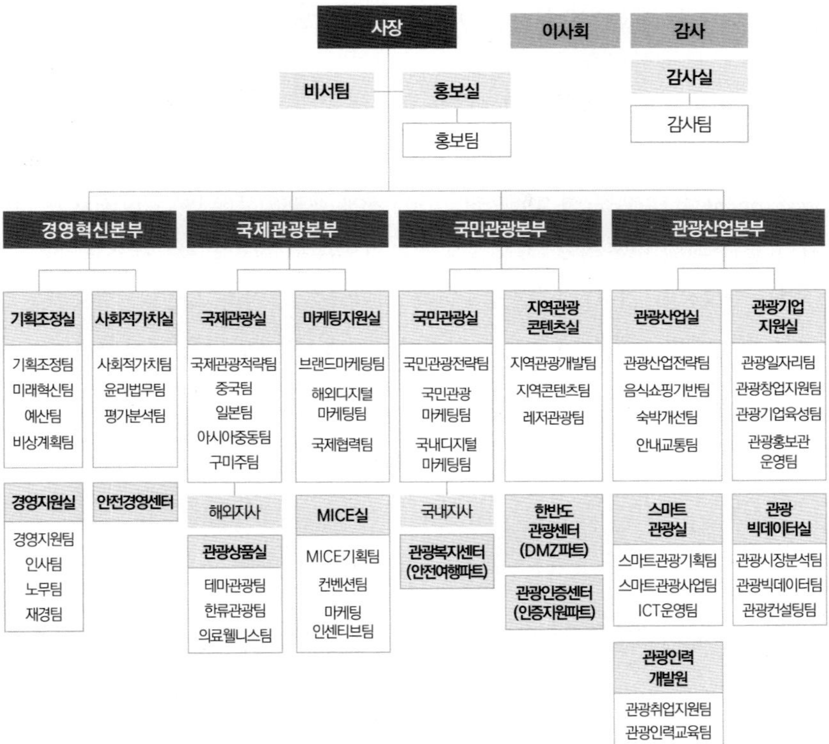

자료: 한국관광공사 http://kto.visitkorea.or.kr

<그림 8-3> 한국관광공사 조직도:관광행정

세계 각국의 관광기구

세계 각국은 정부행정조직으로서 관광부서(NTA: national tourrism administration)를 두고 있는데, 주요업무는 관광의 전반적인 행정, 관광계획 및 개발·연구, 교육·훈련, 마케팅과 촉진 등이다. 그러나 이 같은 업무는 정부행정기관으로서 한계가 있으므로, 자국의 홍보·선전을 주업무로 하는 별도의 공기업을 두고 있는데 이를 정부관광기구(NTO: nantional tourism organization)라 하며, 관광청(NTA: ntional tourism office)이란 명칭을 사용하는 국가도 있다. 우리나라의 경우 문화체육관광부가 NTA에 해당하고, 한국관광공사는 문화체육관광부의 산하 공기업으로서 NTO에 해당 된다.

세계의 관광정책을 논의하는 공식 기구는 UNWTO(UN world tourism organization)이다. 1946년 IUOTPO(international union of official tourism propaganda organization)란 명칭으로 출발했다. 1975년에 WTO(world tourism organization)로 명칭을 변경했으며, 2005년에 현재의 명칭인 UNWTO로 바뀌었다. 스페인 마드리드(Madrid)에 본부가 있는 UNWTO는 세계관광을 총괄하는 UN산하 기구로서 현재 154개 회원국이 가입하고 있다. 주요활동으로는 세계관광정책을 조정하고 회원국의 관광·경제발전을 도모하며, 각 국의 사회·문화적 우호관계를 증진한다. 세부적으로는 세계관광동향 조사 및 통계자료의 제공, 여행편의 촉진, 안전, 교육훈련, 정보교환 등의 사업을 추진하고 있다.

8.3 해외 관광정책의 동향과 방향

국제관광정책의 동향과 방향

현시대에 정부조직에서 관광부문에 정책 우선순위를 두어야 한다는 인식이 전 세계적으로 증대되어 있다. 과거에 각국 정부에서 관광기능을 주로 외화획득의 수단으로 간주했으나, 최근에 선진국에서 관광을 국가경제 성장과 일자리 창출의 원동력으로 인식하기 시작했다. 따라서 각 국가 정부는 외화획득을 위해 많은 외래 관광객을 유치하지만, 국민관광의 활성화로 고용을 창출하려는 정책방향에 큰 관심을 보인다.

개발도상국에서 관광정책은 관광산업이 신산업으로 부각되어 관광을 통한 외화획득, 고용증대 및 지역개발을 촉진하기 위한 지원책 및 혜택 마련에 중점을 둔다. 선진국의 관광정책은 국민 여가선용의 균등한 기회보장, 생산성 향상, 국민보건 증진, 소비자 보호 측면에서의 양질의 서비스 생산 및 관리에 중점을 둔다. 따라서 관광정책은 그 나라에서 관광산업이 차지하는 국민경제 상의 비중, 국민경제에 미치는 효과와 영향을 정부가 어떻게 평가하느냐에 따라 관광기구의 기능, 역할 및 규모에 차이가 있다. 또한 국가의 역할, 정책 목표를 어디에 두느냐에 따라 관광정책의 방향과 내용이 국가마다 다르다.

일본의 관광정책

1960년대 일본의 관광정책 목표는 외화획득이었고 1963년에 관광기본법이 제정되고 1964년에는 해외여행자유화가 시행되었다. 1970년대 관광정책 목표는 대량관광정책이었고, 1980년대는 타국가와 무역마찰을 피하기 위하여 국민해외관광(outbound) 장려정책을 전개했다.

1990년대에는 관광을 통한 지역경제 활성화를 TAP(tourism action plan)와 'Welcome Plan 21'을 통하여 외국관광객 유치(inbound)에 관심을 갖기 시작했다. 2000년대에는 일본의 경제불황으로 인하여 'New Welcome Plan 21'과 'Visit Japan' 캠페인을 벌려서 인바운드 관광정책에 심혈을 기울이고, 2010년에 1,000만명 외래 관광객을 유치할 목적으로 '글로벌 관광전략'을 강력하게 추진했다.

홍콩의 관광정책

홍콩은 1960년대부터 외래관광객의 유치·증대, 관광지 개발, 관광시설의 개선, 해외홍보 등 다양한 관광정책을 실시했다. 1980년대에는 해외지사 운영, 광고·선전·홍보활동, 국제회의·인센티브관광 유치활동, 축제개발, 관광상품개발을 통하여 더욱 해외관광 진흥사업을 육성했다.

1990년대에도 국가경제에 기여하기 위하여 기존의 관광정책을 지속적으로 유지했다. 그리고 여행업자 초청 스탬프투어(farm tour)실시, 춘절 퍼레이드 및 홍콩요리축제 등과 같은 대형이벤트 개최, 관광쇼핑 등의 사업을

<표 8-4> 주요국가 NTO의 홍보 슬로건

국 명	슬로건	세부 의미
오스트리아	결국 오스트리아 이군요	• 오스트리아 휴가의 가치에 대한 상징적 표현
홍콩	Hong Kong Live it, Love it	• Live i'은 홍콩에 있으며 충분한 경험과 매력 느낌을 생각 • Love it'은 관광객 홍콩과 사랑에 빠져 재방문 기대
캐나다	Discover Our True Nature	• 천혜의 자연자원 직접 체험과 만끽함
말레이시아	Malaysia, Truly Asia	• 말레이계·중국계·인도계 등 다민족국가 – 진정한 아시아
괌	Hafa Adai! Guam	• 안녕하세요! 괌이라는 뜻
하와이	Hawaii, the Island of Aloha	• 하와이는 가장 로맨틱한 섬', Aloha; 당신을 사랑합니다'란 의미
일본	Yokoso Japan	• Yokoso는 '어서오세요' 의미
싱가포르	Uniquely Singapore	• 싱가포르의 독특한 전통과 문화 및 현대성의 조화 강조
대만	Naruwan welcome to Taiwan	• Naruwan은 대만 원주민 고산족의 언어로 '안녕하세요' 의미
뉴질랜드	100% Pure New Zealand	• 청정 자연국가
태국	Seven Amazing Wonders	• 7가지의 놀라운 경험
미국 뉴욕	I ♡ NY	• I love New York'으로서 1976년부터 시작된 뉴욕주의 브랜드 마케팅 캠페인

출처: 이정학(2010)

확대했다. 2000년대에 들어서는 관광산업에 최대한 자유방임정책을 유지하고, 수용태세 및 서비스수준의 최고급화를 통한 관광 이미지 제고에 초점을 맞추는 정책을 펴고 있으며, 다양한 캠페인을 통하여 외래 관광객 유치에 힘쓰고 있다.

싱가포르와 호주의 관광정책

1964년 싱가포르관광청이 개설된 후에 관광산업의 기반을 조성해왔다. 1970년대는 동물원·조류공원·음식센터 등 관광단지를 개발하기 시작했으며 연중 축제를 개발하여 이벤트화 했다.

1980년대에는 관광개발 5개년계획을 수립하여 관광객 유치 증진과 관광객 체재일수 연장 및 관광외화 수입 증대를 위하여 각종 사업을 전개하였다. 1990년대에는 가격경쟁력 강화, 하부구조의 개선, 관광자원개발에 지속적인 투자, 관광상품의 다양화, 아시아 최대 항공망의 구축, 테마파크 개발, 국제회의 홍보강화 등의 사업을 실시했다. 2000년대에 와서는 세계적인 관광지, 관광거점도시, 비즈니스센터 국가로서의 이미지를 정착화하는 정책을 펴고 있다.

호주는 1960년대와 1970년대에 관광산업 성장을 위한 양호한 환경을 조성했다. 1990년대부터 본격적인 관광정책이 도입되기 시작했다. 특히 생태관광·농촌관광 중심과 정부의 직접적인 지원보다는 시장경제체제에 맡기는 관광정책을 고수했다. 2000년대에 와서는 해외관광 마케팅을 통하여 외래관광객 유치에 힘쓰고 있다.

8.4 한국관광정책의 필요성과 방향

관광정책의 필요성과 한계

관광정책의 필요성

관광은 국민의 삶의 질에 영향을 미치는 가장 중요한 여가활동이다. 국민이 희망하는 여가활동(2015)은 관광활동(38.3%), 문화예술관람(12.2%), 스포츠활동(12.2%) 순서로 조사되어 관광의 중요성이 드러났다. 관광은 고용창출효과가 제조업의 2배에 이르는 저성장시대에 국가의 성장동력으로서 중요한 서비스산업이다. 세계적으로 관광시장규모는 더욱 확대될 전망이며, 전 세계 GDP와 고용의 10%를 점유하는 관광산업의 중요성은 증대되고 있다. 이미 미국, 영국 및 일본 등 선진국들은 관광을 국가의 전략산업으로 육성한다. 이러한 관광은 문화, 자연환경, 교통, 숙박, 출입국 등 다분야 융합산업이다. 현재 정부도 '사람이 있는 관광'정책을 수립하고 있다.

관광산업의 현황과 한계

세계화 및 사회복지 대중화시대에 한국의 국내 관광객수는 증가하며, 관광경쟁력 순위가 2015년 29위에서 2017년에 19로 상승하여 관광산업이 성장했다. 국민여행 참가횟수는 2014년 2억 2,709만회에서 2016년에 2억 4,175만회로 크게 증가했다. 2016년 외래 관광객수는 사상최대인 1,700만명을 돌파했고, 관광수입도 17억불을 달성했다.

이에 따라 관광정책의 외부환경도 크게 변화한다. 관광수요를 보면, 국민들이 삶의 질을 중시하는 인식이 확산되어 관광욕구가 증가했다. 고령화시대에 중장년층의 인구가 증가하여 관광수요가 증가했고 다양한 여행행태를 추구하고 있다. 여행방식도 모바일, 온라인 및 SNS을 활용하는 여행행태가 정착했으며, 세계적으로 단체관광보다 개별관광을 선호하는 여행트랜드가 나타났다. 2016년에 방한 외래관광객 중에 개별관광객의 점유율은 무려 75.0%에 달했다. 4차 산업혁명시대의 도래로 기술변화에 따라 융복합 신규업종이 출현했고, 이와 결부하여 관광산업도 외연적으로 확대되었다. 이를 테면 모바일 플랫폼을 기반으로 관광교통 '우버', 공유숙박 '에어비앤비' 등 새로운 관광서비스가 등장했다.

국내 관광산업은 여러 가지 현실적인 제약들이 있다. 비싼 물가와 빈약한 관광콘텐츠로 국내여행의 매력도는 떨어지고 경쟁력도 약화되어 있다. 국민은 여가시간이 부족하고 경제적으로 취약하여 국내여행에 제약조건이 있었다. 한반도에서 사드배치, 북한 미사일 발사와 사회적인 초갈등으로 방한 관광객이 크게 감소하는 구조적인 취약성도 노출되었다. 특히 외래 관광객의

46.8%가 중국인으로 중국의존도가 높아서 방문지역 편중으로 지속가능한 관광시장 성장에는 한계가 있었다. 저가 관광에 따른 과도한 쇼핑요구가 지속되고 관광서비스가 저하되면서 외래 관광객의 만족도는 떨어졌다. 영세한 관광업체가 많아서 대량의 관광수요를 창출하기는 힘들었다. 한국 관광사업체의 85.3%는 매출액 10억 미만의 기업이며, 종업원수 10명 미만이 전체 관광회사의 81.5%를 점유했다.

관광정책의 비전과 방향

관광정책을 수립하기 위해서는 우선 정책의 비전 및 방향을 설정해야 한다. 관광정책의 비전은 '쉼표가 있는 삶, 사람이 있는 관광'이다. 이러한 정책비전을 구현하는 정책방향은 '국민들이 한 달에 한 번은 여행하는 환경 조성'과 '관광객이 재방문하고 싶은 매력적인 콘텐츠와 편의 제공' 이다. 그

<표 8-5> 관광정책의 비전, 방향과 전략

<table>
<tr><th>비전</th><th colspan="5">쉼표가 있는 삶, 사람이 있는 관광</th></tr>
<tr><td rowspan="2">정책
방향</td><td colspan="5">• 국민들이 한 달에 한 번은 여행하는 환경 조성
• 관광객이 재방문하고 싶은 매력적인 콘텐츠와 편의 제공</td></tr>
<tr><td>국민중심</td><td>지역주도
균형발전</td><td>질적 성장</td><td>산업혁신</td><td>민관지자체
협치</td></tr>
</table>

▲▲

추진전략	핵심과제
여행이 있는 일상	① 생애주기별·계층별 관광지원 ② 휴가활성화 및 여행자 보호
관광으로 크는 지역	③ 지역관광 역량 및 기반강화 ④ 지역특화 콘텐츠 발굴
세계가 찾고 싶은 한국	⑤ 방한시장 전략적 다변화 ⑥ 방한시장 고부가화, 품격화
혁신으로 도약하는 산업	⑦ 관광산업 혁신 생태계의 구축 ⑧ 관광산업 규제개선 및 성장지원

자료: 정부부처합동(2018)

리고 관광정책은 국민중심, 지역주도 균형발전, 질적 성장, 산업혁신 및 민·관·지자체 협치 입장에서 정책방향을 강구해야 한다. 관광정책의 방향을 설정한 후에 정책의 추진전략은 4가지로 제시할 수 있다. 중요한 추진전략에는 여행이 있는 일상, 관광으로 크는 지역, 세계가 찾고 싶은 한국, 혁신으로 도약하는 산업 등이 포함된다.

관광정책의 실행전략

생애주기별, 계층별 관광지원

생애주기별 선호사항 혹은 관광패턴 등을 고려하여 수요자 지향형 관광정책을 추진한다. 무장애 관광을 통해 누구나 여행을 즐길수 있는 교통 및 지역사회 환경을 조성한다. 이를 실현하기 위하여 생애주기별 관광지원체계 구축, 관광교통패스 도입과 취약계층 관광지원 확대전략 등을 실행한다.

휴가활성화 및 여행자 보호

휴식있는 가정과 사회문화를 조성하여 관광의 생활화를 도모한다. 휴가사용 및 국내관광의 활성화를 위하여 휴일휴가제 개선과 사용유도, 가족휴가 활성화 기반의 조성, 국내관광 활성화 캠페인 추진 등의 전략들을 강구한다. 국내외 여행자보호를 강화할 목적으로 합리적인 관광상품 선택정보의 제공, 여행안전성 제고, 여행불편사항 사후관리 개선대책, 위기관리체계 강화 등의 전략들을 마련한다.

지역관광 역량 및 기반강화

지역관광발전이 지역사회발전에 환원되도록 유도하고, 국내외 관광객 여행편의를 제고하기 위하여 관광인프라 및 서비스를 개선한다. 지역관광역량의 강화를 위하여 지역주도형 관광산업 생태계의 조성, 관광개발 평가 및 환류기능 강화, 관광부작용 완화방안 마련 등의 전략들을 마련한다. 지역관광 품질을 향상할 목적으로 다양한 숙박경험 제공, 수요자중심의 안내체계

개선, 지역관광 서비스 품질개선 등의 전략들을 수립한다. 지역관광 접근성은 교통연계망 구축, 대중교통이용 편의제공, 대중교통관광 활성화 등의 전략들을 실행하여 향상시킨다.

● 지역특화 콘텐츠의 발굴

지역특화 콘텐츠는 체류형관광으로의 전환을 위한 매력적인 관광명소 육성에 대단히 필요하다. 특색 있는 관광자원을 발굴하기 위해서 체계적인 지역관광자원의 육성, 문화적 지역재생에 의한 도심관광 및 지역경제활성화 지원, 숨은 관광지 발굴 및 개발 등의 전략들을 준비한다. 매력적인 지역관광 콘텐츠는 세계적인 문화관광축제의 육성, 테마별 관광콘텐츠 발굴로 개발한다. 농·산·어촌 관광은 농촌관광 활성화로 도농 균형발전의 도모, 어촌마을의 역량강화, 산림관광 생태계의 조성, 해양관광 활성화기반 조성 등의 전략으로 활성화시킨다.

● 방한시장 전략적 다변화

시장관리를 체계화시키고 국제 관광기반을 조성하여 방한시장의 안정적인 성장을 도모한다. 방한관광시장의 관리체계화 및 국가별 홍보·마케팅 효율화를 위하여 특정국가 의존도를 줄이기 위한 신시장전략 수립, 전략적 해외광고 및 계기별 교류행사 추진 등의 전략을 강구한다. 방한관광객의 출입국편의를 제고하기 위해서 비자제도를 개선하고 출입국 심사를 간소화시킨다. 중국시장의 질적 관리 및 고부가화로 방한 중국시장을 조기에 안정화하고, 방한 중국단체 관광시장을 대상으로 엄격한 질적 평가제도를 실시하여 추진한다. 또한 개별관광객을 유치하며, 고품질의 방한단체 상품을 개발하고 지원한다. 국가간 관광교류 기반은 동북아 관광활성화로 신시장을 창출하고, 전략적인 다자협력 및 한국형 관광협력 모델을 개발한다.

● 방한시장 고부가화 및 고품격화

방한시장 고부가화는 고부가가치 관광콘텐츠를 집중적으로 육성하여 관광사업의 수익성을 개선하는 것이다. 고부가 관광산업은 한류 연계 관광상품을 개발하고 마이스산업의 유치와 지원을 확대하여 지속적으로 육성한다. 외국인 환자유치를 확대하고 의료관광 신뢰도를 높혀서 고부가 관광산업을 키운다. 고부가 관광산업은 웰니스 관광콘텐츠의 개발, 고급형 크루즈관광의 취항 및 마리나산업의 수요확대로 성장시킨다. 고부가 관광 신규영역은 고급 관광시장을 새로 육성하여 개발한다.

● 관광산업 혁신생태계의 구축

관광산업의 환경변화를 고려하여 지원체계를 마련하고 생태계를 조성한다. 사업유형별 공동지원체계는 공공·민간 역할체계 정립과 협업강화, 관광기업의 발굴·지원, 일자리·기업지원 허브조성, 금융지원 및 인력양성 강화, 공정한 산업환경기반 조성, 관광정보측정 통계의 개선 등의 전략들을 시행하여 구축한다. 사업유형별 특화지원에는 관광콘텐츠기업의 특화지원, 관광플랫폼 및 스마트관광 활성화 등의 전략들이 필요하다.

● 관광산업 규제개선 및 성장지원

방한시장 침체에 따른 관광산업 피해회복을 지원하고 신성장기반을 구축하기 위해서 관광산업 규제를 개선하고 성장을 지원한다. 관광산업을 조기에 회복하고 기업애로를 해소하려면, 관광호텔 부가세 환급제도의 개선, 외국인 고용특례, 관광기금 융자제도 개선, 관광지(단지) 개발절차의 개선, 관광특구 실효성의 제고 등의 전략들을 강구해야 한다. 또한 신산업 활성화를 위한 제도개선에는 승합차 운송서비스의 확대, 공유민박업 도입, 지역생생관광활성화 규제의 발굴·개선 등의 전략들이 요망된다.

요약

1. 관광정책은 관광의 목표를 달성하기 위한 방책과 활동이다. 관광정책은 관광객의 이동을 촉진하고 관광산업의 진흥을 목적으로 등장했으며 관광행정을 통하여 집행된다. 이러한 관광정책은 정치적, 경제적, 사회문화적, 환경적인 측면에서 집행의 필요성이 대두되었다.
2. 관광정책의 목표는 정치·경제·사회문화·환경측면에서 세부적인 영역별로 제시되며, 그 영역과 대상도 개발정도, 대상과 범위에 따라 다르다. 관광정책의 체계와 유형은 정책영역, 정책영역·수단 및 정책속성에 따라 다양한 종류의 관광정책들로 구분가능하다.
3. 한국의 관광정책은 1960년대 이후 정부의 경제발전 정책과 시대적 상황변화에 따라 점진적으로 변모되었다. 우리나라 관광정책의 변천과정을 발아기, 형성기, 확충기, 성장기로 나누어 설명하고, 관광정책의 성과와 한계를 파악하는 것이 중요하다.
4. 우리나라의 관광행정기관은 중앙정부 차원에서 주무부처인 문화체육관광부가 있다. 한국관광공사는 제반 관광관련 업무를 수행하여 국가경제 발전과 국민복지증진에 기여한다. 세계 각국들도 관광행정부서를 두며, 관광홍보와 선전, 기타 관광업무의 수행을 위해서 공공기관인 관광청을 설립하여 운영한다.
5. 세계 각국들은 고용증대, 외화획득, 지역개발을 위하여 위하여 관광정책을 시행하고 관광산업의 진흥을 도모했다. 선진국이나 개발도상국들도 관광산업의 비중 혹은 국민경제효과 등에 따라서 관광정책의 방향과 내용들이 다소 차이를 보였다. 일본의 관광정책, 홍콩의 관광정책, 싱가폴의 관광정책, 호주의 관광정책들은 국가의 정책목표에 따라 시대별로 다양한 관광정책들이 변화하고 집행되었다.
6. 관광정책의 비전은 '쉼표가 있는 삶, 사람이 있는 관광'이다. 관광정책

의 비전을 구현하는 정책방향은 '국민들이 한 달에 한 번은 여행하는 환경 조성'과 '관광객이 재방문하고 싶은 매력적인 콘텐츠와 편의 제공' 등이다. 관광정책의 추진전략은 여행이 있는 일상, 관광으로 크는 지역, 세계가 찾고 싶은 한국, 혁신으로 도약하는 산업 등으로 제시되며, 이에 수반되는 전략들이 강구되어야 한다.

중요개념

관광정책의 개념	관광정책의 배경	관광정책의 목표
관광정책의 영역	관광정책의 유형	관광정책의 변화
관광정책의 성과한계	관광행정기관	세계 각국의 관광기구
일본, 홍콩의 관광정책	싱가폴 관광정책	관광정책의 필요성
관광산업의 한계	관광정책의 비전·방향	

연습문제

❶ 관광정책을 정의하고 관광정책의 배경과 필요성을 다양한 측면에서 자세히 설명하시오.

❷ 관광정책이 지향하는 목표는 무엇이며, 관광정책의 체계와 유형은 어떻게 다른지 말하시오.

❸ 우리나라의 경우 중앙정부에서 수립한 관광정책이 어떻게 변화 및 발전해왔으며, 관광관련 행정기관에는 무엇이 있는지 언급하시오.

❹ 지구촌 세계화시대에 국제관광정책의 동향들은 무엇이며, 특히 싱가폴과 홍콩의 도시관광정책을 비교하여 설명하시오.

❺ 세계 방문의 해를 맞아서 일본과 한국의 도시관광정책들을 잘 비교하고, 그 차이점과 독창성을 기술하시오.

❻ 한국의 경제성장과 발전을 위하여 중앙정부가 추진하는 관광정책의 기본목표와 방향들을 아는 대로 설명하시오.

News

2019년 관광정책 살펴보니

: 질적 성장 추구하고 고부가 혁신관광 육성나서

올해 정부는 관광시장 활성화와 방한 관광시장 재도약을 키워드로 관광정책을 펼친다. 문화체육관광부는 지난 11일 평화·포용·공정·혁신 4가지를 핵심 가치로 한 4개 목표 11개 과제를 담은 '2019년 업무계획'을 발표했다.

● 양적 팽창에서 질적 성장으로

2019년 외래객 유치 목표는 1,800만명으로 2018년 1,535만명보다 17% 많다. 주력 시장인 중국과 일본에 대해서는 안정적 관리와 동시에 회복세를 가속화하는 데 초점을 맞춘다. 중국인 관광객 대상 단체비자 수수료 면제 기간을 2019년 말까지로 1년 더 연장했으며, 중국 대학생 방한을 유도하기 위한 홍보마케팅도 펼친다. 일본을 대상으로는 일본인의 첫 여권 발급비용을 지원하는 방식으로 'My First Korea' 캠페인을 확대하고, 고객층도 교육·수학여행 등으로 세분화해 마케팅을 전개한다. 일본의 대표적인 여행박람회인 '투어리즘 엑스포 재팬 2019'에도 역대급 규모로 참가할 예정이다.

도약·신흥 시장을 확대해 방한시장 다변화를 지속 추진한다. 동남아.중동 시장을 대상으로 '단체 전자비자 제도'를 도입하는 방안을 추진하고, 현지 방한관광 전문가인 '프리미엄 컨설턴트'를 육성한다. 유럽 및 미주 시장에서는 '2019 한-덴마크 상호 문화의 해', '2020 한-스페인 수교 70주년' 등을 계기로 마케팅을 전개해 신규 수요를 발굴한다.

흥미를 유발하는 우리 고유의 매력적인 관광상품도 개발한다. 콘서트·팬미팅 등 K팝 테마 상품을 개발하고, 대학로 공연관광 거점도 조성한다. 한옥·호텔·여행사 등 관광업계와 연계해 한옥 등 고유의 전통문화를 고부가 상품으로 개발하고, '한국고급관광박람회'를 개최해 방한 고급관광 활성화에 나선다. 문화관광축제 지정제도도 개선한다. 우수·대표 등의 기존 등급을 폐지하고 단일등급으로 운영하는 방식으로 개선하고, 경쟁력과 독창성을 갖춘 글로벌 축제로 육성한다.

● 혁신기업 발굴하고 고부가화

관광벤처를 2018년 86개에서 2019년에는 115개로 확대 발굴하고, '관광벤처 특화 자문단'을 운영해 효율적 정착을 지원한다. 창업 초기 기업에게 투자·멘토링 등을 지원하는 전문기관인 '엑셀러레이터'를 유치해 성과관리에 나선다. 숙박과 운송을 중개하지 않고 외국인 개별관광객에게 관광 안내만 할 수 있는 1인 또는 소규모 '관광안내업'을 하반기에 새롭게 도입한다. 관광안내업 등록업자는 의무적으로 보증보험에 가입한다.

지역관광기업도 육성한다. 지역 주민공동체의 관광사업 창업과 경영을 지원하는 '관광두레'를 확대한다. 2018년 기준 61개 지역에 367개 관광두레 사업체가 운영되고 있는데, 올해는 여기에 12개 지역을 추가해 108개 사업체를 발굴한다. 예산 13억원을 투입해 '지역관광지원센터'를 신설한다. 지역관광지원센터는 지역관광산업의 허브로서 창업 지원, 경영 지원 및 멘토링, 인력양성, 취업 연계 등의 서비스를 원-스톱으로 지원한다. 산학관 협업을 통해 5-10개의 지역관광 혁신 프로젝트를 지원한다. 지역기업과 지자체·학교 등이 참여하는 컨소시엄 형태의 지역 관광일자리 창출 프로젝트로, 아이디어 공모부터 인큐베이팅, 사업화까지 원-스톱으로 지원한다. 고부가 관광산업을 육성하기 위해 '국제회의 복합지구'를 활성화하고, 동남아·중동 등 성장시장을 대상으로 의료관광대전을 개최해 고부가 의료관광 확대를 꾀한다. 40개 내외로 웰니스관광 명소도 발굴하고 육성할 계획이다.

● 투자 늘리고 융자지원 확대

관광산업에 대한 투자와 융자 지원도 확대한다. 130억원을 출자해 210억원 규모의 관광산업 펀드를 조성하고, 30억원을 출연해 300억원 규모의 관광진흥개발기금 신용보증 융자지원에 나선다. 관광기금 30억원을 신용보증재단중앙회에 출연하고, 중앙회는 재보증 업무를 맡고 각 지역신용보증재단이 신용보증 업무를 수행하는 형태다. 담보력이 취약한 중소 관광사업체를 대상으로 관광기금 1,000-5,000만원을 신용보증으로 융자 지원한다. 총 신용보증 규모는 300억원이다. 5,000만원씩 신용보증을 공급할 경우 600개 업체가 혜택을 볼 수 있다. 관광기금 융자대상도 확대한다. 올해 상반기 중 신설될 예정인 '관광지원서비스' 업종도 대상에 추가한다. 관광지원서비스업에는 관광단지 내 사업체, 품질인증제 사업체, 관광객 매출 비중 50% 이상인 사업체, 관광벤처, 관광관련 플랫폼, 렌터카 업체 등이 포함될 예정이다.

● 여행 필요 계층에게 맞춤형 지원

여행이 필요한 계층에게 맞춤식 지원 서비스를 제공해 여행수요를 창출한다. 청년들의 국내여행을 지원하고, 방문한 관광지에 대한 개선 아이디어를 모아 활용하는 '상상하는 여행자' 사업을 신규로 추진한다. 중소기업 근로자 대상의 휴가지원 사업도 확대했다. 중소기업 근로자가 20만원(50%)을 적립하면 해당 기업과 정부가 각각 10만원(25%)씩 지원해 총 40만원을 국내여행 경비로 지원하는 제도다. 2018년 2만명을 대상으로 실시했는데 호응에 힘입어 2019년에는 그 네 배인 8만명으로 확대했다. 노년층을 대상으로는 노인들이 자기 주도적으로 여행 계획을 수립하고 실천할 수 있도록 지원하는 '꿈꾸는 여행자' 사업을 시범적으로 실시한다.

● **북한관광 준비, 동북아 협력**

한반도 평화관광에 대해서도 대비한다. 북미 관계와 대북 제재 등 한반도를 둘러싼 정치·외교적 상황이 진전될 경우, 신변안전 보장 등의 여건을 마련한 후 금강산 관광 같은 기존 사업부터 재개하는 방안을 검토한다. '동해관광공동특구'의 가능성에 대해서도 연구조사와 세미나, 전문가 자문 등을 진행해 사전 준비하는 방안도 검토한다. 평화관광 콘텐츠 활용도 확대한다. 철거한 휴전선 감시초소(GP) 잔해물을 활용해 비무장지대(DMZ) 내에 예술작품을 전시하는 방안 등 폐군사시설을 활용한 평화관광 콘텐츠 개발에 나서고, 열차와 버스를 연계한 서울-도라산역 평화관광 전용열차도 시범적으로 운영한다. 한국과 중국, 일본 동북아 3국간 관광협력을 확대한다. 한중일 관광장관회의 등을 통해 '동북아 3국간 협의체'를 운영하고, '한중일 지역관광 이음사업'도 새롭게 추진한다. 한중일 지역관광 이음사업은 한-중, 한-일, 한-중-일 지역 도시 간 관광 협력 사업으로, 중국과 일본 관광객을 우리나라 지방으로 유도하는 데 활용한다.

◆ 자료: 여행신문(2019-03-25)

Chapter 9

관광트랜드의 변화와 전망

9.1. 관광 외부환경의 변화동향
9.2. 기존 관광트랜드의 변화
9.3. 장래 관광트랜드의 변화전망

개관

국내외 관광 외부환경의 변화동향을 사회, 기술, 경제, 생태 및 정치제도의 측면에서 파악한다. 또한 기존 관광트랜드의 변화내용을 2010년대 전·후반기로 구분하여 진단한다. 이를 토대로 장차 한국 관광트랜드의 변화방향을 종합적으로 전망한다.

제9장

관광트랜드의 변화와 전망

9.1 관광 외부환경의 변화동향

사회환경의 변화동향

관광트랜드를 전망하기 위해서는 관광의 주체인 관광객의 인구구조를 거시적으로 우선 전망해야한다. 한국의 인구구조는 초고령화 사회의 등장속에 저출산율의 지속과 사망률 하락에 따라 평균기대수명이 증가할 것이다. 이로 인해 고령인구의 비중은 2017년 13.8%에서 2025년에 20%, 2036년에 30%, 2051년에 40% 이상으로 빠르게 증가할 전망이다. 비혼자층 및 고령자의 증가로 1인 가구는 2000년 222만 가구에서 2017년에 562만 가구로 152.6%로 증가했고 우리나라의 주된 가구형태(28.6%)로 정착했다. 특히 고령인구 증가와 함께 독거노인도 증대되어 2017년 독거노인 비율은 19.3%를 차지했다. 한편, 저출산이 심화되고 젊은층의 수도권 집중이 지속되면서 전국 시군구 및 읍면동 10곳 중 4곳은 인구소멸 위험지역에 속한다. 수도권인 경기도 이천시도 인구소멸지역으로 파악되었고, 지방소멸 위험이 농어촌 낙후지역을 넘어 지방 대도시권역 및 거점지역까지 확산되고 있다.

우리나라는 경제 성장과 비교할 때 삶의 질 및 행복 수준의 개선은 저조한 형편이다. 2017년 OECD의 '더 나은 삶의 지수(BLI)' 종합순위에서도 OECD

국가 38개국 가운데 29위에 불과하다. 2018년 국민여가활동조사에서는 여가활동 시간과 비용이 증가하면서 참가한 여가활동 종류도 다양한 것으로 밝혀졌다. 인구구조의 급속한 변화로 인해 소비시장 및 관광시장에서 급격한 패러다임 변화가 발생한다. 특히 시니어층의 매출액 증가, 나홀로 소비행태, 가치 소비 등은 새로운 소비행태 트랜드를 반영해서 주목할 가치가 있다. 기존 시장에서 대표적인 주요 소비층은 베이비부머 및 X세대였다. 이제부터 후속 세대인 밀레니얼 및 Z 세대가 생활 및 관광소비시장의 주역으로 부상할 전망이다.

기술환경의 변화동향

기술환경 메가트렌드는 4차 산업혁명과 신기술의 가속화에 따른 산업지형과 소비경험의 초연결화, 초지능화, 융복합화 초래 등으로 설명된다. 산업 측면에서는 융복합으로 인하여 새로운 비즈니스 모델이 생겨나고 일자리 구조가 변화될 전망이다. 소비 측면에서도 경험 주체의 포스트 휴먼화, 맥락의 시공간 전환 등이 예측되고 있다.

4차산업 혁명의 대표적인 신기술인 인공지능(AI), 사물인터넷(IoT), 클라우드와 빅데이터, 블록체인 등이 비약적으로 발전할 것이다. 인공지능은 딥러닝 기술의 발전으로 인해 인간생활 및 산업분야에 전방위로 급속히 확산되고 있다. 사물인터넷 기술로 생산과 소비의 연결성이 확대되며, 제조업, 모빌리티, 가전, 건강, 인프라 등 분야에서 전방위적인 변화가 기대된다. 세계 각국의 도시에서 스마트 도시(smart city) 프로젝트가 추진되고, 이것은 미래 신기술의 실현을 위한 동력으로 더욱 작용할 것이다.

스마트 도시는 도시에 ICT, 빅데이터 등 신기술을 접목하여 각종 도시문제를 해결하고 지속가능한 도시를 만들 수 있는 도시 모델을 의미한다. 스마트 도시의 인프라, 교통 및 에너지 등 분야에 4차 산업혁명의 신기술이 더욱 적용되어 응용분야가 확대될 것이다. 특히, 교통부문에서 모빌리티 4.0으로의 전환이 시도되면서, 플랫폼 기반 교통 이동서비스인 마스(MaaS:

mobility as a service)사업 및 자율주행차량 도입 등에 따른 모빌리티 변화가 예상된다.

경제환경의 변화동향

경제환경의 메가트렌드는 글로벌 보호무역주의 심화, 저성장시대 체감경기의 저하, 소비심리 위축에 따른 절약지향성 확대 등으로 설명된다. 세계에서 2008년에 글로벌 금융위기, 2012년에는 유럽재정위기 등이 발생한 이후 세계경기의 회복이 지속적으로 둔화되고 있다. 이러한 과정속에 미국 대통령의 환태평양경제동반자협정(TPP) 탈퇴, 영국의 브렉시트(Brexit) 결정 등 국제적으로 보호무역주의 패러다임이 심화되는 형편이다. 특히 미·중 간 무역분쟁이 계속되어 미국과 중국에 수출의존도가 높은 한국은 경제적으로 막대한 피해를 입을 것이다.

한국경제에서 국내총생산(GDP)는 안정적인 동향을 보이나, 실제 체감경기는 낮아질 것이므로 저성장 경제기조가 계속될 전망이다. 세대 간 실업률의 격차 및 중소기업의 경영악화가 경제의 체감지표에도 영향을 미치는 것으로 분석된다. 가구 당 월평균 가처분소득이 감소하는 중에 가구부채비율은 계속 증가해서 소비자의 지출심리는 계속적으로 위축될 전망이다.

생태·환경의 변화동향

생태·환경 메가트렌드는 청정환경에 대한 관심증가와 기후변화대응 노력, 친환경에 대한 대중인식의 제고, 지속가능발전을 위한 투자와 활동 확대 등으로 설명되고 있다. 미세먼지처럼 일반 시민이 대중적으로 체감하는 환경 변화가 발생하면서 환경문제에 민감하고 청정환경에 대한 관심도 증가한다. 환경이슈가 경제, 정치와 외교 등 제분야에 영향을 미칠 것이며, 이것은 개인의 소비행태와 실외활동에도 영향을 끼친다.

기후변화로 인한 이상한 날씨현상과 자연재해가 증가하면서 세계적으로 기후 변화에 대응하려는 노력들이 확대되고 있다. 기후변화가 자연재해는 물론, 물과 식량 부족 등 세계의 위협요소로 부상함에 따라 국제협력을 통해 공동 대응해야 한다. 친환경을 넘어 '필必환경'시대라는 희자되며, 대중들이 환경 보호를 실천하려는 움직임들이 강화되고 있다. 2015년 유엔 총회에서 채택된 지속가능 발전목표(SDGs; sustainable development goals)는 세계의 다양한 산업과 생산·소비 활동에 크게 영향을 미칠 것이다.

정치·제도의 변화동향

정치·제도의 메가트렌드는 개인 여가시간의 증가, 재생공간의 증대, 혁신 상품과 서비스개발의 확대, 남북관계 변화와 동북아 정세격변 등으로 언급된다. 주52시간 근무제가 본격적으로 시행되어 개인과 사회에서 개인적인 여가시간이 증가한다. 이로 인해 장기휴가 혹은 취미활동이 증가하며, 개인별 여가시간은 늘어나고 장기휴가 분위기도 정착될 것이다. 주52시간 근무제도는 직장 근무자의 근로시간을 단축시키며, 이것은 개인여가 시간 및 고용수요의 증가를 수반할 것이다. 반면에 근무시간 단축은 직장에서 인건비의 상승과 개인별 소득의 감소를 유발하게 된다.

국토의 균형발전과 도시성장을 위한 도시재생사업이 전국적으로 확대되고 있다. 이와 함께 원도심지 혹은 도시쇠퇴지역에 있던 근대문화유산을 활용한 도시재생공간이 증가하는 실정이다. 이를 테면, 도시재생 뉴딜사업은 전국의 낙후지역 500곳에 매년 10조원씩, 5년간(2022년까지) 총50조원이 투입된 전망이다. 4차 산업혁명 시대의 도래로 다양한 영역에서 변화와 혁신이 강조되는 경향이다. 선진국을 포함하여 세계 여러 국가에서 4차 산업혁명 시대의 기술과 아이디어를 적극적으로 발현시키고자 규제샌드박스를 도입했다.

남북 관계가 국내 사회·경제·정치 등 각 분야뿐 아니라 미국과 중국, 일본을 비롯해 국제 정세에도 큰 영향을 미치고 있다. 한반도의 급격한 정세 변화 속에 다양한 정치·외교 이슈들이 부각되어 동북아 정세가 격변할 것으로 예측된다. 미국과 중국 간 지속적인 무역전쟁으로 양국 간 갈등이 심화되면서 중국 경기가 하강하면, 한국경제에도 악영향을 미친다. 한·일 간 역사분쟁이 수출 규제와 한일 군사정보보호협정(GSOMIA, 지소미아) 종료 등으로 연장되는 경우에 한·일 간 정치외교적인 냉각기와 긴장관계는 지속될 수 있다.

<표 9-1> 국내외 관광환경의 변화동향

측 면	트랜드의 세부동향
사회환경	• 인구구조의 급격한 변화, 급격한 고령화, 1인가구형태의 증가 • 지방소멸의 위험 증가, 삶의 질 및 행복수준 향상 저조 • 여가시간 증대 및 워라밸 추구경향, 인구변화와 소비시장경향
기술환경	• 4차산업혁명과 신기술 가속화, 스마트시티로의 진화 • 모빌리티 4.0으로 전환
경제환경	• 글로벌 보호무역주 강화, 저성장시대 체감경기 저조 • 소비심리 위축과 절약지향성
생태환경	• 환경문제 민감, 청정환경 관심증가, 대중의 친환경 인식제고 • 이상한 기후변화와 자연재해 증가, 기후변화 대응력 확대 • 지속가능발전을 위한 투자와 활동의 증대
정치제도	• 주52시간 근무제와 여가시간 증가, 도시재생사업 확대 • 규제박스 도입에 따른 혁신상품과 서비스개발의 확대 • 근대문화유산 활용 재생공간 증가, 남북관계 변화와 동북아정세

자료: 이원회외 2인(2019)

9.2 기존 관광트랜드의 변화

국내 관광트랜드의 분석

2010년대의 관광트랜드와 패러다임을 분석하는 것은 미래 한국관광의 트랜드를 전망하는 데 유용한 정보와 시사점을 제공한다. 2010–2015년 전반기에 발현한 10대 관광트랜드는 세계화에 따른 다문화 형성 및 인식 전환, 고령화 사회와 부상하는 시니어, 건강에 대한 관심증대 및 육체와 정신의 균형추구, 소비자의 영향력과 역할 증대, 감성을 자극하는 체험소비 확산, 통신과 미디어시장의 지형변화, 녹색산업의 부상, 고급문화의 대중화, 일과 여가의 경계 모호화, 지속가능한 성장을 위한 기업의 사회적 책임 확대 등으로 제시할 수 있다. 상기한 10대 관광트랜드를 기반으로 성숙성과 가속화 정도가 높은 트랜드들은 멀티컬쳐 관광소비의 확산, 뉴시니어 핵심관광 소비계층의 부상, 헬스투어리즘의 확산, 소비자가 주도하는 창조관광시대, 체험하는 관광소비자인 트라투어슈머(try tourism consumer)의 부상, 소셜네트워크(SNS)가 주도하는 관광의 시대, 래저재핑(leisure zapping)의 시대, 착한 관광소비자·관광기업의 시대 등으로 파악되었다.

한편 2010년대 후반기 2015년-2019년 동안에 보여진 관광분야 트랜드의 핵심어들은 중국관광과 융합관광, 관광안전, 모바일, 체험지향형 관광 등으로 설명되고 있다. 이러한 핵심주제어들을 고려하여 관광트랜드의 우선순위들은 중국의 한국관광시장 지형변화, 관광경계의 무너짐, 기본가치 존중

<표 9-2> 2010년대 관광트랜드의 변화추세

구분	2011-2014	2014-2019	발현도 순위
1	다문화 관광소비 확산	중국 한국관광지형 변경	2
2	뉴시니어의 핵심관광소비	관광 경계의 약화	8
3	헬스투어리즘 확산	관광의 기본가치존중	9
4	소비자주도 창조관광	모바일 주도형 관광생태	1
5	트라투어슈머의 부상	즐겁고 불편한 아웃도어	7
6	SNS주도 관광시대	여유행복형 천천히 여행	10
7	관광그리너 비즈니화	지역의 숨겨진 매력탐구	5
8	네오럭셔리 관광소비	스스로 계획·결정 여행	4
9	래저재핑의 시대	중장년의 신소비층	6
10	착한 관광소비자·기업	실속형 관광소비 정착	3

자료: 이원희외 2인(2019)

의 여행확산, 모바일 주도의 관광, 즐겁고 불편한 아웃도어 여행, 슬로우 트래블, 스스로 DIY 여행, 중장년층의 여행, 실속형 관광소비의 정착 등으로 드러난다. 특히 모바일이 주도하는 새로운 관광생태계, 중국인의 한국관광 시장의 변화, 실속형 관광소비의 정착은 2010년대 후반기에 크게 부각된 관광트랜드로 특징되고 있다. 이러한 2010년대의 관광트랜드의 추세는 저성장과 고령화, 여가시간의 확대, 가치관의 변화 등 거시적인 관광환경이 유지 및 강화됨에 따라 2020년대에도 지속하거나 발전할 것으로 전망된다.

관광트랜드의 장래 영향

2010년대의 관광트랜드의 핵심어와 주요 트랜드 경향을 파악하고, 2020년대에 관광트랜드에 미치는 영향들을 조망하는 것이 필요하다. 미래에도 모바일, 개인의 취향존중, 지역의 매력과 연관된 관광트랜드는 보다 성숙화되고 지속적으로 확산될 것으로 예측된다. 초고도 정보화시대에 기술이 고도로 발전하여 사회관계망서비스(SNS)와 모바일이 주도하는 관광생태계는 4차 산업혁명과 빅데이터, 온라인여행사(OTA: online travel agency) 등에 의해 지속적으로 발전되고 심화될 전망이다. 소비자가 주도하는 창조관광과 스스로 결정하고 떠나는 DIY(do it yourself) 여행트렌드로 국민들의 여행경험이 증가하고 온라인여행사가 발달함에 따라 개인 취향과 관심사를 반영하여 다양한 개별여행의 증가로 이어질 전망이다. 이것은 지역에서 드러나지 않은 매력을 손수 찾아 떠나는 여행은 확대되고 국민들의 여행경험도 크게 증가하기 때문이다. 기존 관광지에서 경험한 사항과 다른 특색을 경험하기 위하여 골목, 시장, 마을 등 통상적인 관광지가 아닌 장소를 방문하고 있다.

특히 국토의 균형발전과 도시쇠퇴지역의 발전을 위한 재생사업정책이 활성화되면서 기존지역의 도시공간에 새로운 가치와 특색을 부여하여 사람들이 방문하는 매력적인 공간으로 재탄생하고 있다. 이것은 도시쇠퇴지역을 활성화시키며 현지주민의 삶과 문화를 체험하는 관광추세를 더욱 지속적으로 확대하는 계기가 된다. 이밖에도 경제 저성장과 기후변화 등이 지속적으로 심화되고 있어 실속형 관광소비 혹은 관광이 지역·환경에 미치는 영향을 고려하는 것도 장래 관광트랜드로 계속적으로 표출된 것으로 예측된다. 저출산 및 초고령화 사회의 등장으로 관광의 주소비계층이 중장년층으로 확대되어 그들의 소비영향력은 계속적으로 유지될 전망이다. 2010년 선정한 체험하는 관광소비자에 대한 트렌드는 2014년 캠핑 등 친환경 및 건강레저, 아웃도어 레크리에이션으로 연결되었다. 장차 관광을 위하여는 기억에 남는 경험적인 소비와 스스로 움직이는 능동적인 여행행태도 확대되고 발전할 전망이다.

도시화 및 저성장형 경제시장이 확대되어 국민들이 여가레저를 통한 치유·회복의 요구기대는 더욱 강화될 것이다. 지금까지는 2010년에 선정한 건강투어리즘과 2014년 선정한 슬로우 여행과 같은 특정 관광소비 행태가 단순히 나타났다. 이제부터 국민들의 단순한 여가욕망에 대한 충족보다 치유·회복에 대한 욕구가 관광트랜드에 크게 영향을 미칠 것이다. 한편 2010년대 후반부에는 국제적인 정치·외교의 환경이 변화함에 따라 중국관광객의 크게 감소했고, 이런 추세가 장차 한국관광 트랜드에도 출현할 가능성은 상대적으로 적을 것이다. 환경변화에 따라 중국 관광객의 증가추세가 유지될 수 있으나, 해외 관광시장을 탈중국 위주로 다변화하여 중국의 절대적인 유입 관광객 의존도를 감소시키는 것이 바람직하다.

9.3 장래 관광트랜드의 변화전망

소소한 여행: 소확행, 가심비, 가시비

주당 52시간 근무제의 시행으로 여간시간이 증가하고, 일과 삶의 균형을 강조하는 워라벨의 인식이 확산되어 단기 근거리여행을 증가시키게 된다. 그러나 저성장의 경제상태가 지속됨에 따라 국민들의 소비심리가 위축되고 여행비용의 증가는 크지 않다. 이에 따라 개인행복을 중시하는 '작고 확실한 행복'을 단거리 여행을 통해 충족하는 경향이 젊은층을 통해 강해질 전망이다.

해외여행은 누구가 희망하면 가능한 경험으로 변한다. 이제 국민 해외여행객 3천만시대를 가능하게 만들고 마음과 시간적으로 가격대비 최대만족을 추구하는 여행에 관심을 더욱 둔다. 국민이 일상적으로 여행을 즐기는 경향이 늘어나면서 단기·근거리 여행이 강조되어 스테이케이션(staycation, 자택휴가), 호캉스(hocance, 호텔휴가) 등 다양한 여행형태가 만들어지고 삶의 행태로 정착되어 간다. 산업계에서도 관광객의 심리와 소비성향을 조사하여 다양한 관광수요에 대응하는 맞춤형 여행상품을 개발하고 마케팅전략도 강구할 것이다. 여행당국은 국민을 위한 다양한 여행공간과 콘텐츠를 확충하는 것이 중요하다. 거주지의 관광콘텐츠와 관광시설에 대한 세부정보를 제공하여 관광에 대한 접근성을 증대할 필요가 있다. 이에 부응하여 관광에 대한 개념을 재정립하며 관광실태조사를 개선하는 것도 요구된다.

일상적인 비일상의 여행

과거 여행객의 방문지는 주로 관광명소, 유적지 및 랜드마크 관광지에 중점을 이루었다. 그러나 최근에는 관광지의 주된 대상들이 마을, 골목, 시장 및 거리들로 변화했다. 이로 인해 관광지에 대한 공간적인 경계선이 모호해지고 국민의 여행참여와 경험도 더욱 많아졌으며 사회관계망서비스(SNS)와 모바일 미디어의 영향으로 더욱 가속화되고 있다. 복고 의미에 새로움을 더하는 뉴트로(new-tro)가 사회전반에 영향을 끼쳐서 관광지 선택에서 근대문화유산을 활용한 도시재생 콘텐츠에 관심과 인기가 많아졌다.

지역주민의 일상공간이 관광지로 변모하고 대중매체와 SNS의 영향으로 관광지가 유명해지면서 관광객이 급증함에 따라 교통혼잡, 임대료 상승, 잰트리피케이션, 소음 및 쓰레기 투기 등의 부수적인 문제들이 생겨났다. 특히 관광객과 현지주민 간 새로운 갈등이 생겨나는 경우도 증가한다. 관광객은 기존 여행과 다른 경험을 추구하기 위해서 낯선 여행지에 장기간 체류하며 지역을 알고 몸과 마음의 휴식을 갈구하는 경향이 증가했다.

한편 관광업계는 관광객에게 매력적으로 접근하는 주민의 일상공간을 자세히 파악할 필요가 있다. 이에 적합한 생활형 관광상품을 발굴하고 지역유산 재생관광을 활성화시키는 것이 중요하다. 여행업계에서는 가이드를 대상으로 지역의 역사문화, 마을관광예절 등을 교육하고, 가이드로 하여금 관광객이 지역의 문화환경을 잘 이해하도록 도와야 한다. 관광당국은 새로운 관광개발계획을 수립하여 관광정책을 시행하고, 지역의 고유성을 유지하기 위하여 모니터링 및 피드백을 강화한다. 지역의 현지관광으로 인한 오버투어리즘(overtourism, 과잉관광), 투어리스티피케이션(touristification, 거주민 이주현상) 등의 부정적인 현지관광 문제점들을 예방하고 관리하는 세밀한 정책개발도 소중하다. 관광객이 현지 주민에 대한 배려와 예의를 실천하도록 지원하고 관광의 경제적 효과들이 지역에 재투자되는 선순환 구조도 형성되어야 한다.

경험소비, 여행활동 전성시대

관광객들은 여행빈도가 증가하면서 단순한 방문과 관람보다 여행에서 인상적인 경험과 체험을 중시하는 여행기회들이 더욱 늘어날 것이다. 이를 테면 관광지에서 색다른 음식을 즐기거나, 훌륭한 숙소에서 휴가 및 스포츠 경기를 관람하는 여행수요가 증가할 수 있다. 여행경험이 많은 프로관광객들은 여행 준비과정은 물론 여행 중에도 관광정보를 생산하고 활발히 전파하는 경향을 보인다. 관광객이 소비자보다 생산하는 소비자인 프로슈머(prosumer)로 변화하는 모습들은 여행정보는 물론 관광지에서도 출현한다.

관광시장이 활동중심으로 재편되면서 여행활동 상품을 판매하는 여행플랫폼 역시 성장하는 경향이다. 관광객이 다양한 경험을 추구하는 의욕이 강하여서, 이에 적합한 여행경험을 공유하고 여행상품을 중개하는 다양한 플랫폼들이 생겨나고 있다. 여행트랜드의 변화에 따라 산업계에서는 관광대상을 세부화하여 다양한 경험이 포함된 여행콘텐츠를 준비해야 한다. 기존 관광업계에서는 여행활동과 연계된 비즈니스모델을 구축하고 관광사업의 유형을 다각화할 필요가 있다. 관광지에서 기억에 남을 만한 체험 활동 및 유형을 마케팅하는 것도 중요하다.

관광당국에서는 전문인력을 육성하여 여행트랜드에 대비하며, 여행활동 프로그램을 준비하고 기획해야 한다. 각종 지원대책을 준비하여 관광지별로 다양한 특화 체험프로그램을 확보하도록 도와준다. 특히 창조적인 아이디어를 갖고 기존 관광시장에 진입하는 신규사업을 위한 업종신설과 규제완화 등의 제도적인 지원책도 중요하다. 끝으로 여행활동 프로그램 운영에 관련된 제반내용을 종합적으로 검토하여 안전관리대책을 강화하고, 이에 대한 관리방안 및 매뉴얼도 모색한다.

인생 후반기의 보편적인 여행

한국에서 고령인구의 증가와 함께 삶의 질과 행복을 추구하며, 일과 여가의 균형을 중시하는 가치관이 크게 확산되었다. 이제 여행은 특정 세대 및 계층의 전유물이 아니고 보통 사람들이 즐기는 보편적인 권리와 생활로 정착되고 있다. 오늘날 65세 이상의 시니어층은 소비여력을 갖고 있어 구매력과 지출의향이 증대되고 온라인 쇼핑의 경험도 있어 관광소비층의 주역으로 부상할 전망이다. 고령층의 빈곤문제가 중요한 사회적이슈로 부각되면서, 노인층도 양극화현상을 보일 것이다.

장차 국내 여행시장도 세대와 연령, 계층에 따라 이에 결부된 특성과 요구들도 분명하고 세분화되는 양상을 보일 것이다. 관광산업계에서는 시장변화에 대응하여 여러 가지 경영전략 및 마케팅이 요청된다. 여행이 시민의 보편적인 권리로 인식되면서 취약계층을 위한 여행기회를 보장하고 접근성을 향상하기 위한 관광환경을 요구하는 추세도 증가할 것이다.

여행트랜드의 주역으로 신세대 출현

향후 여행트랜드를 견인할 핵심 주역들은 자유롭고 개성이 넘치며 자존감이 강한 '밀레니얼 세대'와 디지털 환경에서 태어나 삶의 재미와 만족을 추구하는 'Z세대'로 전망된다. 신세대들은 국내외 관광지를 선택하고 경험하는 데 SNS와 디지털 플랫폼을 많이 활용하며, 여행콘텐츠의 생산과 소비를 주도할 것이다. 밀레니얼 세대는 국내외 여행에서 자신의 가치관에 따라 자신의 개성, 희소성과 정체성 등 가치를 중시하고 개인여행만을 위한 소비행태를 보일 것이다.

젊은 세대는 재미와 경험에 가치를 두어 관광지에서 가능한 특별한 경험과 모험을 중요하게 생각한다. 이를 테면, '유트래블(유튜브+트래블)', '여행스타그램(여행+인스타그램)' 등의 SNS 영상콘텐츠가 여행 동기와 목적지 등에 더욱 영향을 미칠 전망이다. 1인 미디어 등장과 활용으로 인해 여행정보가 기존 텍스트중심에서 영상으로 전환되고 정보생산과 소비의 융합이 진행될 전망이다.

역동적인 방한시장, 유동성 및 다변화

중단기적으로 우리나라 유입관광 시장은 한·중·일 간 외교정세, 남북관계 등 외부환경의 변화로 관광시장의 불확실성이 증가하며 매우 역동적으로 변모할 양상이다. 동남아 아세안 국가와 문화관광 교류가 증가하면서 방한하는 해외 유입관광객은 기존 동북아국가 중심에서 벗어나 다양하고 세분화된 형태로 진화할 전망이다. 사드(THAAD, 고고도미사일방처체계) 배치로 방한 중국관광객이 크게 감소하여 서울 및 제주도 등의 경제적인 타격이 컸고 한중 간 국제교류는 여전히 제한적인 범위에서 진행되고 있다.

일본과의 지속적인 외교갈등으로 상당 기간 일본관광객이 줄어 방한 시장은 침체기를 경험하였고 최근 대한 수출규제조치로 관광시장에도 다소 영향을 미친다. 한편, 동남아 국가에 퍼진 한류의 인기와 확산 때문에, 한국이미지가 크게 개선되어 방한 관광의 기대수요가 증가할 전망이다. 아세안 주요국의 저가항공시장이 크게 성장하여 주요 관광경쟁국에 비하여 한국방문 비자제도가 완화되는 경우에는 한·아세안 국가간 관광교류는 더욱 확대될 수 있다.

관광시민의 여행가치 중시경향

지구온난화 및 기후변화시대에 세계적으로 환경보전을 중시하는 '필환경시대'의 등장이 관광분야에도 영향을 미쳐 친환경적·윤리적인 여행소비에 대한 관심이 증대되어 있다. 환경보전에 대한 국내외 의식수준이 향상되어 여행활동에서 환경을 고려하는 행태가 증가하고, 이에 대응하는 관광업체도 증가할 전망이다. 특히 친환경적인 지속가능한 관광의 시각에서 공정관광 혹은 책임관광 등의 경향이 출현했다. 관광객은 여행기간 동안에 지역의 시민으로서 의무와 권력을 행사하는 차원에서 '관광시민'이란 담론이 형성되고 있다.

이를 테면, 관광객은 에어비앤비(Airbnb)와 같은 공유숙박을 활발하게 이용하면서 지역주민의 삶과 특성에 대한 깊이 관여하게 되면, 주역민-관광객 간 갈등이 발생할 수도 있다. 그래서 지역주민도 여행을 떠나면 관광객의 입장으로 변하며, 여행경험이 많아져서 상호이해도 증진되고 지역존중 의식도 강해질 전망이다. 개별여행과 신경험 여행을 추구하는 경향이 증가함에 따라 다여행경험자들은 일부 위험지역을 여행하는 사례들도 나타날 수 있다. 그러나 국민의 안전의식이 높아지고 관광지 안전이슈가 부각됨에 따라 전반적으로 국민들의 안전의식 수준은 향상될 것이다.

산업계에서는 관광객이 환경보호에 동참하는 방안을 강구하고 친환경 서비스를 제공해야 한다. 친환경 여행상품과 공정여행을 개발하고, 그 상품가치와 의미를 적극적으로 홍보하는 것이 요구된다. 관광객의 안전을 최우선하는 여행상품과 서비스를 제공하며, 관광객은 반드 안전수칙을 준수하는 것이 소중하다. 이제는 관광정책도 지속가능성과 친환경성의 입장에서 전반적인 재검토가 필요하다. 예를 들면, 친환경여행 및 공정여행처럼 관광의 사회적인 책임을 강조하는 여행상품을 개발하고 지원해야 한다. 성숙한 관광 시민의 권리와 의무에 대한 교육과 캠페인을 실시한다. 관광안전은 국민의 의식수준을 제고하는 것은 물론, 안전관리를 위한 능동적이고 현실적인 대응시스템을 구비해야 할 것이다.

모바일과 여행플랫폼 비즈니스의 진화

여행 서비스의 유통구조가 여행플랫폼을 기반으로 급속하게 변화하여 관광소비 및 관광산업의 지형변화가 확대될 것이다. 이를 테면, 글로벌 OTA는 물론 페이스북, 구글, 인스타그램, 네이버 및 카카오 등 국내외 플랫폼의 영향력도 가속적으로 증대되고 있다. 여행 플랫폼 비즈니스는 개별 관광객의 증가와 더불어 자유여행의 어려움을 덜어주는 유용한 수단으로써 성장해왔다. 장차 밀레니얼 세대의 '마이싸이더'(mysider) 성향에 맞추는 '가치 경험'을 제공하는 플랫폼으로 활용될 가능성이 높다. 특히 SNS를 활용하여 여행 정보를 생산, 공유, 소비하는 '프로슈머'(prosumer: produce+consumer)적 행태가 늘어나서 경험소비의 지원수단으로써 여행플랫폼이 성장할 수 있다.

여행플랫폼 비즈니스는 전통여행업의 범주에서 벗어나 산업생태계에 지각변동을 초래하게 된다. 한편 여행플랫폼 비즈니스 내에서 규모경제를 토대로 가격 경쟁력을 확보하는 전략과 달리, 여행 경험을 판매하는 비즈니스 모델을 추구하는 움직임이 나타날 것이다. 여행플랫폼 비즈니스의 성장은 관광의 편리성을 증대하고 정보의 활용성을 강화하여 관광을 활성화시키며 창조적인 융·복합 여행상품의 생산과 소비로 이어질 것이다. 그러나 여행상품 유통구조에서 독과점이 강화되어 여행경비가 증대하고, 관광산업 일자리 구조가 변화되어 고용불안도 생길 수 있다.

향후 산업현장에서는 경험가치를 중시하는 여행시장의 트렌드에 대응하여 비즈니스 모델을 구축하며 경제상황에 대응하는 고용환경을 정비해야 할 것이다. 이에 따라 경험을 담는 관광콘텐츠를 적극적으로 육성하고 여행상품 유통경로에 따른 법제도를 정비해야 한다. 또한, 비즈니스 성공모델을 발굴하여 관광산업의 일자리를 안정화시키는 제도정비가 필요하다.

빅데이터에 의한 인공지능(AI) 관광시대

빅데이터의 실시간 축적과 분석기술이 크게 발달하여 관광객의 편의를 증진시키고 관광산업의 효율성을 높이며, 관광지의 과제를 해결하려는 움직임이 발생한다. 빅데이터, 사물인터넷(IoT)과 인공지능(AI) 플랫폼 기술이 발전하면서, 집단지성에 따른 개인맞춤형 여행정보의 제공이 고도화되어 여행 콘텐츠의 경험 및 소비 방식에도 변화가 발생할 것이다. 산업부문에서 기술혁신 노력이 가속화됨에 따라 관광업계에서 AI를 기반으로 한 챗봇(chatbot, 채팅하는 로봇) 서비스가 확산되고 있다. 이와 더불어 빅데이터 분석을 통한 맞춤형 여행추천에서부터 컨시어지 기능까지 여행의 전체과정에 걸친 토털케어(totalcare)로 확대되고 있다. 실제로 숙박영역에서 IoT와 AI가 결합하면서 객실 예약, 체크인 및 체크아웃, 룸서비스, 컨시어지 서비스 등 서비스가 다방면으로 확대되는 추세이다.

AI 기술은 딥러닝 등을 통해 간단한 업무를 처리하는 지능형비서에서 감정교류를 통하여 선제적인 대응이 가능한 감성비서로 발전할 것이다. 이를 정책적으로 지원하기 위해서는 빅데이터의 분석기술 및 AI 융합기술의 연구개발에 대한 투자와 지원대책이 강구되어야 한다. 이에 따라 산업현장에서도 고객 맞춤형 서비스를 제공하고 고도화하는 기술개발이 요구된다.

공유, 여행공간·이동·경험의 연결

공유경제가 전 세계적으로 빠르게 성장하면서, 관광분야에서도 숙박공유, 모빌리티 공유 등 여행행태에 변화가 일어날 것이다. 관광객은 공유경제 플랫폼을 이용하여 숙박, 현지의 교통, 여행상품 및 음식 등을 향유하여 관광지의 진정성이 포함된 여행경험을 추구하는 경향이 증가할 전망이다. 공유경제 플랫폼은 소비트렌드에 맞추어 경험소비를 중요하게 여기는 비즈니스 모델로 이행될 것이다. 한편 플랫폼의 기능은 공유소비 모델에서 중개 플랫폼을 의미하는 수요자요구 대응형(ondemand) 경제 비즈니스로 전환되고 있다.

마스(MaaS: mobility as a service) 사업이 모빌리티 분야에서 추진되면서 이동의 편의성이 증진되며, 마이크로 모빌리티 등이 소유에서 공유로 전환되어 이동의 연계성이 강화될 전망이다. 차세대 이동서비스로서 마스(MaaS) 사업이 추진되어 다양한 교통수단을 이용하는 원스톱 서비스 등이 가능해진다. 자율주행 차량기술의 발전으로 로봇 택시·셔틀 등 모빌리티에 변화가 발생하며, 이것은 국내외 관광객의 지방 접근성을 향상시키는 효과가 있을 것이다. 이러한 변화는 기존 업체와의 새로운 갈등을 유발하거나, 새롭게 부각된 교통안전 등의 과제를 해결하려는 법제도의 정비가 요망된다.

소소한 여행: 소확행, 가심·성비	X: Xtra time & short travel	▼	N
일상적인 비일상여행	L: Life tourism	▼	E
경험소비, 여행활동 전성시대	E: Experiential activity	▲	X
인생후반기의 보편적인 여행	T: Tourism for all	▶	T
여행트랜드 주역으로 신세대 출현	N: Next generation	▲	T
역동적 방한시장, 유동성과 다변화	V: Vulnerable tourism	▼	R
관광시민의 여행가치 중시경향	R: Responsible trourim	▲	A
모바일과 여행플랫폼 비지니스	T: Travel platform business	▲	V
빅데이터에 의한 AI 관광시대	A: AI tourism era	▲	E
공유, 여행공간·이동·경험 연결	E: Expansion of sharing economy	▲	L

자료: 이원희외 2인(2019); 박주영(2019)

<그림 9-1> 한국 미래관광트랜드의 변화전망

요약

1. 한국의 국내·외 관광의 외부환경은 사회, 기술, 경제, 생태 및 정치제도의 영역에서 다양하게 변화되는 동향을 보였다. 특히, 인구구조의 변화, 4차산업혁명, 경제저성장, 환경문제 및 주52시간 근무제 등의 요소들은 국내외 관광환경에 많은 변화를 유발하였다.
2. 2010년대 관광트랜드는 전반기 및 후반기에 걸쳐서 유사성이 있었으며, 대부분의 트랜드가 10년 이상 연속성을 갖고 발전했다. 경제저성장과 고령화, 여가시간의 확대, 가치관 변화 등의 거시환경 기조가 유지·강화됨에 따라 이와 관련한 기존 트렌드는 역시 지속적으로 발전할 것이다.
3. 2010년대의 관광트랜드의 핵심어와 주요 트랜드 경향을 파악하고, 2020년대에 관광트랜드에 미치는 영향들을 조망하는 것이 필요하다. 미래에도 모바일, 개인의 취향존중, 지역의 매력과 연관된 관광트랜드는 보다 지속적으로 확산될 것이다. 관광생태계는 SNS와 모바일, 빅데이터, 온라인여행사(OTA) 등에 의해 발전되고 심화될 전망이다.
4. 2020년 이후 관광트랜드의 전망에 대한 핵심어인 "NEXT TRAVEL"은 여행의 일상화 속에서, 관광객들이 계속해서 다음 여행계획을 세우는 경향성을 내포하며, 현재와 다른 다음(next) 단계로의 변화 및 진화, 확장의 의미한다.
5. 2020년 이후 10대 관광트랜드에서 강한 지배력 혹은 영향력을 가진 트렌드 전망들은 일상에서 만나는 비일상 여행, 모바일과 여행 플랫폼 비즈니스, 경험소비, 여행활동 전성시대, 소소한 여행: 소확행, 가심비, 가시비로 나타나고 있다.
6. 미래 10대 관광트랜드에서 상대적으로 약한 지배력의 트렌드 전망들은 공유, 여행공간·이동·경험 연결, 빅데이터에 의한 AI 관광시대, 인

생후반기의 보편적인 여행, 여행트랜드의 주역으로 밀레니언 및 Z 세대의 출현, 역동적인 방한시장의 유동성과 다변화, 관광시민의 여행가치 중시경향 등으로 예측되고 있다.

중요개념

인구구조의 변화 / 4차산업혁명, / 여행 프랫폼 비즈니스
친환경, 필환경 관광 / 인공지능(AI) 관광시대 / 헬스투어리즘 확산
트라투어슈머의 부상 / SNS주도 관광시대 / 래저재핑의 시대
온라인여행사(OTA) / DIY 여행 / 소확행, 가심비, 가시비
경험소비, 여행활동 전성 / 밀레니얼 세대, Z세대 / 관광시민의 여행가치

연습문제

❶ 국내외 관광환경의 변화는 사회, 기술 및 경제환경의 측면에서 어떻게 다양한 모습으로 변화하는지 구체적으로 설명하시오.

❷ 국내외 외부 관광환경의 변화동향을 생태환경과 정치제도를 고려하여 자세히 말하시오.

❸ 2010년대 관광트랜드의 변화를 견인한 주요 핵심어들은 무엇이며, 2010년대 후반부에 두드러진 관광트랜드의 방향들을 언급하시오.

❹ 장차 관광트랜드에 미칠 영향들은 어떻게 나타나며, 미래에도 지속적으로 확산될 관광트랜드의 요인들은 무엇인가 제시하시오.

❺ 2020년 이후 10대 관광트랜드에서 강한 지배력 혹은 영향력을 가진 트렌드 전망들을 아는대로 나열하시오.

❻ 미래 10대 관광트랜드에서 상대적으로 약한 지배력의 트렌드 전망들은 예측하여 설명하시오.

News

경북도, 농촌관광 패러다임 바꾼다
: 2023년 농촌관광객 1천만

경상북도가 개별 자유여행·체험 중심의 관광 트렌드 변화에 맞춰 농촌관광 활성화에 총력을 쏟기로 했다. 2023년까지 농촌관광객 1천만명을 모으고, 외국인 관광객 15만명을 유치한다는 목표다. 경북도는 2023년까지 '365 농촌관광 활성화 프로젝트'를 통해 ▷ 다양한 상품 개발 ▷ 인프라 확충 ▷ 네트워크 구축 ▷ 홍보·마케팅 강화 등 4대 전략을 추진할 방침이라고 4일 밝혔다. 특히 올해는 대구경북 관광의 해를 맞아 22개 사업에 100억원을 들여 공격적으로 농촌 관광객 유치에 나서기로 했다.

우선 도내 핵심 농촌관광 프로그램의 하나인 농촌체험휴양마을 운영 활성화를 위해 무선인터넷 설비 구축비 등 16억원을 투입한다. 도내 128곳 농촌체험휴양마을에는 2019년 127만명, 2018년 117만명, 2017년 116만3천명 등 해마다 100만명 이상이 몰리고 있다. 경북도는 국내·외 관광객들이 농촌체험관광에 불편함이 없도록 편의시설, 휴식공간을 확대해 현재 1만명 수준인 방문 외국인 수를 3만 명 규모로 늘리는 등 연간 200만명 이상을 유치할 계획이다.

경북 농업·농촌의 특색, 자연경관, 전통 문화유산, 향토음식 등을 활용한 차별화된 관광 프로그램 개발에는 19억원을 지원한다. 특산 농식품을 문화·관광자원과 연계해 주민의 새로운 소득원으로 개발하기 위해 마을축제에도 3억원을 지원할 예정이다. 아울러 2억원을 들여 안전사고 예방을 위한 일산화탄소·가스누설 경보기를 설치한다. 이 밖에 도 단위 농촌관광활성화협의체 발족 등을 위한 중간지원 조직을 구축(2억원)하고, 농촌관광 콘텐츠 제작·홍보를 위한 온라인 상품운영 지원(2억원)에도 나선다.

수도권에 집중된 관광객 유치를 위해 대구시와 연계상품을 발굴하는 등 협력을 강화할 계획이다. 김종수 경북도 농축산유통국장은 "최근 여행 트렌드와 새로운 관광 패러다임에 맞춰 농촌을 찾는 관광객이 편하게 즐기고 힐링할 수 있도록 관광인프라를 지속해서 개선하겠다"고 말했다.

◆ 자료: 매일신문(2020-02-04)

Chapter 10

지역관광개발계획의 개요와 내용

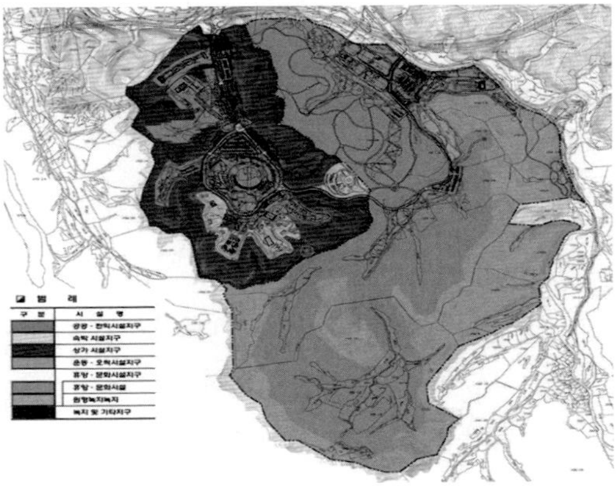

10.1. 지역관광개발의 개념과 구조

10.2. 관광지 개발계획의 과정

10.3. 관광수급계획의 내용

개관

지역을 중심으로 관광개발의 개념과 구조를 알아본다. 이를 토대로 관광지 개발계획의 전체과정을 언급하고 나서 관광시설의 도입과 수요·공급계획의 내용을 파악하고자 한다.

제10장

지역관광개발계획의 개요와 내용

10.1 지역관광개발의 개념과 구조

관광개발의 정의와 성격

관광개발(tourism development)은 관광자원, 관광시설, 관광상품 및 관광서비스 등을 적극적으로 진흥시키는 과정이다. 여기에는 관광지, 관광자원 또는 관광상품 등의 구체적 대상의 개발은 물론, 관광과 연관된 인간 삶의 질 향상에 기여하는 모든 부분의 개발이 해당되고 있다.

광의의 관광개발

관광개발은 하드웨어 혹은 소프트웨어 입장에서 넓게 해석하는 것이다. 관광개발은 사람의 관광욕구를 충족시킬 목적으로 관광자원 활용과 관광기능을 가진 각종 관광시설을 조성하여 관광행동을 가능하게 만들며 촉진할 수 있게 하는 일이다. 관광개발은 하드웨어적인 관광지 및 관광시설의 개발·조성은 물론 관광상품, 관광프로그램, 관광마케팅, 관광서비스 등을 발굴하여 개발 및 개선하는 것이다. 여기에는 최근에 대두되는 스토리텔링, 의료관광도 관광개발의 한 부분으로 포함된다.

협의의 관광개발

관광개발은 하드웨어 시각에서 인간이 관광·위락을 위하여 자연 또는 인문관광자원에 접근할 때 편리하게 만드는 도로건설과 숙박시설의 정비를 의미한다. 이것은 관광개발을 관광지의 개발에 한정하여 좁은 의미로 해석한다. 관광개발이 성공하기 위해서는 관광객의 욕구충족과 창출, 관광자원의 가치 증대, 자연자원과 역사문화자원의 보호·활용, 국토의 효율적 이용과 균형개발, 지역경제의 활성화, 주민소득 증대와 민간기업의 수익성 확보가 필요하다.

관광개발계획의 성격

관광개발계획은 관광지와 관광단지 등 관광자원을 개발하기 위하여 전국적, 장기적인 개발계획을 수립하여 추진하는 것이다. 관광개발계획은 국제관광의 여건변화 혹은 국민관광의 질적·양적 성숙 등에 원활히 대응할 필요가 있다. 특히 관광개발기본계획은 문화체육관광부장관이 관광자원을 효율적으로 개발·관리하기 위하여 전국을 대상으로 10년 주기로 수립한다. 계획내용에는 전국의 관광여건과 동향에 관한 사항, 전국의 관광수요와 공급에 관한 사항, 관광자원 보호·개발·이용·관리 등에 관한 사항, 관광권역의 설정에 관한 사항, 관광권역별 관광개발의 기본방향에 관한 사항, 그 밖에 관광개발에 관한 사항 등이 포함된다.

관광개발계획의 수립내용 및 체계

관광개발계획의 수립내용

관광개발의 범주에는 하드웨어, 소프트웨어, 휴먼웨어 부문이 모두 포함된다. 관광개발은 전문적, 종합적인 분야이기 때문에 관광, 마케팅, 조경, 회계 등의 부분이 포함되어 있다. 관광개발의 수립에는 개발전략 및 개발개념, 관광지 개발계획, 관광진흥계획 및 사업타당성 분석이 들어간다.

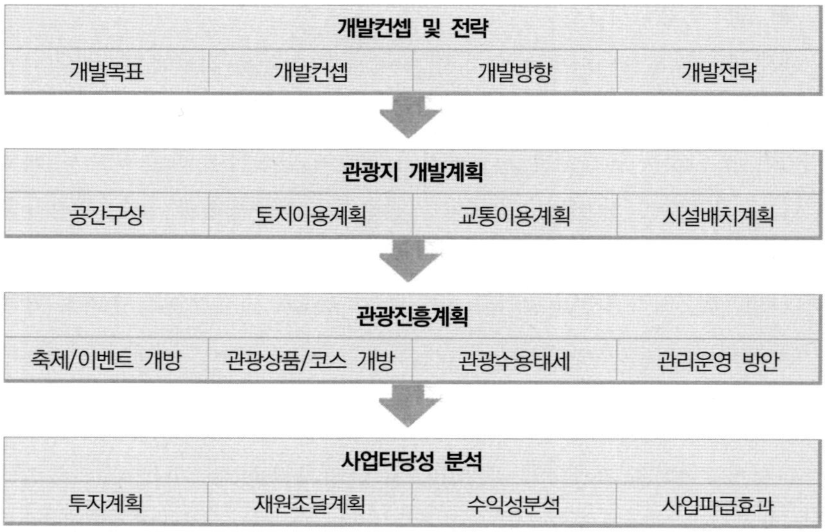

자료: 최영수(2013)

<그림 10-1> 관광개발계획의 수립 내용

관광개발계획의 수립 체계

관광개발계획은 계획 수립의 공간적 범위에 따라 전국 단위의 관광개발 기본계획, 광역시·도의 권역별 관광개발계획, 지구 단위의 관광지조성계획으로 구분한다. 광역권 관광개발계획은 2개 이상의 지자체가 포함된 지

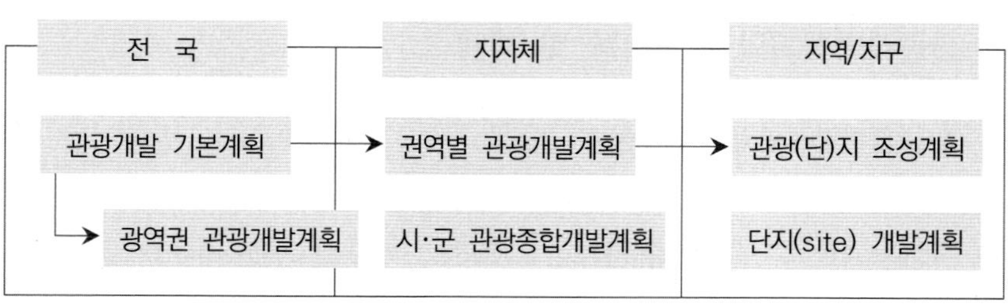

자료: 최영수(2013)

<그림 10-2> 관광개발계획의 수립체계

역에 대하여 수립·진행된다. 법정계획은 관광개발 기본계획, 권역별 관광개발계획, 관광지 조성계획이며, 법정계획은 광역권 관광개발계획을 지칭한다.

관광개발계획의 유형

계획(planning)은 바람직한 수단에 의해서 목표를 달성하도록 미래의 행위에 대한 일련의 의사결정을 미리 준비하는 과정이며, 일정 목표에 도달하도록 유도하는 행동과정의 설정을 의미한다. 설계(design)는 문제를 해결하는 과정이라는 점에서 계획과 차이가 있다. 그러나, 계획과 설계의 공통점은 모두 대상지역의 자연 및 인문사회 환경을 분석하여 대상지역의 제약점과 잠재력을 도출하고, 이에 맞는 해결안을 제시하는 것이다.

관광개발계획은 관광개발과 관련된 사항을 대상으로 계획을 수립한다. 이것은 관광이란 수단을 활용하여 정부, 지자체 및 사업자의 개발목표를 달성하도록 추진하는 일련의 과정이다. 관광개발계획의 특성은 광역 및 접근체계 등 주변여건을 고려하여 분석적·논리적·합리적·종합적인 과정을 거친다. 그리고 관광객이 일단의 토지공간을 선호하고 만족하도록 물리적 환경을 창의적 공간으로 창조하고 설계한다.

관광개발계획의 유형은 관광개발계획을 수립하는 구분으로 지구단위계획과 국가계획이 상호 보완적이며, 세부적으로는 관광마케팅과 축제의 상품

<표 10-1> 관광개발계획의 유형

범위 유형	유형별 세부내용
공간적 유형	전국계획, 광역계획, 지역계획, 지구계획, 시설계획 등
시간적 유형	단기계획(1-5년), 중기계획(5-10년), 장기계획(10-20년)
법·제도적 유형	관광진흥법상의 법정계획과 법정임의계획 등
내용적 유형	관광종합개발계획, 관광지 개발계획, 관광상품 개발계획

자료: 최영수(2013)

개발 영역까지 계획되어야 한다. 따라서 관광개발계획의 유형은 공간적, 시간적, 법과 제도적, 및 내용적 범위로 구분할 수 있다.

관광지 개발계획의 이해

관광지는 법정관광지와 비법정관광지로 구분한다. 법정관광지는 자연적, 문화적 관광자원을 갖추고 관광객을 위한 기본적인 편의시설을 설치하는 지역으로 관광진흥법에 따라 지정된 장소이다. 한편 비법정관광지는 역사, 문화, 자연경관 등의 관광자산을 가지며, 교통수단과 숙박시설 등 관광객을 유치할 수 있는 지역을 의미한다. 보통 비법정 관광지로 국립공원, 리조트, 유원지, 체육시설, 문화공간 등이 불린다.

협의의 관광지개발은 역사, 문화, 자연경관 등 우수한 관광자원을 가진 지역(공간)에 관광객을 유치하기 위하여 개발하는 것이다. 관광지 개발은 '사람이 관광·위락을 위하여 자연·인문 관광자원에 접근할 때 편리성을 제공하려고 하드웨어 관점에서 도로건설과 숙박시설의 정비'를 의미한다.

관광지 개발계획은 관광지 개발과 관련된 사항을 대상으로 하여 계획을 수립한다. 즉, 관광 수단을 활용하여 정부, 지자체, 사업자 등의 개발목표를 달성하도록 추진하는 일련의 과정이다. 관광지 개발계획은 광역 및 주변 여건(접근망)의 고려 등 분석적·논리적·합리적·종합적인 과정을 갖는다. 이것은 본래의 계획적인 특성과 더불어 일정토지를 관광객이 좋아하고 만족하도록 물리적 환경을 창의적 공간으로 변화하는 설계특성도 공유한다.

법정관광지 개발계획의 성격

관광단지 조성계획은 시·도지사 혹은 시장·군수가 관광지나 관광단지의 보호 및 이용을 증진하기 위하여 필요한 관광시설의 조성과 관리에 관한 계획으로 법정계획이다.

법정관광지의 개발 현황

정부는 자연적 또는 문화적 관광자원을 갖추고 관광, 휴식에 적합한 지역을 대상으로 관광지를 지정한다. 그리고 공공·편의시설, 숙박·상가시설 및 운동·오락시설, 휴양·문화시설, 녹지 등을 유치해서 개발한다. 관광지 사업은 관광객의 관광활동에 필수적인 진입로, 주차장, 상·하수도, 식·음료대, 공중화장실, 오수처리시설, 관리사무소, 관광지 안내도 등 기반시설과 야영장, 어린이 놀이시설, 청소년 수련시설, 체력 단련장, 샤워·탈의장, 물품보관소 등 편익시설을 공공사업으로 추진한다. 그 외에 민간자본을 유치하여 관광객의 편의증진을 위하여 운동·오락시설, 휴양·문화시설, 숙박시설, 상가시설을 개발한다.

정부는 2005년 4월에 지역 특성을 살린 관광지 개발을 촉진하기 위해 관광지 지정 및 조성계획의 승인권한을 시·도지사에 이양했다. 그리고 관광지 지정 등 실효성을 제고하기 위해서 관광지 지정 후 2년 이내 조성계획의 승인 신청이 없거나, 승인 후 2년 이내 사업에 착수하지 않으면 관광지의 지정 또는 조성계획의 승인효력이 상실되도록 했다.

관광지 조성계획의 이해

계획의 성격

관광지 조성계획은 시·도지사 또는 시장·군수가 관광지나 관광단지의 보호 및 이용을 증진하기 위하여 필요한 관광시설의 조성과 관리에 관한 계획이다. 관광지 조성계획을 수립할 경우에 기본적으로 국제적 수준의 관광시설 개발 추진과 지역관광개발의 특성화를 고려해야 한다. 또한 지역문화자원의 체계적인 관광자원화 촉진과 관광자원의 지속가능한 개발·관리를 강화하는 방안을 강구해야 한다. 오늘날 관광지 조성계획은 지식기반형 관광개발 관리체계의 구축, 국민생활관광의 기반 확충, 남북한 관광협력체계 구축 방안 등을 고려해야 한다.

관광단지개발의 개념

관광단지는 관광객의 다양한 관광 및 휴양을 위하여 각종 관광시설을 종합적으로 개발하는 관광의 거점지역으로 관광진흥법에 따라 지정·고시한다. 관광단지는 개발 필요성, 타당성, 관광지의 구분기준, 관광개발 기본계획 및 권역별 관광개발계획에 적합한지 등을 종합적으로 검토하여 특별시장, 광역시장, 도지사가 지정한다.

관광단지는 화장실, 주차장, 상하수도시설 또는 관광안내소 등의 공공편익시설을 갖추고 숙박시설 중 1종 이상의 필요한 시설과 운동, 오락시설 또는 휴양, 문화시설 중 1종 이상의 필요한 시설을 갖춘 지역으로 총면적이 50만㎡ 이상이다. 따라서 관광단지는 관광산업의 진흥을 촉진하고 국내외 관광객의 다양한 관광 및 휴양을 위하여 각종 관광시설을 종합적으로 개발하는 관광거점지역이다.

관광특구개발의 개념

관광특구는 외국인 관광객의 유치·촉진 등을 위하여 관광활동과 관련된 관계법령의 적용이 배제되거나 완화되는 지역으로 1993년에 관광특구제도가 도입되었다. 관광특구는 관광지 등 또는 외국인 관광객이 주로 이용하는 지역 중에서 시장, 군수, 구청장의 신청에 의하여 시·도지사가 지정한다.

관광특구로 지정되려면, 지정 예정지역 내에 접객시설, 쇼핑·상가시설, 휴양·오락시설, 숙박시설, 공공편익시설, 관광안내시설 등이 분포되어 있어 외국인 관광객의 다양한 관광수요를 충족시켜야 한다. 통상적으로 관광특구는 당해 지역의 최근 1년간 외국인 관광객이 10만명 이상 확보되어야 한다.

관광개발계획의 구성

관광지개발계획은 대체로 9개 대항목으로 구성되며, 지자체 및 사업주체에 따라 구성항목의 내용 및 작성체계는 다소 달라질 수 있다. 대항목에는 계획의 개요, 개발여건 분석, 개발가용지 분석, 종합분석 및 계획과제, 개발기본구상, 부분별 기본계획, 관광진흥계획, 사업화 계획, 개발효과분석 등이 포함되고 있다.

<표 10-2> 관광개발계획의 구성항목

대항목	세부항목
계획의 개요	• 계획의 배경 및 목적, 계획의 범위, 계획의 수행방법 및 과정 등
개발여건 분석	• 사업환경, 지역환경, 집행환경, 유사사례
개발가용지 분석	• 지형여건, 생태적 여건, 물리적 여건 분석을 통해 최종 개발가용지 선정(적지 선정)
종합분석 및 계획과제	• 대상지의 장점, 단점, 기회요인, 제약요인 등 SWOT분석을 통해 계획과제 도출
개발 기본구상	• 개발비전 및 목표, 개발개념, 개발전략 등의 수립 도입시설 선정, 관광수급 분석, 공간구상 수립
부문별 기본계획	• 대상지의 토지이용, 교통동선계획, 시설배치계획 수립
관광진흥계획	• 관광축제 및 이벤트 발굴, 관광상품 및 코스, 관광안내 및 홍보체계 구축, 관리운영방안 등 수립
사업화 계획	• 사업추진체계, 투자계획, 사업타당성 검토
개발파급효과 분석	• 경제·사회·문화·환경적 파급효과 분석

자료: 최영수(2013)

관광지 개발의 추진체계

예비타당성 검토

예비타당성 검토는 계획 초기에 실시하며, 투자사업의 추진여부를 생각하는 행정계획의 개념이 강한 계획이다. 예비타당성 검토는 구체적인 세부사항 보다는 계획의 방향, 지역설정, 계획안의 성격결정 등을 검토하는 계획으로 개념계획 또는 구상계획이다. 예비타당성 검토는 법률적·사업적 가능성을 검토하기 위하여 예비적으로 개략적인 수준에서 검토하는 과정으로 민간사업에서는 내부기획으로 검토되는 경향이다. 그러나 관광사업의 경우에 불확실한 미래수요와 관광객의 요구를 예측하여 관광지를 조성해야 하기 때문에 예비타당성 검토를 체계적으로 수립해야 할 것이다.

기본계획

기본계획은 종합적인 관점에서 관광지 개발의 기본골격을 세우는 과정이다. 여기에는 계획의 구체화에 고려되는 다양한 중요항목을 명시하고, 시행이 가능하도록 내용의 기본방향이 구체적으로 제시되어야 한다. 또한 기본계획의 내용을 수록한 기본계획보고서(report of plan)와 종합계획(master plan)도 제시하는 것이 좋다.

기본설계

기본설계는 기본계획에서 제시된 전체적인 기본방향과 틀을 부문별로 발전시켜 대상지를 자세하게 설계하는 과정이다. 기본설계는 계획단계에서 설계단계(design phase)로 발전하는 단계이지만, 설계는 제도(drawing)의 의미가 강하다. 따라서 기본설계는 기본계획의 내용을 구체화시키면서 세부설계가 가능하도록 발전시키는 과정이다.

기본설계는 기본계획과 공동으로 진행하거나 실시설계와 공동으로 진행할 수 있다. 그러나 기본설계가 지닌 의미를 고려하면, 별도 단계로 진행하는 것이 좋다. 기본설계에서는 공간의 배치와 규모 등이 구체적으로 확정되는 단계이다. 그래서 기본계획도를 보다 발전시킨 정확한 축척의 계획평면도와 각 분야별 기본설계도가 작성되며, 공사비 등이 구체적으로 추정된다.

실시설계

실시설계는 기본계획을 현지조건에 맞춰 구체화·현실화하는 일종의 집행계획이다. 사업 분야(토목, 건축, 조경, 전기 등)별로 세부적인 시공상세도를 설계적 및 제도적인 특성을 갖는 단계이다. 실시설계의 목적은 건설공사를 위한 도면과 서류 제작을 포함하는 작업도면(working drawing)이다.

작업도면은 건설공사를 추진하기 위하여 사용하는 도면을 제작하는 과정이다. 이것은 시공용 도면과 함께 설계 내용을 설명하는 설계 설명서, 공사용 자재, 물품, 인력 등을 산출한 수량산출서, 공사비를 계산한 설계내역서, 공사방법을 명시한 시방서, 예정공정표 등의 서류를 만드는 것이다.

● 시공 및 감리

시공 및 감리는 실시설계도에 의하여 관광지를 건설하는 공사와 공사설계 도대로 이루어지는지 감독하는 것이다. 이것은 엄밀하게는 계획 혹은 설계와는 구별되는 건설공사 과정이다. 시공한 내용은 향후 보수 및 유지관리에 활용하기 위하여 '준공도'라는 설계도를 제작·보관한다.

● 사업 및 관리운영

사업 및 관리운영 계획은 계획안이 현실화된 다음에 시설·인원·자금·기타 모든 재산관리를 대상으로 하는 계획으로 매우 중요한 부문이다. 콘도, 골프 등의 성공적 분양을 위한 분양 마케팅계획, 효율적 운영을 위한 경영관리계획 등이 사업 및 관리운영계획이다.

● 이용 후 평가

이용 후 평가는 계획 내용이 결정되고 사업이 운영되면서 얼마 동안의 이용기간을 거친 후에 이루어진다. 이것은 이용자가 계획 또는 설계를 평가하여 설계의도가 그대로 반영되고, 이용자의 행위에 적합한 공간구성이 이루

<표 10-3> 관광지개발의 추진체계

추진체계	세부사항
예비타당성 검토	• 투자사업의 추진여부, 계획의 방향, 지역설정, 계획안의 성격결정 등의 검토
기본계획	• 종합적으로 관광지개발의 기본골격의 설정과정
기본설계	• 기본계획의 전체 기본방향과 틀을 부문별로 구체적으로 발전시켜 대상지의 설계
실시설계	• 기본계획을 현지조건에 맞춰 구체화·현실화하는 집행계획
시공감리	• 실시설계서에 의한 관광지 건설공사, 공사설계도 반영감독
사업·관리운영	• 계획안 현실화 후 시설·인원·자금·기타 모든 재산관리의 대상
이용 후 평가	• 계획·설계 평가로 설계의도 반영 및 이용자 행위에 적합한 공간구성 여부 파악

어 졌는지 등을 파악한다. 이용 후 평가결과를 토대로 해당시설의 개선이나 유지관리계획에 활용한다.

10.2 관광지 개발계획의 과정

계획과정은 일단의 문제를 합리적이고 능률적으로 풀어가는 과정 또는 설정된 목표를 달성하는 과정이다. 이것은 기본계획 및 집행계획 단계로 구분된다. 기본계획 단계는 계획목표의 설정, 개발여건의 분석, 개발계획 기본구상, 개념계획의 수립 및 대안선정, 부문별 기본계획의 수립, 관리운영계획의 수립으로 구성되어 있다. 집행계획 단계는 기본설계, 실시설계, 공사 집행계획 등을 포함하고 있다. 이러한 계획 및 집행은 연속적인 환류(feed-back) 과정을 통하여 계획의 확실성과 효율성을 높이게 된다.

기본계획의 단계

계획목표 및 범위의 설정

계획목표와 범위는 개발방향의 바람직한 지표와 개발에 의해 발생되는 사회·경제적인 편익을 극대화시킨다. 또한 환경적, 사회·문화적인 부정적 효과를 최소화하는 내용도 포함한다.

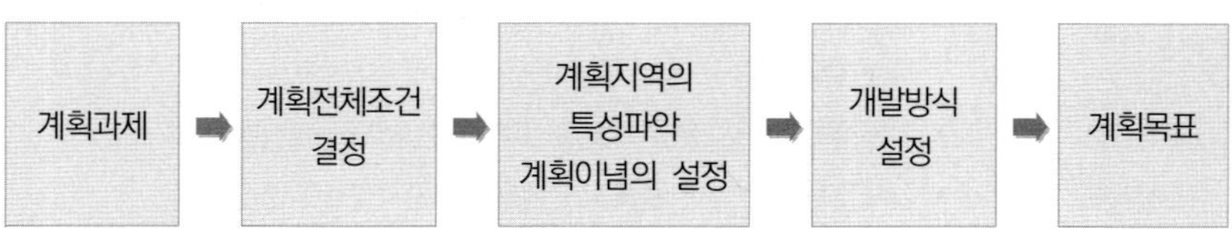

자료: 임주환(2001)

<그림 10-3> 계획목표의 설정 절차

일반적으로 계획의 목표설정은 계획주체에서 제시한 계획과제를 기본으로 하고, 계획의 전제조건을 결정한다. 이 과정에서 명확히 해야 할 내용은 목적(목표연도 효과)에 관한 사항, 수단(계획 대상지역의 범위, 도입활동, 개발방법 및 규모)관한 사항, 계획의 수준과 정도(개념계획, 기본계획)에 관한 사항, 기타(용지취득) 사항 등이다. 계획대상지의 특성 파악항목은 계획대상지의 인문사회환경, 자연환경, 시장조건 및 이용실태 등이다.

개발여건 분석

개발여건분석은 물리적 부지여건과 비물리적 관광여건분석, 관련상위계획 및 관련법규를 검토하는 단계로서 관광지개발 시 기회 및 제약요인을 발견하여 기본구상과 기본계획에 반영하는 객관적 근거를 마련하는 것이다.

첫째, 계획환경여건 분석은 개발대상지에 대한 광역환경여건, 관광자원, 부지환경조건 등을 조사 및 종합·분석하여 대상지의 개발가능성에 대한 다양한 정보를 수집하고 분석하는 것이다. 이의 목적은 지역특성에 적합한 개발유형을 결정하는 단계로서 지역 내 잠재자원에게 적합한 도입활동의 적지를 선정하기 위한 기초정보를 작성하여 차별화된 특성을 명확히 제시하는데 있다.

둘째, 관광여건분석은 계획대상지역을 관광지로 보고 개발을 구체화하기 위해 사용되는 방법이다. 이를 통하여 개발의 방향 및 주제를 결정하며, 일반적으로 관광자원현황, 관광객형태, 관광시장여건 등을 분석한다.

셋째, 관광 관련 상위계획·법규의 검토이다. 관광지개발과 지역개발에 대한 기존계획을 검토하여 상위계획과의 연관성을 파악한다. 기존계획의 정보와 자료를 확보하여 개발계획 시 발생되는 문제점을 보완 및 개선한다.

개발계획 기본구상

개발계획 기본구상은 계획목표를 달성하기 위한 수단체계를 수립하는 단계이다. 이의 목적은 개발대상지에 맞는 이미지를 부여하여 관광활동을 유발시키는 데 있으며, 그 내용은 개발주제와 개발방침의 설정으로 구분한다.

첫째, 개발주제를 설정한다. 관광활동은 정보를 통해 형성된 이미지와 관광욕구가 서로 결합하여 발생한다. 개발주제의 목적은 계획대상지의 공간구성 이미지를 나타내거나, 관광욕구를 유발시키는 소재를 가리킨다. 이에는 개발대상지에 관광의 상징성과 지역특유의 물리적 성격을 부여하는 통일된 의미를 갖고 있다. 개발주제의 설정은 개발방침의 중요한 내용를 차지하며, 계획지역의 공간구성과 설계 등 물리적 계획을 수립할 때 기본조건이 된다.

둘째, 개발방침을 결정한다. 이의 목적은 개발대상지의 문제점을 종합하고, 개발계획의 목표를 달성하기 위해 기본골격을 체계적이고 구체적으로 도출하는 일련의 과정이다.

● 개념계획 및 대안선정

개념계획은 환경여건 분석, 시장여건 분석, 이용자행태 분석, 관련법규 및 관련계획과 개발계획 기본구상을 종합화하여 각종 시설 및 활동을 대상지역에 배분하는 단계이다. 이 계획은 일반적으로 도입활동의 결정, 개발규모의 결정, 공간구성의 대안 선정 등의 단계로 수행된다.

첫째, 도입활동의 결정은 개발대상지역에 제공하는 최소의 활동단위로서 그 자체가 독립된 기능을 갖고 있다. 도입활동의 결정 방법은 분석적 방법과 발상적 방법으로 나눈다. 도입활동을 결정하는 순서는 기능활동을 나열하고, 그 다음에 기본활동과 보완활동을 결정한다.

둘째, 개발규모의 결정이다. 개발규모는 활동별 수요량과 활동별 대상지역의 수용력을 검토하여 결정한다. 만약에 개발대상지역의 활동별 수요량이 수용력보다 큰 경우에는 수용력이 개발규모가 된다. 그 반대 경우에 개발규모는 대상지역의 수요량이다. 개발규모 결정의 목적은 도입활동 규모를 공간의 크기 또는 수용력이란 형태로 구체화하는 것이다. 개발규모는 개발대상지의 적지분석, 자원수용력, 수요능력, 개발규모의 설정 등의 순서로 결정된다.

셋째, 공간구성의 대안을 선정한다. 이 단계에서는 우선적으로 개발 관련

몇 개의 대안들을 마련한다. 그 후에 계획대상지에 알맞은 대안을 선택하고, 결정된 적정한 대안을 계획대상지에 시행하고 평가하는 단계를 거친다. 대안선택의 기법에는 체계모델법, 프로그램예산편성법, 임계경로법 및 모의실

<표 10-4> 대안선택기법의 종류와 내용

대안선택 기법	주요 내용
체계모델법	• 계획모델을 통해 계획체계 구성요소간의 관련성이나 상대적 가치를 연구하는 기법 • 계획체계의 복잡성을 시각적으로 구체화하는데 효과적 • 모형문제는 모형자체가 단지 현실의 조잡한 표현인데도 불구하고 그 모형을 실제의 현실이라고 볼 때 발생
프로그램예산편성법	• 계획예산제도(PPBS)-비용을 효과적으로 목표달성 하기 위해 자원을 분배하는데 사용되는 체계적 기법 • 계획사업의 효과측정, 대안비교 및 대안선택, 대안사업의 재정적 문제 파악
임계경로법	• 계획과 의사결정과정에서 시간과 단계를 관련시켜 대안 결정 • 누가, 언제, 무엇을 할 것인가를 결정하는데 이용
모의 실험법	• 일반인에게 역할부여와 행동과 상호작용의 결과를 연구. • 정책집행에 의한 사회적 영향의 분석, 계획기간의 단축, 계획과정상의 문제점 • 계획방법의 평가, 신아이디어의 시험, 계획과정에 대중참여

자료: 임주환(2001); 정석중(2002)

<표 10-5> 대안기법의 종류와 내용

대안기법	주요 내용
시나리오법 (Scenarios)	• 대상지역의 사건, 조건, 형태에 대한 미래모습을 예측하는 방법으로 소규모지역에서 대안을 선택할 때 이용
주민참여법	• 대안선택의 필수적인 방법으로 주민이 참여하는 자체가 대안선택방법
공청회	• 주민의 대다수가 참여할 수 있는 적당한 시간과 장소에서 개최하여 대안에 견해를 구하는 방법
대중매체	• 공개집회를 취재하거나 대안에 대한 대중의 자각을 증진시키기 위해 TV, 라디오, 신문 등을 이용하는 방법

자료: 임주환(2001)

험법 등이 있다. 대안기법의 종류로는 시나리오법, 주민참여법, 공청회 및 대중매체 활용 등을 들 수 있다.

부문별 기본계획

첫째, 토지이용계획(land use planning)은 계획대상지에 관광객들이 행할 수 있는 제반활동을 미리 구분하여 토지이용을 배치하는 계획작업이다. 개발대상지의 토지를 계획하고, 계획의 기본목표와 개념계획에 부합되도록 구분하여 용도를 지정한다. 이를 통하여 장래 용도별 이용행태를 예측하고 상호연관성을 검토해서 용도별 행위에 적합한 공간을 계획하는 것이다. 토지이용계획의 수행과정은 보통 토지이용분류, 적지분석, 종합배분의 순서로 이루어진다. 토지이용계획의 목적은 관광지를 방문할 관광객에게 안전성, 보건성, 편의성, 쾌적성 및 경제성을 제공하는 것이다.

둘째, 교통계획은 관광지와 주변지역시설 간 활동공간에 대해 관광객의 유동을 안전하고 쾌적하게 처리하는 계획이다. 가장 우선적인 계획내용은 교통망과 교통용량의 결정이다. 교통계획 과정은 다양한 방법들이 존재하나, 기본절차는 자료수집, 수요추정, 대안평가 단계를 거쳐서 수행한다. 동선계획은 대상지의 활동성과 이용을 결합하는 계획이다. 이것은 관광지 관련 도로 용량과 도로망 형태를 형성하며, 모든 방문객을 대상으로 종합교통체계와 연관성을 갖는다. 일반적으로 동선계획에서는 교통접근성, 하차장, 주차장, 교통서비스의 문제를 고려하여 일관적인 통제가 가능하도록 종합적으로 계획한다.

셋째, 조경계획에서 관광객이 느끼는 시각체험은 계획대상지의 자연적, 인공적인 요소들이 잘 조화된 미관성과 시각성을 증대하는 것이다. 이의 목적은 모든 인공 요소와 자연자원이 조화롭고 잘 융합되도록 계획하고, 관광자원의 질을 향상시키는 데 있다.

넷째, 시설배치계획의 목적은 도입활동 종류와 규모를 설정하고 상호관련성을 잘 검토한 후에 유사시설은 인접 배치하고 상충시설과 활동은 분리

<표 10-6> 기본계획의 단계별 내용

단계	단계별 내용
계획목표와 범위설정	목적, 수단, 개발방법, 계획수준과 정도, 대상지 특성파악
개발여건 분석	계획환경여건 분석, 관광여건 분석, 관광 관련 상위계획·법규의 검토
개발계획 기본구상	개발주체의 설정, 개발방침의 결정
개념계획 및 대안설정	도입활동의 결정, 개발규모의 결정, 공간구성대안의 설정
부문별 계획	토지이용계획, 교통통신계획, 조경계획, 시설배치계획, 공급처리계획

하여 배치하는 것이다. 계획대상지 시설은 모든 건축물 및 구조물을 포함하고, 경우에 따라 조각, 의자, 가로등, 휴지통 등의 옥외시설물도 들어간다. 관광지에 특화된 공간이미지를 부여하기 위해서 자연지형과 기후조건, 시각적 조망과 투경선 및 국지 기후변화 등을 고려한 배치는 물론, 지역이미지 부각의 건축재료와 시설구조 및 외관형태조성 등을 고려한다.

다섯째, 개발대상지에서 공급처리시설계획은 배치시설에 대한 보조역할을 하는 시설들을 계획하는 것이다. 계획대상지가 소규모일 때에는 주로 상수원 조달방법, 하수 처리방법 등의 수준에서 검토한다. 그러나 광역계획에서는 상수도, 하수도, 전기, 통신, 가스 등을 상세히 검토하여 공급처리시설의 효율성을 증대시킨다.

집행계획의 단계

관광지 기본설계

관광지개발계획에서 기본설계과정은 기본계획에서 설정한 개념 및 부문별 기본계획에 따라 개발대상지에 설치될 각 시설물의 개략적인 설계과정으로서 사업의 실행을 위한 각종 기준을 제공한다.

첫째, 설계조건을 검토한다. 이것은 문제점, 구상 및 개념의 구체적 설계표현 등을 검토하는 것이다. 또한 주변지역의 물리적, 경제적, 사회적 제반 여건 및 지역기반시설 등에 대한 상세한 내용을 분석 및 정리한다.

둘째, 토목 및 건축설계이다. 토목설계는 부지조성설계, 도로설계, 상수도설계, 하수도설계 내용을 포함한다. 건축설계는 각각의 시설물에 대한 대지면적, 건축면적, 건폐율, 용적률, 층수, 구조, 내외장 재료 등의 내용을 담고, 배치도, 평면도, 입면도, 단면도, 설비계통도를 작성한다.

셋째, 전기설계와 통신설계이다. 전기설계에는 모든 공공시설물에 대한 수전방식, 배전방식과 변압기의 용량, 특고압전력, 저압전력, 옥내조명, 옥외조명에 관한 내용이 포함된다. 통신측면에서 공중전화 위치, 통신관로, 통신케이블, 공공건물과 공중전화의 배관 및 배선, 관리사무소의 방송시설과 간격 등에 관한내용을 고려하여 설계한다.

넷째, 조경설계에서 대상지역 내 수림을 최대한 보호하고, 조경시설물이 자연자원과 융합하도록 조경규모, 재료, 형태, 색채 등을 고려한다. 관광객 형태에 적합하도록 하여 관광객의 편의를 도모하도록 설계한다.

관광지 실시설계

관광지 실시설계는 개발대상지에 각 시설물 및 용도공간을 조성하기 위해 실제로 시공하는 것이다. 필요한 구체적 내용은 도면 및 시방서에 표현하는 단계로써 기본설계에서 표현되지 못한 내용을 상세하고 구체적으로 표현한다. 배치도에는 방위표기, 도면에는 축척을 명시한다. 실시설계 내용들은 설계조건 검토, 토목설계, 건축설계, 전기설계, 통신설계, 조경설계, 방재설계를 포함한다.

관광지 공사 및 집행계획

첫째, 시공계획은 설계에 기초하여 수립하나, 설계의 표현 정도는 시공에 달려 있다. 합리적이며 경제적인 시공을 위해서는 무엇보다도 현장조건을 잘 파악해야 한다. 시공계획은 시공이 진행 중일 때 적정관리를 통하여 경제적인 시공을 유도한다. 시공계획 수립 시 고려사항들은 공사규모, 공기와 시공기간(기상조건), 현장의 지형·지질·토질, 공사 도로상황, 노동력, 자연경관 파괴, 문화재 유무, 인접지역 영향(소음, 진동, 분진, 배수, 오염)

<표 10-7> 집행계획의 수립 단계

단계	단계별 내용
관광지 기본설계	설계조건 검토, 토목설계 및 건축설계, 전기설계와 통신설계, 조경
관광지 실시설계	대상지 시설물과 용도공간 조성을 위한 실제 시공
관광지 공사·집행계획	시공계획, 시험시공, 시공관리계획

등이다.

둘째, 시험시공이다. 대규모 공사에서 시공 전에 시험시공을 실시하여 각종 변수 및 미지사항을 확인한다. 이것은 본래의 계획목적대로 공사를 진행하는 데 매우 도움이 된다. 시험시공의 목적에는 계획한 토공계획의 타당성, 시공 중 공사관리방법의 결정, 주변지역 영향예측과 주민대책의 입안을 위한 자료수집, 시공법의 확인 등이 있다.

셋째, 시공관리계획은 설계도면과 시방서에 따라 일정한 공사기간 내에 주어진 예산으로 공사가 시공되도록 유도한다. 이를 위해서는 적절한 시공조건과 방법이 고려된 시공계획을 진행시켜 공사를 수행해야 한다. 그리고 현지 지형지질, 기상조건, 수송조건 등 공사실시의 제반요소에 대한 설계도, 시방서가 잘 조화되는지 검토한다. 감리는 시공관리계획에서 필수적이다. 시공관리계획의 주요내용들은 시공계획, 기계계획, 노무계획, 자재계획, 기타 수송계획 등이다.

관광시설의 도입

관광단지시설은 공공편익 시설을 갖추고, 숙박시설 중 1종 이상의 필요한 시설과 운동·오락시설 또는 휴양·문화시설 중 1종 이상의 필요시설을 도입한다. 접객 및 지원 시설은 관광단지의 특성에 맞춰 임의로 도입할 수 있다.

<표 10-8> 관광시설의 종류

시설구분	시설종류	구비기준
공공편익시설	화장실, 주차장, 전기시설, 통신시설, 상하수도시설 또는 관광안내소	각 시설이 관광객이 이용하기에 충분할 것
숙박시설	관광호텔, 수상관광호텔, 한국전통호텔, 가족호텔, 휴양콘도미니엄	관광숙박업의 등록기준에 부합
운동·오락시설	골프장, 스키장, 요트장, 조정장, 카누장, 빙상장, 자동차경주장, 승마장, 종합체육시설, 경마장, 경륜장 또는 경정장	「체육시설의 설치·이용에 관한 법률」 제10조에 따른 등록체육시설업의 등록기준, 「한국마사회법 시행령」 제5조에 따른 시설·설비기준 또는 「경륜·경정법 시행령」 제5조에 따른 시설·설비기준에 부합
휴양·문화시설	민속촌, 해수욕장, 수렵장, 동물원, 식물원, 수족관, 온천장, 동굴자원, 수영장, 농어촌휴양시설, 산림휴양시설, 박물관, 미술관, 활공장, 자동차야영장, 관광유람선 또는 종합유원시설	관광객이용시설업의 등록기준 또는 유원시설업의 설비기준에 부합할 관광객이용시설업의 등록기준 또는 유원시설업의 설비기준에 부합
	관광공연장, 관광유흥음식점, 관광극장유흥업점, 외국인전용유흥음식점, 관광식당	관광객이용시설업의 등록기준 또는 관광편의시설업의 지정기준에 적합

자료: 관광진흥법 시행규칙

10.3 관광수급계획의 내용

관광수급계획의 개념 및 동향

관광수급계획의 개념

관광수급계획은 관광지 개발에서 수요와 공급이라는 시장분석 차원에서 예측이 가장 중요한 역할을 하는 것이다. 관광수요는 행태별로 추정되며 잠재수요를 추정하는 단계를 거친다. 관광자원의 공급은 관광시설의 수용력을 산정하여 종합적인 수요여건을 분석하게 된다. 관광수요의 추정은 목적, 기간, 정보의 유용성, 환경, 비용에 따라 영향을 받는다. 수요공급의 프로그램은 만족도에 따른 공간 원단위(수용력단위)가 고려되며, 이에는 집중률, 체재율, 체재시간 등이 검토된다.

관광수요 예측방법에는 정성적 분석과 정량적 분석이 있다. 정성적 방법론에는 델파이예측법, 전문가판단모형, 시나리오 설정법이 있다. 정량적 방법론은 인과모형, 공간상호작용모형, 시계열분석 등을 포함한다. 관광수요 예측방법은 실증적, 과학적인 자료를 바탕으로 추정모형의 검증이 필요하다.

● 관광수급계획의 동향

우리나라 관광수급계획의 시대별 동향을 파악할 수 있다. 1970년대 까지 관광수급계획은 수요예측에 따른 물리적인 시설물의 공급계획보다 정책적, 사업주의 의지에 따라 주로 관광수급계획이 수립되었다. 1980년대에 들어서 비로소 관광수요예측에 따른 공급계획이 이루어지기 시작했다. 1990년 이후에는 관광 및 참여기회의 증가 등으로 인해 기존 이용객의 수요추정에 따른 관광시설의 공급과 더불어 마케팅전략에 의한 신규고객 창출, 환경요

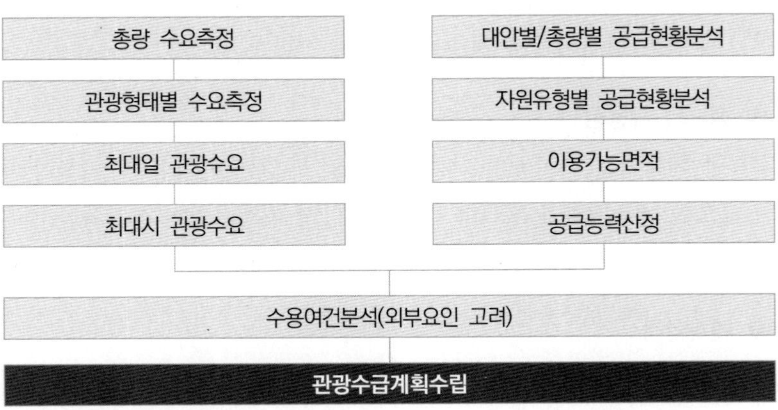

자료: 임주환(2001)

<그림 10-4> 관광수급계획의 흐름도

인을 고려한 적정공급, 생태관광 등이 등장하여, 관광 외부요인들을 고려하는 관광수급계획이 수립되고 있다.

수요예측의 영향요인

수요예측방법은 예측 목적과 기간, 정보의 유용성, 예측환경, 예측비용 등에 따라 다르다.

예측목적

예측목적에는 시장예측, 재무예측 및 생산예측 등이 존재한다. 시장예측은 연구개발이나 장기적인 시설확장을 위한 기초자료로 활용하고자 1년-20년에 걸쳐서 예측하는 작업이다. 재무예측은 사업에 필요한 자금을 추정하는 것이며, 생산예측은 판매계획이나 시장전략을 수립하기 위한 장래 생산량의 예측이다. 수요예측의 범위는 예측목적에 따라 상이하다.

예측기간

3개월-1년 미만의 단기수요 예측은 비교적 정확하다. 그러나 예측 기간별 오차한계에 대한 연구결과, 3개월 미만은 ±2%, 1년 예측은 ±5%, 5년 예측은 ±15%의 오차를 보인다. 장기수요 예측은 수요의 총량이 결정된 후에 주요 부문별로 나누어지는 하향식 예측이 일반적이다.

정보의 유용성

훌륭한 예측기법도 이용된 기초자료가 갖고 있는 편의성 및 의혹이 제거되지 않으면 예측결과가 정확할 수 없다. 양적 예측기법이 부정확한 경우에 질적인 접근방법을 활용하여 보다 유용한 예측결과를 확보해야 한다.

예측환경

예측환경에서 영향을 주는 가변적인 인자 속성 때문에 예측분석이 어렵고 오류도 발생할 수 있다. 이러한 현상은 장기예측에서 실제로 드러난다. 따라서 영향인자들은 경제적, 사회적, 기술적 및 미래수요에 영향을 미치는 경쟁 요인들로 구분하여 적용할 필요가 있다.

예측비용

예측기법에 따라 그 비용은 매우 다르다. 간단하고 저렴한 방법이 복잡한 모형을 이용하는 것보다 적절한 결과를 도출할 수 있다. 고도로 복잡하나 컴퓨터 모델을 사용하기 위해서는 광범위한 자료수집을 위한 노력이 필요하다. 따라서 예측과 관련하여 발생되는 예측비용과 그 오류로 인하여 발생하는 오류비용을 서로 비교하여 가능한 간단하고 최소비용이 소요되는 예측방법을 사용하는 것이 좋다.

관광수급계획의 유용지표

관광수급계획을 수립할 경우에 유용한 지표를 활용하여 관광시설의 수요와 공급수준을 정확하고 논리적으로 산정하는 것이 중요하다. 관광시설의 수급계획에 필요한 지표들은 숙박시설 단위규모 및 기준, 숙박시설 규모산출

<표 10-9> 숙박시설 단위규모 및 기준:예시

시설구분	단위규모	기 준	비 고
호 텔	56-64-66㎡/실	1.3-1.5-2.0인/실	이용률(65-80%) 경제적 이용률(40-50%)
농촌콘도	-	200㎡/세대	-
모 텔	30-50㎡/실	2.0-2.5-3.0인/실	이용률(20%) 경제적 이용률(60%)
민 박	8-10-15㎡/인	4인/실	이용률(50%) 집중률(15%)
방갈로	3㎡/인	-	이용률(30%) 경제적 이용률(12%)

자료 : 임주환(2001)

$$\text{경제적 숙박실 이용(U)} = \frac{\text{연간숙박인수(I)} \times \text{숙박시설이용률(A)}}{\text{연간시설이용일수(365)} \times \text{경제적이용률(B)}}$$

<표 10-10> 숙박시설 규모의 산출표:예시

구분	A(%)	U(인)	Q(인/실)	V(인)	R(㎡)	W(㎡)	주요내용
호텔	45.0	24,078	1.5	16,052	66	1,059,432	콘도포함
모텔	41.0	21,938	1.7	12,905	50	645,250	여인숙 포함
민박	5.8	3,103	2.0	1,562	15	23,280	친구, 친지집 숙박 포함
기타	8.2	-	-	-	-	-	캠핑 등

자료: 임주환(2001)

비고: A - 각 숙박시설별 이용률(투숙률), U - 숙박시설이용수, Q - 객실당 수용인원
V - 숙박시설별 소요객실수, R - 숙박시설별 단위규모, W - 숙박시설별 건축면적

표, 만족도에 따른 시설별 1인당 원단위, 관광시설 집중률·동시체재율, 도입시설의 단위규모 산정기준, 관광지 유형별 1인당 필요면적 등을 포함한다.

관광수요의 예측방법

수요예측 방법론에는 명확한 수치적인 기술을 문제로 여기지 않고 주관적인 관점에서 추정하는 방법이 정성적(질적) 예측법이다. 계량적(정량적) 예측방법은 시계열 자료를 연장하거나 예측을 위한 인과변수를 이용하는 것으로 구분한다. 정성적 예측방법은 미래 예측에서 자료의 불충분성 및 비신뢰성, 계량모형의 부적합성, 예측기간의 제약성 때문에 주로 사용되고 있다.

한편, 정량적 예측방법은 관광학 분야는 물론 거의 모든 사회과학분야에서 자료분석과 수요추정에 이용되고 있다. 회귀모형은 한 변수가 어떤 다른 여러 변수들에 의해 어떻게 예측되는가를 알아보는 방법이다. 공간상호작용모형은 여행이나 자본, 상품이동 등 공간상의 유동을 다루는 것이다. 시계열분석은 자료를 질서에 따라 나열한 시계열자료를 이용하는 분석방법이다. 이것은 어떤 시점에서 이루어진 결과에 의존하므로 본질적으로 역사적 계열과 연관되어 있다.

<표 10-11> 수요예측 방법의 특징

예측방법	특 징		
	기간별	비용	조작 용이도
단순회귀방정식	단기(3개월 미만)	적음	배우기 쉽고 결과해석이 쉬움
다중회귀방정식	단기-중기(-2년)	적정	단순회귀방정식보다 배우기 어려움
계량경제방법	단기-중기(-2년)	약간 높음	다중회귀방정식보다 복잡함
단순시계열	단기(3개월 미만)	매우 적음	배우기 매우 쉬움
지수평활방법	단기(3개월 미만)	적음	배우기 쉬움
박스젠킨스법	단기-중기(-2년)	높음	배우기 어려우나 결과해석 용이
전문가판단모형	중기(2년까지)	적음	결과해석시 주의 요망
델파이방법	장기(2년 이상)	약간 높음	배우는 것 및 결과해석이 어려움

자료: Makridakis & Wheelrihgt(1977); 문화관광정책연구원(2006)

요약

1. 관광개발은 관광자원, 관광시설, 관광상품 및 관광서비스를 적극적으로 진흥시키는 과정으로 광의 및 협의 개념으로 해석된다. 관광개발의 수립내용은 개발개념, 관광지개발계획, 관광진흥계획 및 사업타당성 분석을 포함한다.
2. 관광개발계획의 유형은 관광개발계획을 수립하는 구분으로 지구단위 계획과 국가계획이 상호 보완적이며, 세부적으로는 관광마케팅과 축제의 상품개발 영역까지 계획된다. 관광개발계획의 유형은 공간적, 시간적, 법·제도적 및 내용적 범위로 구분가능하다.
3. 관광지 개발계획의 내용에는 법정관광지 개발계획의 성격과 관광지 개발현황이 포함된다. 관광지 조성계획에는 계획의 성격, 관광단지 개발개요, 관광특구 개발개요 등의 내용이 들어간다. 이러한 관광개발계획의 구성항목들은 대체로 9개이며, 지자체와 사업주체에 따라 구성항목의 내용 및 작성체계는 달라진다.
4. 관광지개발의 추진체계는 예비타당성 검토, 기본계획, 기본설계, 실시설계, 시공 및 감리, 사업 및 관리운영, 이용 후 평가로 이루어진다. 관광지개발계획의 과정은 기본계획과 집행계획의 과정으로 구분한다.
5. 기본계획 단계는 계획목표의 설정, 개발여건의 분석, 개발계획 기본구상, 개념계획의 수립 및 대안선정, 부문별 기본계획의 수립, 관리운영 계획의 수립으로 구성되어 있다. 집행계획 단계는 기본설계, 실시설계, 공사 집행계획 등을 내포한다. 이러한 계획 및 집행은 연속적인 환류 과정을 통하여 계획의 확실성과 효율성을 높힌다.
6. 관광수급계획은 관광수급계획의 작성과정, 수요예측의 영향요인, 관광수급계획의 유용지표, 관광수요예측방법 등을 포함한다. 관광수요 예측방법에는 명확한 수치적인 기술을 문제삼지 않고 주관적인 관점을

주로 이용하는 정성적(질적) 예측법과 계량적(정량적) 예측방법이 존재한다.

중요개념

- 관광개발
- 관광개발계획 수립내용
- 관광개발계획 수립체계
- 관광개발계획 유형
- 관광지개발계획 내용
- 관광지조성계획 내용
- 관광개발계획 조성
- 관광지개발 추진체계
- 관광지 개발과정
- 대안선택기법의 종류
- 관광지 집행계획 내용
- 관광수요 예측방법

연습문제

❶ 관광개발을 정의하고 나서 관광개발의 성격, 수립내용 및 수립체계에 대하여 구체적으로 설명하시오.

❷ 관광개발계획의 유형을 살펴보고, 특히 관광지 개발계획 및 관광지 조성계획에 관하여 내용에 무슨 차이가 있으며 관광개발은 어떠한 과정으로 추진하는지 말하시오.

❸ 관광개발 기본계획 단계에서 계획목표의 설정, 개발여건의 분석, 개발계획 기본구상, 개념계획의 수립 및 대안선정, 부문별 기본계획의 수립, 관리운영계획의 수립으로 구성되는 내용들을 아는 대로 기술하시오.

❹ 관광개발 집행계획을 수립하는 단계에서 기본설계, 실시설계, 공사 집행계획으로 구분하여 구체적으로 설명하시오.

❺ 관광시설에 도입되는 시설의 종류를 알아보고, 관광수급계획을 수립하는 경우에 수급계획 작성과정 및 영향요인에 대하여 이야기하시오.

❻ 관광수요의 추정작업에서 영향요인들을 열거하고, 다양한 수요추정방법의 특징들을 비교하여 말하시오.

News

제주관광개발사업 심의강화_투자진흥지구 집중관리

앞으로 제주지역 관광개발사업에 대한 심의가 강화되고, 투자진흥지구의 실적에 대한 집중 관리가 이뤄진다. 제주특별자치도는 '투자유치 및 관광개발을 통한 양질의 고용창출 및 지역경제 활성화 정착'에 중점을 두고 2020년도 투자정책을 펼쳐나갈 계획이라고 23일 밝혔다. 우선 제주도는 투자유치 대상 국가 다변화 및 성장유망 산업 유치로 양질의 일자리 창출과 외국인직접투자(FDI) 1억5000만불 달성을 목표로 한다.

이를 위해, ICT·BT 산업, 신재생에너지 등 성장 유망산업을 중점 유치산업으로 선정해 유치하고, 해외 투자유치도 아시아를 포함해서 국가별 다양한 국가로 확대해 나갈 계획이다. 관광개발사업 경우는 개발사업 심의를 강화하고, 도민 고용 및 지역 건설업체 참여 등 승인조건 이행여부에 대한 분기별 점검·공표 등 개발사업장에 대한 관리체계를 강화해 나가기로 했다. 이를 통해 검증된 양질의 개발사업에 도민고용 80%, 지역건설업체 참여 50% 이상, 지역농수축산물 구매 등 투자자와 지역이 상생하는 개발로 제주경제를 성장시켜나간다는 계획이다. 현재 도내에서 운영 중이거나 공사 중인 개발사업장은 모두 60개소로, 지금까지 도민 7396명 포함 1만170명의 일자리를 창출했다.

투자진흥지구는 세금감면 등 인센티브를 받는 사업장인 만큼 사업기간 내 계획된 투자가 이루어 져 일자리 창출 등의 역할을 다할 수 있도록 집중적으로 관리한다. 투자 및 고용 실적 미진사업장에 대해서는 기간연장 불허 등 패널티를 부여와 지정해제 등 엄격한 관리를 통해 실질적인 투자와 고용창출로 경제적 파급효과를 극대화해 나갈 계획이다.

제주도 관계자는 "올해 제주경제 전망이 밝지는 않지만, 투자유치와 관광개발사업을 통해 양질의 일자리 창출 및 지역경제 활성화에 역할을 다하고 도민 모두 공존하는 제주경제 성장발판을 마련해 나가겠다"고 밝혔다.

◆ 자료: 헤드라인제주(2020-01-23)

Chapter 11

국내·외 도시관광의 사례

11.1. 도시관광의 개요
11.2. 역사·자원형 도시관광
11.3. 문화예술형 도시관광
11.4. 지속가능한 도시생태관광
11.5. 도시음식 관광
11.6. 축제·컨벤션형 도시관광

개관

도시관광의 개념을 이론적으로 알아보고, 이를 토대로 국내외 역사자원형 및 문화예술형 도시관광의 사례들을 파악한다. 그리고 국내외에서 전개된 지속가능 도시 생태관광, 도시 음식관광 및 축제·컨벤션형 도시관광의 사례들을 조사하여 언급하고자 한다.

제11장

국내·외 도시관광의 사례

11.1 도시관광의 개요

도시관광의 개념과 구조

도시관광의 개념

관광도시는 도시 자체적으로 관광객의 방문동기를 유발시키는 충분한 매력, 필요한 관광시설과 관광프로그램을 구비하여 일반도시에 비해 외래 관광객이 많은 도시를 지칭한다. 관광객을 위한 도시관광시설들은 숙박, 교통, 위락, 문화, 정보, 음식, 이벤트 관련시설 등이다. 세계적인 관광도시는 특별한 자연 및 인문 자원을 보유하거나, 인공관광시설을 개발하여 여행객이 계속 방문하고 있다. 세계화 시대에 도시는 국가의 관문 혹은 관광거점으로서 중요한 역할을 담당하며, 도시 자체가 훌륭한 관광대상이다.

도시관광은 주로 도시에서 관광객과 관광대상, 관광기업, 관련정부, 도시주민 간 상호 만남과 교류의 현상이다. 도시관광은 시민 혹은 관광객에 의해서 도시의 각종 매력물, 편의시설과 도시 이미지를 관광대상으로 관광활동이 도시 내에서 발생하는 현상이다. 도시관광의 매력물은 박물관, 공원, 극장, 유적지, 현대식 건물, 쇼핑, 음식, 위락, 도시 환경과 경관 등이다. 따라서 관광도시는 도시자체가 훌륭한 관광지 또는 휴양지로의 자원과 기능을 보유한다. 관광도시 특성을 유지하기 위해서 고유의 각종 민속, 문화, 관광 이벤트를 정기적으로 개최한다. 그리고 주요 관광자원에 대한 홍보에 주력하여 관광산업의 발전으로 도시성장을 도모한다.

도시관광의 구조

도시관광은 관광의 대상인 도시의 여건과 도시 방문객의 유형에 따라 구분한다. 도시관광의 구성요소를 공급자 및 수요자 측면으로 구분하여 분석할 수 있다. 공급 측면에서 도시관광의 영역은 도시가 관광객을 위해 제공하는 관광자원 및 시설의 종류에 초점이 맞춰져 있다. 수요 측면에서는 도시관광객이 해당 도시에서 원하는 관광활동의 요구에 중점을 둔다.

도시관광의 중요성

도시관광수요는 근로자의 노동여건 개선으로 유발되는 관광패턴의 변화와 밀접한 관계를 갖고 있다. 이를 테면, 근로자의 주중 노동시간이 단축되고 유연근무제가 확산되면, 개인과 가족단위 도시관광 및 레저수요는 더욱 증가한다. 이에 따라 도시관광의 중요성은 증대되며, 관광산업이 도시경제에 미치는 영향도 증대된다. 1980년대부터 구미 제국의 중요 도시들은 오랫동안 지속된 경제불황을 타개하기 위해 관광산업을 도시정책수단으로 선호했다. 따라서 도시관광은 다양한 경제적 파급효과를 가져오고, 개인과 기업의 공간적 이동을 유발하여 도시의 물리적 환경을 변화시킨다. 도시관광은 도시의 공간적 재구조화(restructuring)에 다소 영향을 미친다.

관광이 도시에 미치는 물리적 영향들은 아주 다양하다. 첫째, 도시환경 변화로서 도시에서 농업적 토지이용의 감소, 수문시스템의 변화 등이 발생한다. 둘째, 관광은 도시에 건물면적의 팽창, 신건축양식의 효과 등 가시적인 변화를 가져온다. 셋째, 도시기반시설의 변화가 생기며, 이는 기반시설에 대한 이용과 개발의 과부하, 새로운 기반시설의 제공 등 현상이다. 넷째, 도시내부 형태의 변화로서 거주지 토지이용의 상업적 변화, 보행체계에서 교통관리체계로의 도시내부구조 변화, 관광적 토지이용과 거주지 토지이용의 질적 대조 등이다. 다섯째, 도시환경의 복원이다. 이것들은 잉여 건물의 재이용, 역사적 건물·입지의 부활 및 보전 등이다.

도시의 물리적 환경이 관광기능에 의하여 변하는 가장 두드러진 현상은 기존의 전통적인 산업기능을 담당하던 공간이 구조적으로 변모되는 경우이다. 도시화 과정에서 항만, 시장과 공장에 있던 전통적인 산업기능이 상실하면서 도시의 쇠퇴공간으로 남게 되었다. 이에 따라 도시계획가는 도시재개발 혹은 도시재생 과정을 통해 도시 불량지구가 도시발전의 견인차 역할을 하도록 도시개발대안을 모색했다. 그래서 도시의 전통적인 산업공간은 신기능주의적 요소로 변모하여 도시성장의 계기를 만들었다.

과거에는 도시산업화가 도시와 항만활동 간 상당한 기능적인 분리를 통하여 항만활동을 확장시켰다. 그러나 전통적인 수변지역과 항만이 도시개발과정에서 상대적으로 불분명한 구조와 기능을 가진 도시지역으로 남게 되었다. 이에 따라 도시공간구조를 재개편하고, 도시와의 기능적 통합을 재고할 필요성이 더욱 커졌다. 따라서, 도시관광에 의한 공간적 재구조화는 도시를 더욱 독특하고 매력적인 장소로 만들며, 다양성이 공존하는 장소로 변화시킨다. 도시재개발 과정에서 관광객과 시민이 많이 방문하는 도시핵심지역을 보면, 외부 모습과 주변시설이 크게 변모되어 관광도시의 매력성이 더욱 증가한다.

도시관광에서 도시특유의 관광기능은 장소마케팅의 중요한 수단이다. 도시들은 내부의 장소적 자산을 상품화시켜 경제적 이익을 취하는데, 이때에 도시관광기능은 강력한 마케팅 수단 중의 하나이다. 박물관·미술관·테마파크 등 문화시설, 연극·오페라·발레 등 공연예술, 회의와 전시산업, 월드컵·올림픽·영화제 등 이벤트산업은 도시에 특화된 관광자산으로 관광객과 관광기업을 도시에 유치하는 중요한 역할을 담당한다.

11.2 역사자원형 도시관광

도시 문화유산의 활용: 프랑스 파리

파리는 오랜 역사와 많은 문화유산이 있는 도시이다. 파리는 로마의 지배하에 도시가 형성되었으며, 1000년경부터 두 번째 성벽이 축조되고 시정도 정비되었다. 지금의 파리 모습은 19세기 제2 제정시대에 오스망의 개조계획으로 이루어졌다. 이때 생미셸·세바스토폴·리볼리·도메닐·라스파유 등의 광로가 개통되고, 주변 건물이 헐리면서 개선문·노트르담대성당·오페라극장 등이 건설되었다. 파리는 문화유산을 보전하여 관광자원으로 활용하고 있는 우수한 관광도시이다. 하지만, 동적인 보전의 한 사례로 고급예술을 전시하는 문화공간으로 활용하고 있는 경우도 많다. 대표적인 사례들은 프랑스의 왕궁으로 사용되던 루브르 궁, 19세기 기차역으로 사용되던 오르세 역 등이다.

루브르 궁은 1202년 성城으로 시작되어 근대까지 거의 800여 년 동안 프랑스 왕궁이었다. 역대 프랑스 국왕들, 특히 프랑수아 1세, 루이 13세, 루이 14세 등이 수집해 놓은 방대한 양의 미술품이 소장되어 있다. 1981년 미테랑 대통령은 박물관의 많은 시설들이 방문객에게 협소하고 불편하여 건물의 현대화계획을 직접 수립하여 박물관에 유리 피라미드를 건설했다. 중국계 미국인 이오밍 페이는 유리 피라미드를 루브르 박물관, 개선문, 라데팡스의 위치와 각도 등을 고려하여 설계했다. 유리 피라미드는 오늘날 루부르 미술관 외부에서 관광객들이 가장 선호하는 조형물이 되었다. 유리 피라미드 내부에는 박물관 접근동선을 고려하고 600대 승용차 및 100대의 버스 주차장, 많은 상점 등 편의시설들이 만들어졌다. 루브로 미술관은 확장·개조하여 2017년에 연간 8백만명 이상의 관광객이 방문했고, 이들의 80% 이상은 외국인이었다.

파리의 오르세 미술관은 이전 역시驛舍가 어떻게 튼튼한 예술을 위한 장소로 변용될 수 있는지 보여준 건축물이다. 1804년 최고재판소로 지어진 건물로 오르세궁이라 불렸으나 불타 버렸다. 1900년 개최된 '파리만국박람회'를 계기로 파리국립미술학교 건축학 교수였던 빅토르 랄로에 의하여 오르세역으로 다시 지어졌다. 현대적으로 지은 역사驛舍였으나 1939년 문을 닫게 된 이후 방치되었다가 1979년에 현재의 미술관 형태로 실내 건축과 박물관 내부가 변경되어 1986년 12월 '오르세미술관'으로 개관되었다.

1900년 만국박람회가 열리기 전날, 프랑스 정부는 방치된 오르세 궁의 자리에 중요한 역할을 할 종착역 역사를 짓기로 계획하고, 그 설계를 투르에 호텔 드 빌레를 당장 완성한 건축가 빅토르 랄로(1850-1937년)에게 의뢰했다. 2년 동안에 지어진 역과 호텔은 1900년 7월 14일 만국박람회를 계기로 개방했다. 현대적인 금속 구조물 위를 샤렁뜨와 쁘와뚜 지역에서 가져온 잘 다듬어진 돌로 덮어 아카데믹한 방법으로 호텔 외형을 완성했다. 하지만 1939년 이후, 열차 크기가 더욱 커지면서, 크기에 맞지 않았던 좁은 역사는 문을 닫았다. 그리고 발레리 지스카르 데스탱 대통령 재임 시기에 방치된 장소에 오르세 미술관을 건설하자는 안건이 처음 제안되었다. 1977년 10월 20일 프랑수아 미테랑 대통령과 함께 열린 평의회를 통해 설립이 결정되었다. 오르세 미술관은 1986년 12월 1일에 준공되어 8일 뒤에 마침내 개관했다. 오르세역사를 멋진 미술관으로 바꾸는 작업은 '레노드 바르동', '피에르 콜복', '장 폴 필리폰'으로 구성된 건축그룹 ACT가 맡았다. 그리고 뛰어난 이탈리아 건축가인 '가에 아울렌티'의 감독으로 미술관의 실내가 개조되었다.

3단계로 만들어진 건축의 하이라이트는 건축의 넓은 대형홀이다. 기존의 무쇠 기둥과 스투코 장식이 그대로 보존된 이곳은 유리 차양이 있는 미술관의 입구가 되었다. 갤러리들은 1층 중앙 네이브의 양옆에 배치되었고, 중간층의 테라스에서는 이것들을 내려다 볼 수 있다. 중간층에도 역시 전시를 위한 갤러리들이 만들어졌고, 그 옆에는 이전 호텔의 다이닝홀에 있었던 미술관 레스토랑, 서점과 강당이 새롭게 자리잡았다. 2018년 기준 오로세 미술관의 방문자수는 329만명이었고, 과거 32년 동안 매년 약292만명의 관광객이 미술관을 다녀갔다.

도시 역사경관의 보전: 일본 교토

교토의 역사는 794년 일본의 수도가 헤이안교平安京로 천도하면서 시작되었다. 중국 당나라 장안長安을 모델로 정남향으로 주작대로가 개설되었다. 그 도로를 중심으로 좌경左京과 우경右京으로 나누고 전체 형태가 방형方形이 되도록 개발했다. 1603년 도쿠가와 이에야스德川家康가 에도江戶(도쿄의 옛 이름)에 막부를 열면서 정치중심이 교토에서 에도로 옮겨졌으나, 문화중심지 역할은 지속되었다. 교토시는 역사경관을 보전하면서 건조물의 내·외부를 적극 활용하여 관광자원화 하는데 성공했다.

2003년 교토의 전체 관광객 수는 약 4,400만명에 도달했고, 2014년에 5,564만명을 기록했다. 역사경관보전을 위한 첫 시도인 '교토 시가지경관조례'를 보면, 미관지구와 특별보전 수경지구의 지정으로 교토의 특색 있는 역사경관보전을 실시하는 기반을 구축했다. 도시전체의 역사경관을 보전하기 위해서 실제 시민생활이 이루어지는 공간과 연계하려는 노력이 있었다. 그 결과로 역사경관의 유지가 시민들이 착안한 관광상품 혹은 관광서비스의 부가가치를 높였으며, 세계에서 일본의 특성을 가장 잘 구현하는 관광지로 정착했다.

전통도시의 축제: 영국 에든버러

영국의 에든버러는 15세기 이래 스코틀랜드의 수도로서 1995년에 에든버러 신·구 도시 모두 유네스코 지정 세계유산으로 등록된 전체 유적도시이다. 신·구 도시를 구획하는 계곡은 공원으로 조성되어, 프린시즈 스트리트(Princes street)를 형성한다. 구도시는 연간 방문객이 100만 명에 이르는 에든버러성을 비롯하여 홀리루드 하우스(Holyrood house), 스코틀랜드 국립미술관 등이 있어 역사도시로서 면모를 갖추고 있다.

1947년 에든버러는 신·구 도시의 역사유적지를 바탕으로 제2차 세계대전으로 인한 암울한 시민정서를 극복하고 지역에 활력을 불어넣기 위하여 축제를 기획했다. 국제적 규모의 페스티벌은 아름다운 성 건축물과 중세거리로 인해 더욱 유명해졌다. 에든버러 국제페스티벌(Edinburgh international festival)은 매년 8월에 개최되며 50여개국에서 700여 단체, 1,500여 편의 작품이 공연된다. 공연장소가 도시 곳곳의 170여곳에 이르는 등 도시전체를 축제의 장으로 활용하여 성공했다. 에든버러는 역사적 도시를 세계문화유산으로 보전함으로써 도시 전역에서 이루어지는 새로운 형태의 공연축제가 탄생되었다. 에든버러는 역사도시에서 예술성을 갖춘 축제도시로 도시이미지를 바꾸는 데 성공했다. 축제가 성공하여 지역의 예술적 성취는 물론 관광산업을 육성하여 지역경제성장에 크게 기여했다.

11.3 문화예술형 도시관광

예술가 중심형 도시관광 : 덴마크 오덴세

덴마크의 오덴세는 인구 150만명의 제3위 도시이며, 크리스찬 안데르센의 고향으로 유명하다. 덴마크 제1의 철강산업도시인 오덴세는 노동집약적 산업중심의 도시구조를 가졌다. 이러한 도시구조로 지식기반 중심의 현대사회 변화를 수용하는 데 한계가 있어서 새로운 도시발전전략을 모색하게 되었다. 그것은 도시가 지닌 최대의 문화자원인 안데르센을 중심으로 도시의 문화적 이미지를 구축하여 마케팅화하는 전략이었다.

오덴세를 방문하면, 안데르센 작가의 고향에 대한 관심에서부터 시작하여 안데르센 박물관에서 출발한다. 오덴세의 사례는 안데르센 예술가 한 사람의 문화예술의 창조적 생산이 도시와 국가의 문화가치를 증대시키고 국제교류를 촉진하며, 문화가 경제적 이익을 산출하는 모습을 보여준다. 박물관은 안데르센이란 인물을 물리적 상품으로 잘 가공했다. 그래서 도시에 문화적 측면은 물론 고용증진, 교육문화 향휴기회의 제공, 관광산업 활성화, 도시이미지 개선 및 인구유입 등의 효과를 수반하여 도시발전에 핵심적인 역할을 수행해왔다.

문화예술 프로그램형 도시관광: 폴란드 크라코프

폴란드의 크라코프는 체코의 프라하와 쌍벽을 이루는 동유럽의 대표적인 관광·문화도시로 성장했다. 여기에는 크라코프에서 15km 떨어진 세계 12대 관광명소인 소금광산(비알리크카)과 50km 떨어진 세계최대 유태인 학살 장소였던 아우슈비츠 박물관도 있다. 크라코프는 프라하, 크라코프를 소금광산과 아우슈비츠를 방문하기 위한 거점도시이다.

크라코프에는 국제공항, 각종 숙박시설 및 레스토랑 등 관광편의시설이 잘 구비되어 있다. 이 도시는 장기간 폴란드의 구수도였으며, 동유럽 문화의 중심이자 천동설의 코페르니쿠스 등 당대의 학자를 배출한 대학이 있는 교육도시이다. 크라코프는 도시 자체만으로 충분히 관광·문화도시의 가치를 가졌다. 크라코프 대학, 야기엘로 대학 등 많은 대학과 문화예술가의 노력은 역사 소용돌이 속에서도 크라코프를 동유럽 최고의 문화도시로 성장시켰다.

11.4 지속가능한 도시생태관광

주제화 생태도시: 뉴질랜드 오아마루 블루펭귄 서식지

도시 주변에 있는 광산폐쇄지역 혹은 채석장은 서식지 복원이나 관광지로 탄생하고, 야생서식지 복원으로 성공적인 생태관광지로 만들 수 있다. 뉴질랜드 오마루 블루펭귄 서식지는 대표적인 생태관광지로 유명하다. 오마루시 인구는 12,950명 정도이며, 주변지역에 펭귄서식지가 위치한다. 이 지역은 1980년대까지 연안채석장으로 사용되었고 펭귄은 1970년대에 처음 등장했다. 펭귄은 당시에 보호받지 못하다가, 채석장 폐쇄 후 1993년 생태관광지로 개발되면서 보호받고 있다.

현재는 지역단체가 서식지를 관리하며 1993년 개장 이래, 약 10만명의 관광객이 방문했다. 관람지역은 펭귄보호를 위해 서식지에서 20m 이상 떨어져 있다. 펭귄은 주간에 바다에서 생활하다 해질 무렵에 둥지로 돌아온다. 방문자의 야간관람을 위해서 관리기관은 펭귄이 영향을 받지 않는 특수 조명(589.0-589.6nm wavelength)을 사용하고 있다. 야간 관람의 실시는 지역 숙박시설의 이용을 증가시켰으며, 최근 5년간 방문자 수가 1994-1995년 13,067명에서 1999-2000년 26,387명으로 2배 증가했다

오클랜드의 돌고래 서식지

오클랜드는 뉴질랜드 최대의 도시로 인구는 1백만명, 연간 관광객수는 70만명에 이른다. 오클랜드의 하우라키만(Hauraki gulf)은 도시의 동부에 위치하며, 해상교통 및 어업의 중심지이다. 하우라키만은 뛰어난 풍광과 다양한 수중생태계의 보고로서 돌고래, 범고래와 기타 고래들의 서식처로 유명하다.

2000년 2월에 하우라키만 해상공원(Hauraki gulf marine park)이 지정되면서, 만의 생태계, 문화자원 및 여러 섬들이 보호받게 되었다. 사유지인 마오리지역도 소유주의 권리를 인정하고 공원에 포함되었다. 개인업자가 운영하는 돌고래 투어는 돌고래와 수영, 고래보기 등을 제공한다. 전문지식과 경험을 갖춘 가이드들은 대중교육과 엔터테인먼트, 그리고 하우라키만과 인근 지역의 환경보호 및 홍보활동도 수행한다. 돌고래 관광의 수익금은 고래 생태 및 대중교육에 대한 연구 등 지원사업에 주로 사용된다.

웰링턴의 카로리 야생동식물보호구역

웰링턴은 뉴질랜드의 수도로 인구는 약 35만명이며, 카로리 야생동식물

보호구역은 웰링턴 도심에서 3km 떨어진 교외에 위치한다. 카로리는 과거에 저수지로 사용되었고, 지금은 재단에서 관리한다. 그 재단은 5,000명의 회원과 300명의 자원봉사자들로 구성되며, 면적 250헥타르 지역에서 외래종 퇴치와 500년 환경복원프로젝트를 실행하고 있다. 그 프로젝트는 카로리 야생동식물보호구역에서 멸종위기에 있는 50여종의 조류 및 파충류를 방사한 것이며, 'Reclaiming the Mainland' 프로젝트라 불린다.

프로그램은 진행 중이며, 프로그램의 일환으로 시주변 지역 최초로 지역 내 천적이 제거되었다. 2000년 7월 125년 동안 수도에서 멸종되었었던 키위(Little Spotted Kiwi, 뉴질랜드산 날개 없는 새) 20마리가 카피터(Kapiti Island)에서 이주하여 큰 성공사례로 알려졌다. 지난 10년 동안 브라운 키위, 도마뱀, 도롱뇽, 개구리 등 다른 50여종이 보호구역으로 이주했고 보호구역 직원들은 생태계 복구와 함께 이주종의 적응을 돕고 있다.

11.5 도시음식 관광

아시아의 사례

일본은 지역별로 관광객이나 소비자의 요구에 대응하여 전통향토음식을 관광자원으로 발전시켰다. 지방마다 소멸되었던 축제를 부활시키고 전통과 신조리법을 조합하여 나름대로 음식문화를 관광상품화 해왔다. 향토음식 판매행사들은 소바 선수권대회의 소바먹기 대회, 큰솥에 토란 쪄먹기, 산채축제의 시식회, 사과, 딸기 같은 농산물 채취하기 등이 있다.

홍콩에서 빵축제는 매년 5월 15일 석가탄신일에 청차우섬에서 개최되는 가장 화려하고 다채로운 축제이다. 축제는 해적에게 희생당하여 음식을 찾아 섬을 떠도는 배고픈 귀신들을 달래려고 시작했다. 빵축제의 절정은 화려하게 장식된 수레 위에서 요란한 징, 북소리와 함께 펼쳐지는 퍼레이드 행사이다. 퍼레이드 주인공들은 섬의 아이로서 신화 속 인물이나 현대 중국영웅의 화장을 한다. 그리고 장대 및 칼끝에 매달리는 묘기를 부리면서 음식축제에서 방문객에게 재미와 볼거리를 제공한다.

태국은 1998-1999년 동안 관광청에서 벌인 "놀라운 태국(amazing Thailand)"이라는 관광캠페인을 통해 태국 음식과 외식산업을 해외관광객에게 관광상품화하는 노력을 시도했다. 대표적인 음식관광 상품은 찬타부리 과일축제로 2005년 5월에 찬타부리 스포츠 스타디움에서 개최되었다. 이 행사에서 태국 동부지방의 두리안, 포고스틴 및 람부탄 등 많은 열대과일을 맛본다. 이곳에서 과일 가공식품 등 과일 관련상품을 구경하며 과일먹기 행사도 진행된다. 특히 축제기간에 현지 토산품을 저렴하게 구입할 수 있다.

북미 사례

다민족 국가인 미국에는 세계 각국의 음식이 새로운 향토음식으로 자리잡고 있다. 자동차 여행객이 많아 맥도날드, 버거킹 등 패스트푸드가 미국은 물론 세계시장을 석권했다. 버몬트주에서는 생산되는 전통 향토음식의 품질보증을 위하여 품질보증제(seal of quality)를 시행한다. 이것은 일정한 품질인증 기준을 설정하여 특별히 고안한 인장을 찍어주고 주정부가 보증하여 특산식품을 판매한다.

향토음식은 음식점이나 관련기관에서 준비하여 특정한 농수산물 축제를 열고 시식회 혹은 주민참여 축제를 운영한다. 위스콘신주의 돼지고기 축제, 앨라바마주의 독일 소세지 축제 등이 사례들이다. 패스트푸드를 중심으로 켄터키주의 프라이드 치킨, 사우스다코다주의 들소고기 바비큐(Barbecued Buffalo), 앨라버마주와 미시시피주의 메기 및 악어요리, 루이지아나주의 가재파이 등이 주의 음식관광상품으로 보여진다.

캐나다는 이민 국가로서 오랜 전통을 가진 독자적인 향토음식은 별로 없다. 하지만 주정부, 지역단체 및 관련업계에서는 지역축제에서 음식관련 관광상품을 개발·장려하여 음식이 계승되고 발전하도록 노력했다. 캐나다에

<표 11-1> 북미의 대표적 식품관련 박람회 일정(2005)

국가	전시회	행사장소	전시품목
미국	NRA Show	시카고	식품, 음료, 식품기기
	천연식품 및 건강식품 박람	애너하임 컨벤션 센터	건강식품, 내츄럴푸드
	미국 와인 및 주류 박람회	Walt Disney Swan & Dolphine Hotel	와인, 위스키, 저장기술
	시카고 캔디쇼	시카고	각종 캔디 및 제과류
	필라델피아 국제 사탕 박람회	Valley Forge Convention	식품, 음료
캐나다	식품 및 음료 전시회	International Center	식품, 음료
	토론토 와인, 치즈 관람회	International Center	와인, 맥주, 위스키, 식품

서 대표적인 음식관광 상품은 자생하는 18종의 단풍나무(maple tree)에서 추출해낸 당액으로 만든 캔디, 시럽 등이다. 퀘벡주 겨울 카니발(Quebec winter carnival)에는 매년 국내외 30만명 이상의 관광객이 찾아오는 대규모 와인 축제이다. 나이아가라의 포도주축제(Niagara grape and wine festival)는 매년 1월, 6월, 9월 중순 3번에 걸쳐 열리는 술축제로서 북미 100대 축제 중의 하나이다.

유럽의 사례

프랑스는 고유한 음식문화와 아름다움으로 세계의 미식가들의 감탄을 받고 있으며, 세계적으로 대표적인 음식관광지이다. 대표적인 와인 생산지역인 보르도(Bordeaux)는 프랑스 남서부 전 지역에 위치한다. 보르도는 십만 헥타르가 넘는 넓은 포도원들이 있으며, 세계에서 가장 큰 규모로 연간 6억병의 포도주를 생산한다.

프랑스의 망통레몬 축제는 수많은 귤과 레몬들로 이루어진 거대한 행렬이 다채롭게 펼쳐진다. 레몬축제의 행렬이 준비되기까지 레몬재배자를 비롯하여 정원사, 화가, 금속 가공업자 등 다양한 업종에 종사하는 사람들이 참여한다. 50만개의 고무줄과 130톤에 달하는 오렌지와 레몬들이 축제에서 사용된다.

이탈리아 음식은 현대적인 농업시스템이 고유의 향과 영양을 그대로 지켜주며, 영양과 신선함은 이탈리아 음식의 필수요소이다. 북부 피에몬테(Piemonte)의 퐁듀, 남부의 시칠리아(Sicilia) 카포나타(caponata), 밀라노(Milano)의 리조또(risotto), 캄파니아(Campania)의 모짜렐라 치즈, 베네토(Veneto)의 리지에 비지(risi e bisi, 밥·콩 요리), 로마(Roma)의 포르케따(porchetta), 리구리아(Liguria)의 트레네 떼 알 페스토(trenette al pesto), 피렌체(Firenze)의 스테이크, 에밀리아 로마냐(Emilia Romagna)의 라자냐(lasagna), 아브루쪼(abruzzo)의 스파게티 알라 키타라(spaghetti alla chitarra) 등 각 지역마다 유명한 음식들이 다양하다. 아름다운 풍경과 더불어 다양한 음식이 제공되기 때문에 매년 관광객들에게 음식으로서의 영양과 신선함이 가득 차게 전달된다. 대표적인 음식관광 지역은 매년 10월 소렌토지역에서 개최되는 프리오라 포도 축제(Priora grape festival)이다. 이 축제는 이탈리아 와인의 우수성을 세계에 알리고, 관광객을 유치하는 대규모 음식축제가 되고 있다.

국내 도시음식 관광

남도 음식문화 큰잔치

전라남도 22개 시·군이 주체가 되는 '남도 음식문화 큰잔치'는 순천 낙안읍성민속마을 및 전남도에서 펼쳐진다. 주요 행사들은 상달제, 사명·덕석기 놀이, 남도요리명장 콘테스트, 대학생 요리경연, 외국인 요리경연, 차 시연, 판소리 명창경연, 풍물 길놀이, 달집태우기, 요리경매, 전국대학생 풍물놀이 경연 등이 있다. 음식관광 체험행사로는 한솥밥 나눔, 떡 만들기, 홍탁·삼합 시식체험, 전통생활문화(짚풀공예), 서당, 길쌈, 베틀, 천연염색, 도예체험, 전통차 만들기, 다식 만들기체험 등이 있다. 남도 음식문화 큰잔치는 남도의 다양한 음식을 한자리에서 맛보고 남도의 음식문화을 이해하기 위해서 개최된다. 전남은 한국의 먹거리를 대표하는 고장이며, 일반 대중들의 남도음식에 대한 관심이 높고 기대치가 크다.

● 광주 김치 대축제

광주광역시가 중외공원에서 개최하는 김치대축제의 주요 행사들은 체험, 전시, 공연, 부대행사 등이다. 체험행사로는 김치담그기, 자연생태학습장, 옹기문화체험, 민속놀이체험, 배추수확체험, 건강체험 홍보관, 주부팔씨름, 김치 디렉토리, 김치 3종 경기 등이 있다. 전시행사는 김치역사관, 김치세계관, 김치산업관, 협찬사 홍보전 등이 있다. 공연행사들은 고싸움, 얼쑤, 용전들 노래, 시립국극단, 무등공연, 중국기예단공연, 몽골민속공연, 팝·재즈 콘서트, 영어연극, 대성여중공연, 가을음악회, 김원중과 함께하는 3040 콘서트, KBC 주부가요열전 등을 포함한다. 부대행사에는 길놀이, 학술세미나, 김치 담그기 경연(외교관 등 10종목), 김치응용 요리경연, 타임캡슐 묻기 등 다채롭다.

● 경주 한국의 술과 떡 잔치

경주시가 주최하는 술과 떡잔치는 보문관광단지 내 상가광장에서 열린다. 주요 행사들은 술·떡 실물전시, 술·떡 제조도구 전시, 포석정 모형전통주 시음, 한국의 종가 대물림 음식 전시, 술·떡 유래 패널 전시, 떡 만들기 시연, 전통혼례 복식 전시 등을 포함한다. 문화관광부 우수축제로 지정된 '경주 한국의 술과 떡 잔치'는 우리 쌀 음식의 우수성과 다양한 영양소가 함유된 오곡을 원료로 하는 우리 민족 전통음식인 술과 떡을 국내외에 널리 알린다. 그리고 한민족 문화의 우수성이 돋보이는 전통먹거리를 관광상품화하여 세계적인 역사·문화관광 도시 경주의 이미지를 제고한다. 이것은 국내외 관광객 유치증대와 지역경제 및 관광 활성화를 도모하는 효과가 있다.

11.6 축제·컨벤션형 도시관광

영국의 에든버러 축제

영국의 에든버러는 스코틀랜드 로디언주州의 주도로서 스코틀랜드 문화, 행정의 중심이며 유서 깊은 역사도시로 인구 45만명 정도이다. 에든버러에서는 연중 다양한 축제가 개최되어 전 세계의 많은 관광객을 유치하여 축제도시 혹은 문화중심지(cultural capital)로 유명하다. 에든버러에서는 매년 7-8월에 에드버러 페스티벌인 에든버러국제페스티벌, 에든버러프린지페스티벌, 군악대축제, 재즈축제, 국제영화제, 국제도서축제 등이 개최된다. 이들 6개 축제는 독립된 운영조직에 의해서 각각 조직·운영되고 있다. 그 외에도 Guardian Edinburgh international television festival, Edinburgh international science festival 등이 에든버러 축제의 주요한 프로그램이 되고 있다.

<그림 11-1> 에든버러 축제 로고 : 축제 홈페이지

에든버러 국제페스티벌(Edinburgh International Festival)

에든버러 국제페스티벌은 1947년 제2차 세계대전이 끝난 후에 글라인데본 오페라단의 행정관이던 루돌프 빙(Rudolf Bing)을 비롯한 몇몇 사람들에 의해 문화를 통한 유럽의 재결합을 목적으로 시작되었다. 전 세계 최고의 예술가들이 참여하여 연극, 음악, 댄스, 오페라 등 다양한 장르의 공연을 펼침으로써 에든버러 페스티벌의 대표 축제 프로그램으로 인정받았다. 2004년 Annual Review에 의하면 27개국 2,400여 명의 공연자들이 참가하여 111개의 다양한 작품이 160회나 공연되었다.

에든버러 프린지페스티벌(Edinburgh Festival Fringe)

프린지페스티벌은 국제페스티벌과 같은 해인 1947년에 처음 시작되었다. 1947년에 열린 국제 페스티벌에 초대받지 않은 8개의 공연단체가 독립적으로 국제페스티벌에서 사용하지 않는 건물을 찾아 공연을 한 것이 프린지페스티벌의 유래가 되었다. 처음부터 프린지페스티벌은 어떤 공연단체도 참가하는데 제약이 없으며, 소규모의 비관습적인 극장공간을 이용하며 모든 재정을 참가단체가 자체적으로 조달하는 특징이 있다.

프린지페스티벌의 운영은 1958년 조직된 Festival Fringe Society가 담당한다. 이 조직은 전체 페스티벌 프로그램을 출판하고 중앙 티켓판매소(Box Office)를 운영하며, 페스티벌에 참여한 공연단체를 지원한다. 프린지페스티벌은 1997년까지 국제페스티벌과 같은 기간에 행해지다가 공연장 확보 문

<그림 11-2> 에든버러 프린지 페스티벌

제로 1998년부터 1주간 먼저 열린다. 프린지페스티벌의 힘은 '자유로운 개성의 표출'에 있으며, 가장 핵심적인 특징은 '프로그램화되지 않았다'는 점이다.

● 에든버러 영화제(Edinburgh International Film Festival)

에든버러영화제는 1947년 다큐멘터리영화제로 출발하여 71회에 걸쳐 진행된 세계에서 가장 역사가 오랜 영화제 중의 하나이다. 에든버러 영화제는 예술감독과 전문 프로그래머들에 의해 운영되며, 예술영화관 두 곳과 멀티플렉스관 한 곳에서 행사를 진행한다. 2004년 영화제는 8월 18일부터 29일까지 12일간 계속되었고, 관중은 약 54,000명에 이르렀다.

에든버러영화제는 영화산업면에서 영국에서 개봉을 앞둔 영화들의 프로모션 무대이면서 영국내 배급 가능성이 있는 영화들을 위한 견본 상역관 역할을 수행한다. 영국의 신인 감독들의 단편영화 및 만화영화를 소개하여 영화제작사와 연결되는 통로를 마련하고 있다.

● 에든버러 도서축제(Edinburgh International Book Festival)

에든버러 도서축제는 1983년 처음 시작되었으며 에든버러페스티벌의 중요한 행사로서 1997년부터는 매년 열린다. 에든버러 도서축제는 세계에서 가장 크며 동적인 축제가 되기 위해서 크기와 범위에서 크게 성장했다. 처음에 저자와 만남 같은 프로그램이 30개 정도였으나, 현재는 약 650여개의 다양한 행사프로그램이 진행된다. 전 세계 작가와 청중 간 대화, 의견을 교감하는 세계최고의 유일한 포럼으로 인정받았다. 행사장소는 신시가지의 Charlotte Square Garden이며 2005년의 경우 행사기간은 13-29일까지 17일간이었고, 행사내용은 작가와의 대화, 토론, 독서, 워크숍으로 구성되었다.

● 에든버러 군악대축제(Edinburgh Military Tattoo)

에든버러군악대축제는 1950년 8개의 프로그램 항목으로 영국 육군이 시작했으며, 현재는 에든버러 여름축제 중에 가장 중요한 이벤트의 하나이다.

<표 11-2> 에든버러 축제 소개(2018)

축제명	축제기간	역사 및 내용
Edinburgh International Festival	8.3.-8.27.	• 1947년 시작하여, 2차대전 이후 문화를 통한 유럽의 평화와 재화합을 위한 장으로서 기획 • 세계적인 연극, 오페라, 발레, 오케스트라 등 고급 공연 예술 중심
Edinburgh Festival Fringe	8.8.-8.27.	• 1947년 시작, 에든버러 축제에 초청받지 않은 8개극단이 축제 공식사이트 밖에 공연한 것이 출발 • 현재는 다양하고 실험적인 대안적 공연예술의 산실기능
Military Tattoo	8.3.-8.25.	• 1950년부터 시작, 1천년 역사를 가진 에든버러성에서 재현 • 스코틀랜드 전통 군악대중심의 전통 군대행렬, 악기 연주 등 공연시연
Edinburgh Jazz and Blues Festival	7.17.-7.26.	• 1990년 설립된 Assemblv Direct라는 재즈 프로모션 회사를 중심으로 최근 수년간 개최 • 작은 규모, 전통 재즈에 초점
Edinburgh International Film Festival	6.20.-7.1.	• 1947년 다큐멘터리 페스티벌로 시작
Edinburgh International Book Festival	8.11.-8.27.	• Adult, Children, School Programme으로 구성 • 책과 출판 관련 세계적인 경향과 논쟁, 새로운 이슈들, 새로운 작가들에 대한 내용을 전시와 독서, 작가와 만남, 각종 워크숍, 할인 판매 등의 프로그램으로 구성
Guardian Edinburgh International Television Festival	8.22.-8.24.	• 1975년부터 시작 • 짧은 기간이지만 영상산업 중심 프로그램. • 영상산업 이슈토론과 워크숍, 관련제작자와의 미팅

자료: 네이버 지식백과 http://terms.naver.com

연간 217,000명의 관중이 에든버러 군악대축제에 참석하며, 100만명 이상의 시청자들이 텔레비전을 통해 해마다 에든버러 군악대축제를 관람한다. 관중들은 스코틀랜드가 거주지가 아닌 타지역 사람이 70% 정도이며, 그 중의 반은 해외에 관광객이다. 군악대축제는 기본적으로 에든버러성의 입구에서 성벽을 배경으로 군악대의 행렬과 연주로 구성되고 있다. 연간 공연참가자는 약 1,000명 정도로 1952년에 처음 외국군악대가 참여했고, 약 30개국이 군악대축제에 출연했다.

컨벤션 산업형 도시관광

미국의 사례

미국의 경우 대부분 중소도시에 컨벤션과 지역관광 홍보를 전문적으로 담당하는 기구가 민간차원에서 형성되어 있다. 이 기구는 도시를 관광지로 홍보하고 컨벤션 세일즈에 적극적으로 참여하여 지역경제 성장에 기여한다. 미국은 지역별로 컨벤션시설을 구축하여 혁신 및 현대화하는 경쟁이 1970-1980년대에 급격히 가속화되었다. 약 250여개의 컨벤션시설이 1975-1980년 동안에 설립 또는 개선되었고, 약 60여개 도시들은 기존 컨벤션센터를 대규모로 확장 혹은 신축했다. 미국은 매년 1만개 이상의 국내외 상품전시회를 개최하며, 그 중에서 최상급인 2,800개 전시회는 평균 1만5천명의 관람객을 유치한다.

관광도시에 컨벤션센터를 건립하여 컨벤션 참가자들의 복잡한 욕구에 부응한다. 그 대표 사례들은 텍사스주 샌안토니오시의 컨벤션센터와 샌안토니오 돔, 라스베가스의 컨벤션센터, 올란드의 월트 디즈니월드 내 컨벤션센터 등을 들 수 있다. 이들 관광도시는 새로운 관광수요의 창출 및 유치를 위한 수단으로서 컨벤션 기능을 적극적으로 활용한다. 네바다주의 라스베가스는 미국의 대표 관광·컨벤션 도시로서 "Las Vegas Convention Center"가 위치하고 있다. 컨벤션센터는 1959년에 약 450만달러의 예산으로 건립되었고, 2002년 1억5,000만달러 비용으로 확충·완공되어 지역에 막대한 경제적 파급효과를 창출했다. 컨벤션센터를 직접 운영하는 Las Vegas Convention and Visitors Authority(LVCVA)에 대한 주요 재정지원은 지역의 호텔, 모텔 및 숙박단체로부터 징수되는 9% 가량의 방세(room tax)에서 일정률(5%)의 재정을 지원 받아 운영비로 사용한다. Hotel Room Tax를 통한 재정지원 규모는 2003년에 1억 4,700만달러에 달해 지역 컨벤션산업 지원정책으로 고려할 대상이다. 라스베가스 카지노산업의 Gaming tax 및 Las Vegas Convention Center의 임대 수익도 주요 재정으로 활용된다. 라스베가스에는 해마다 수많은 관광객이 방문하고, 컨벤션 참가를 위하여 세계 각지에서 라스베가스를 방문하여 오늘날 가족형 및 첨단 관광도시의 이미지로 변신하고 있다.

아시아 사례

아시아지역의 대부분 국가들은 컨벤션 시장 증가추세에 대응하려고 컨벤션센터 건립운영을 위한 각종 지원책을 강구한다. 일본은 도쿄, 요코하마, 오사카 등 주요 대도시에 대규모 전시컨벤션센터를 구비하고 있다. 국내규모 전시회의 개최가능 장소가 63개, 국제규모의 전시장도 10개에 달한다. 대표적으로 도쿄국제전시장(26,000평), 인텍스오사카(22,000평), 마쿠하리 메세(22,000평) 등이 있다. 특히 오사카는 새로운 전시장 및 컨벤션 중심지로 부상되어 있다.

싱가포르 정부는 대규모 컨벤션을 홍보·유치하기 위하여 1995년 관광청에 싱가포르뷰로를 설립하여 컨벤션 업무를 관장했다. 싱가포르는 1986년에 개관한 래플즈 시티(Raffles City) 컨벤션센터와 1995년에 아시아 최대규모의 컨벤션센터인 싱가포르 국제컨벤션센터 등을 가지고 있다. 기타 시설로서 마리나 스퀘어(Marina Square), 창이 국제컨벤션센터, 세계무역센터, 국제상품시장 등 다양한 컨벤션 시설을 갖춘 전형적인 컨벤션도시이다.

홍콩의 전시컨벤션 센터는 1988년 1단계 건립 후 아시아의 무역중심도시와 최고의 국제컨벤션 장소로 발전시켜 홍콩을 비즈니스 허브(hub)로 만들었다. 컨벤션센터는 철저한 수요자 위주의 비즈니스를 위해 직원들에 대한 철저한 직무교육을 실시한다. 또한 이벤트 기획, 안전 및 빌딩관리팀에 의한 고객서비스 프로그램을 개발하여 활용한다. 고객편의를 위한 싱글 콘텍-포인트 서비스팀을 운영하여 중간관리자에게 의사결정권을 부여한다. 아시아의 대표적인 컨벤션은 매년 태국에서 개최되는 여행·컨벤션진흥회의(IT & CMA, Incentive Travel & Conventions Meeting, Asia)이다. IT & CMA는 세계적으로 개최되는 대규모 컨벤션 관련 전문전시회 중 아시아 지역 최대 MICE 전문전시회이다. 한해 평균 30-40개국 1,500명이 참가자로 태국을 방문하며 300여개 업체가 참가하여 지역경제 활성화에 기여한다.

유럽의 사례

2004년 국제협회연합(UIA: union of international associations)의 기준으로 유럽은 세계 중에서 총5,201건의 국제회의를 개최하여 세계국제회의 시장의 약 56.8%를 점유하는 전통적인 컨벤션산업 강세지역이다. 유럽 컨벤션산업의 특징은 국제회의보다 전시회, 박람회가 주종을 이루며 국제회의도 전시회·박람회와 연계하여 개최한다. 유럽에서 국제회의에 강세를 보인 도시는 파리로서 UIA 기준 2014년 도시별 국제회의 개최건수에서 세계1위를 차지했다. 이것은 한 해에 국제회의 221건 개최하여 세계시장에서 2.4%를 점유했다. 최근 파리는 국제회의는 물론 전시회와 병행한 컨벤션산업을 육성하여 지역경제 활성화전략을 시행하고 있다.

<표 11-3> 대륙별 국제회의 개최실적

(단위 : 건, %)

대륙	2000년		2001년		2002년		2003년		2004년	
	건수	구성비	건수	구성비	건수	구성비	건수	구성비	건수	구성비
아프리카주	438	4.2	469	5.1	477	5.0	490	4.9	438	4.8
미주	2,236	21.5	1,906	20.7	1,920	20.2	2,097	21.1	1,859	20.3
아시아주	1,335	12.8	1,189	12.9	1,285	13.5	1,189	12.0	1,366	14.9
대양주	458	4.4	363	3.9	306	3.2	302	3.0	296	3.2
구주	5,946	57.1	5,272	57.3	5,521	58.1	5,842	58.9	5,201	56.8
합계	10,413	100.0	9,199	100.0	9,509	100.0	9,920	100.0	9,160	100.0

일드프랑스와 파리상공회의소는 파리에서 열리는 모든 전시회를 “Paris Region Trade Shows”라는 브랜드로 통합하여 공동 홍보하기로 결정했다. 특히, 향후 3년간 1천만 유로를 투입하여 독일회의 홍보활동을 적극 지원한다. 홍보활동은 관련 브로슈어 배포, 광고 및 선전, 언론 홍보, 직접 마케팅, 해외 유수 박람회 참가를 통한 홍보활동 등을 포함하며 수개 국 언어로 된 인터넷 웹 사이트를 구축, 컨벤션 참가자 및 방문객들이 보다 생생한 정보를 얻게 만든다. 이 정책은 지역균형발전국(ARD)이 후원하며 프랑스 전시컨벤션 산업의 80% 이상을 차지하는 일드프랑스 지역의 전시산업 위상 재확인 및 활성화에 목적을 둔다. 전시컨벤션 산업은 5만여개의 일자리를 창출했고, 30억 유로의 수입을 올려서 상당한 경제적 효과가 발생했다. 그러나 최근에 파리의 위상이 점점 인근 경쟁도시인 밀라노, 바르셀로나, 빈, 함부르크, 뮌헨, 프랑크푸르트 등의 유럽도시뿐만 아니라 상하이, 싱가포르, 시드니에 비해 약화되면서 다른 국가로부터 거센 도전을 받고 있다.

파리를 비롯한 일드프랑스 지역은 프랑스 전시컨벤션 산업의 80%를 차지하는 지역으로 매년 10만명이 전시회에 참가하고 900만명 이상이 방문한다. 특히 산업별 대표박람회로 불리는 파리에어쇼, 바티마(건설 부문 박람회), 시마(Sima, 농기구 전시회), 쁘레따포르테(Pret-a-porter) 등은 세계적으로 널리 알려진 전시회이다. 일드프랑스 지역에 프랑스 대부분의 대기업이 입지하여 지역이 컨벤션산업의 메카가 되는 기반을 갖고 있다. 그럼에도 컨벤션 산업 종사자들은 프랑스 정부가 전시컨벤션 산업에 더 이상 정책적인 관심이 적다고 판단한다. 또한 이태리, 독일 등 경쟁국들의 전시컨벤션 산업에 대한 투자재원에 비해 일드프랑스의 예산은 아주 적다고 지적한다. 아울러 전시장 및 컨벤션 시설까지 이르는 교통수단 등 교통 서비스질의 향상도 시급히 해결해야 할 과제이다.

독일은 세계 컨벤션의 수도라 불릴 정도로 모든 산업별 컨벤션을 개최하며, 세계에서 가장 큰 컨벤션의 70%가 독일에서 개최된다. 독일에서 컨벤션은 가장 중요한 국가·지역의 산업이벤트이며, 해당지역의 질적·구조적 경쟁력을 향상시키는 가장 중요한 요소이다. 독일에는 약 70곳이 넘는 국제교역 전시장이 있다. 이곳은 지역의 경제발전을 가져오는 원동력이며 관광대상지로서 큰 역할을 수행한다. 독일 전시회는 800년 가까운 역사를 지니며 계속 성장하고 있다. 독일 전시산업은 독일 국내총생산(GDP)의 1%를 담당할 정도로 규모가 크다. 주요 도시마다 전시장을 보유할 정도로 전시산업이 활성화되고 박람회 특수를 누린다. 박람회 경기라는 말이 실감날 정도로 지역경제가 박람회의 흐름과 밀접히 연계되어 있다. 전시산업의 고용창출 효과도 약 23만명에 이르며, 독일 총실업자의 5.8%를 해소한다. 독일은 전 세계 전시공간의 20%인 250만㎡에 이르는 전시공간을 보유하고 있다. 연간 약 150회의 국제적 지명도가 있는 전시회를 개최하며, 연간 1,000만 명이 넘는 구매자가 독일 전시회장을 방문한다.

요약

1. 도시관광은 일반적으로 도시 관광객과 도시의 관광대상, 관광기업, 관련정부, 도시 주민과의 상호작용을 의미하며, 도시관광의 구성요소는 공급자 및 수요자 측면으로 구분한다. 도시관광은 다양한 경제적인 파급효과가 있으며, 도시장소 판촉전략의 중요한 수단이다.
2. 역사자원형 도시관광에서는 도시문화유산을 활용하는 프랑스의 파리, 도시역사경관의 보존을 이용한 일본 교토, 전통도시 축제에 기반을 두는 영국 에든버러 등이 중요한 사례들로 설명할 수 있다.
3. 문화예술형 도시관광은 예술가 중심형의 도시관광으로 덴마크 오덴세, 문화예술 프로그램형 도시관광으로 폴란드 크라코프 등의 사례들이 존재한다. 지속가능한 도시생태관광의 사례지역들은 주제화 생태도시로서 뉴질랜드 오마루 블루펭귄 서식지, 돌고래 서식지로서 오클랜드, 웰링턴의 카로리 야생동식물보호구역 등이 있다.
4. 도시음식 관광을 사례로 보면, 아시아에서 일본의 경우에 주로 전통향토음식, 홍콩의 빵축제 혹은 태국에서 벌어진 태국음식의 상품화 경향 등을 들 수 있다. 북미에는 패스트푸드와 품질보증제도가 있으며, 케나다는 단풍나무 캔디와 와인축제 등이 있다.
5. 도시음식 관광에서 유럽의 경우에는 프랑스 보르드 지역의 포도주, 이탈리아의 현대적인 농업음식 등을 볼 수 있다. 우리나라 도시 음식관광의 사례들을 보면, 남도 음식문화 큰잔치, 광주 김치대축제, 경주에서 한국의 술과 떡 잔치 등이 사례들이다.
6. 축제전시형의 도시관광 사례를 들면, 영국의 에든버러 축제로서 이 축제에는 매년 에든버러국제페스티벌, 에든버러프린지페스티벌, 군악대 축제, 재즈축제, 국제영화제, 국제도서축제 등이 들어있다. 컨벤션 산업형 도시관광의 사례는 미국의 경우에 라스베가스, 아시아 일본의 오

사카, 싱가폴 및 태국의 경우들도 있다.

7. 유럽의 전시형 도시관광의 대표적인 사례는 프랑스의 파리와 일드프랑스 지역이며, 독일은 전 세계 컨벤션의 수도로 불릴 만큼 지역 및 국가 산업의 전략으로서 중요하다.

중요개념

도시관광의 개념과 구조　도시관광의 중요성　역사자원형 도시관광
도시문화의 활용관광　문화예술형 도시관광　지속가능 도시생태관광
주제화 생태도시　야생동식물보호구역　아시아 도시음식관광
북미의 도시음식관광　국내 도시음식관광

연습문제

❶ 도시관광의 개념과 구조를 알아보고, 오늘날 세계적으로 도시관광의 중요성에 대하여 설명하시오

❷ 도시에서 문화유산, 역사경관 및 전통도시축제 등의 자원을 이용하는 역사자원형 도시관광에 대하여 사례를 들어 말하시오.

❸ 예술분야에서 예술가 중심 혹은 문화예술 프로그램 등을 활용하는 도시에서 전개되는 문화예술형 도시관광을 사례를 중심으로 기술하시오.

❹ 지구촌의 환경화 시대에 주제화 생태도시, 돌고래 서식지, 야생동식물보호구역 등 지속가능한 도시생태관광을 외국의 경우를 들어 종합적으로 언급하시오.

❺ 도시음식 관광을 아시아. 북미, 유럽 및 한국의 사례들을 중심으로 비교하고, 그 중요한 특징들을 이야기하시오.

❻ 도시에서 도시경제의 성장수단으로 활용되고 있는 도시형 축제 혹은 도시컨벤션산업을 기반으로 이루지는 도시관광을 구체적인 사례중심으로 나열하시오.

News

파리의 몽마르트, 카니발의 공동체

파리의 필수 관광코스로는 에펠탑, 루브르 박물관, 노트르담 대성당, 개선문과 샹젤리제 거리, 센 강변과 바토무슈 유람선, 퐁피두센터, 베르사이유 궁전 그리고 몽마르트르 언덕을 꼽게 된다. 그중 파리 시내 북단에 위치한 몽마르트르 언덕은 주간보다 저녁 관광 대상으로 제격이다. 해질 무렵 언덕 위에서 내려다보는 파리 시내 전경은 평생 잊지 못할 장관이다. 언덕 정상 비잔틴 양식의 사크레쾨르 사원은 밤에도 개방되기 때문에 세계 각지에서 온 관광객들이 사원 앞 계단에 장사진을 치고 파리의 야경에 도취한다. 관광객들이 몽마르트르 언덕을 찾는 이유는 그곳만이 지닌 특별한 매력이 있기 때문이다. 에펠탑이나 개선문 그리고 퐁피두센터는 그 자체가 너무나 잘 알려진 단일한 랜드마크인 반면 몽마르트르 언덕에는 다양한 체험 요소들이 복합적으로 혼재하고 있다. 한마디로 그 자체가 '작은 프랑스'라고 해도 좋을 만큼 역사, 문화, 예술, 종교, 유흥 그리고 일상의 삶이 고루 뒤섞여있다. 한곳에서 압축적으로 프랑스 전체를 들여다보았다라고 할 만한 문화체험이 가능한 동네이자 마을인 것이다.

한 걸음 더 나아가 몽마르트를 이렇게 매력 덩어리로 만든 결정적 요인을 구조적으로 분석해보자. 몽마르트르 언덕을 대표하는 명소 가운데 하나인 테르트르 광장을 예로 들어볼 필요가 있다. 오래전부터 거리 화가들이 관광객을 상대로 초상화를 그려주는 장소로 잘 알려진 이 광장 주변에 많은 테라스 카페·레스토랑들이 몰려있다. 흥미로운 점은 이곳을 찾는 인파들 가운데는 외국인 관광객뿐 아니라 프랑스 지방에서 온 관광객 그리고 심지어 파리지앵들까지 함께 어울려 있다는 사실이다. 주변 뒷골목의 카페에 가면 동네 주민들도 쉽사리 만날 수 있다. 그렇지만 테르트르 광장에 오면 마치 일상의 문턱을 넘어 예술의 영역으로 빨려 들어가듯 낯선 자아의 순간을 경험한다. 혹자는 상업적인 관광지에서 무슨 탈일상의 경험을 운운하냐고 반박할지 모르나 몽마르트르 언덕에서 겪을 수 있는 체험의 구조는 이렇게 대립적인 요소들이 절묘하게 조화되고 있는 데에 기인한다. 테르트르 광장에서 올려다보이는 사크레쾨르는 성스러운 장소이지만 언덕 아래 위치한 카바레 물랭루즈는 대조적으로 세속적 쾌락의 극치이다. 성과 속 그리고 일상과 탈일상이 공존하는 구조를 알 수 있다. 일상의 평범함과 더불어 관능적인 아름다움과 찰나의 유혹 그리고 숭고함의 감정까지 두루 체험할 수 있는 곳은 흔치 않다.

이곳이 에펠탑 다음으로 파리 관광객들이 두 번째로 즐겨 찾는 명소로 등극한 이유는 이런 카니발축제와 같은 장소의 분위기 때문이다. 언어, 인종, 나이, 계급, 빈부의 차이를 넘어 축제의 군중들은 서로 격의 없이 친밀하게 접촉한다. 몽마르트르의 카니발 분위기는 카바레나 라이브바에서만 아니라 인근 지하철역 출구부터 노천 카페와 식당 그리고 노점상에 이르기까지 주민과 관광객 모두가 함께 조성해 낸다. 즐거움을 나누고 함께 어울려 흥이 더해지는 축제의 공동체가 몽마르트르의 고유성이다. 오늘날 지속가능한 관광의 핫플레이스들은 한결같이 이런 카니발의 분위기가 지배한다.

요지경 같은 몽마르트르의 이런 매력을 여러 문인들은 신비로움이라고 묘사했다. 네르발, 베를렌느 그리고 아폴리네르와 같은 시인들에게 몽마르트르 언덕은 창작의 영감을 위한 뮤즈와 같았다. 카바레와 에로티즘 박물관이 있는 언덕 아래에서 푸니쿨라라고 불리는 경사면철도를 타고 사크레쾨르에 올랐다가 테르트르 광장을 거쳐 가파른 계단으로 도보로 내려가 보자. 계단을 오르내리는 시민과 관광객 그리고 관광객과 관광객들이 서로 마주치며 보내는 미소를 통해 몽마르트르 언덕은 100년, 150년에 걸쳐 사람들의 희노애락과 열정이 만들어 낸 오래 숙성된 작품임을 깨닫게 된다.

◆ 자료: 대전일보(2020-02-10)

Chapter 12

국내·외 지역관광의 사례

12.1. 한국 지역관광의 사례
12.2. 중국 지역관광의 사례
12.3. 미국 지역관광의 사례

개관

세계화시대에 관광개발을 통한 지역경제의 활성화 효과가 나타나면서 국내·외 지역관광에 대한 사례분석이 요구된다. 여기에서는 우리나라의 제주도, 중국 운남성 샹그리라현 및 미국의 네바다주 버닝 맨축제 등을 중심으로 지역관광 현황과 사례들을 종합적으로 설명한다.

제12장

국내·외 지역관광의 사례

12.1 한국 지역관광의 사례

제주도의 관광자원

우리나라 최대의 섬 제주도는 한반도에서 남쪽으로 약 90km 떨어진 곳에 위치한다. 제주도는 동서로 약 73km, 남북으로 31km인 타원형 모양의 화산섬이며, 섬 중심부에 높이 1,950m의 한라산이 있다. 제주도는 화산활동으로 만들어져 전체가 '화산박물관'이라 할 만큼 다양하고 독특한 화산지형을 자랑한다. 지표면에는 크고 작은 368개 오름(소규모 화산체)들이 펼쳐 있고 지하에는 160여개의 용암동굴이 섬전역에 산재하여 세계적으로 귀중한 도서이다.

제주도의 가치는 2002년 생물권보전지역 지정, 2007년 세계자연유산 등재, 2010년 세계지질공원 인증 등 UNESCO 3관왕으로 알 수 있다. 제주도는 2007년 우리나라 최초로 '제주 화산섬과 용암동굴'이라는 이름으로 세계자연유산에 등재되었다. 등재된 장소는 한라산 천연보호구역, 성산일출봉, 거문오름 용암동굴계로 제주도 전체 면적의 약 10%를 차지한다.

<그림 12-1> 제주도의 모습

제주도 관광시장의 현황

제주도를 찾는 관광객은 2013년 1천만명을 돌파한 이후 2018년 1,431만명을 넘어서는 등 지속적으로 증가했다. 전체 관광객을 내·외국인으로 구분하면, 내국인 관광객은 1,309만명으로 전체 관광객의 91.5%, 외국인 관광객은 8.5%를 차지했다. 내국인 및 외국인 관광객은 전년 대비 각각 3.2%, 0.5%씩 감소했으며, 특히 외국인 관광객의 감소는 사드배치에 따른 중국관광객 통제정책이 지속된데 기인했다.

제주도가 유네스코 3관왕 타이틀 획득 및 세계 7대자연경관 선정으로 인지도가 크게 상승되어 국내외 관광객을 유인하고 있다. 장차 관광객의 지속적인 증가를 도모하기 위해서는 아시아 최고의 장기체류형 휴양관광지로 만들고 아시아 관광객을 적극적으로 유치해서 중국편중의 외국인 관광객 유치정책이 변화해야 된다. 이를 위하여 제주형 미용·의료관광의 육성, 크루즈산업 밀착형 지역관광상품 등을 개발하고 있다.

2018년에 제주도 방문 외국관광객은 122만명으로 전년 대비 10% 감소했다. 외국관광객 중 중국관광객의 비중은 2016년에 85.0%로 중국시장에 대

<표 12-1> 제주도 관광객의 추이

(단위: 천명)

연도	합계	내국인	외국인
2005	5,020	4,641	379
2010	7,578	6,801	777
2014	12,273	8,945	3,328
2018	14,314	13,089	1,225

자료: 제주관광공사(2019)

한 의존도가 높았으나, 사드배치 이후 2018년에는 55.4%로 감소했다. 2018년 일본관광객은 86,000명으로 전년 대비 56.5% 증가했다.

중국인 관광객의 성장요인은 중국인들이 무비자 제도를 통해 가깝고 편리한 제주를 선호하기 때문이다. 직항 항공노선의 증가 및 국제크루즈 운항 확대로 중국-제주간 접근성이 크게 개선되었다. 이제는 제주도가 2014년 중국인이 사랑하는 명품관광지 브랜드파워에 선정되어 관광이미지가 좋아졌다. 제주도내 중국관광객의 급증은 지역경제의 활성화에 매우 기여하는 것으로 보였다. 중국 관광객의 숙박, 음식, 쇼핑 등에 의한 소비지출은 해당산업은 물론, 관련산업의 생산증가, 부가가치 및 고용유발로 이어져 지역경제를 성장시킨다.

<표 12-2> 중국인 제주관광 추세

(단위: 명,%)

구 분	2010	2012	2014	2018
외국인	777,000	1,681,339	3,328,316	1,224,832
중국인	406,164	1,084,094	2,859,092	666,120
증감률	67.2	90.1	57.8	-10.0
점유율	52.2	64.4	85.9	54.4

자료: 제주관광공사(2019)

실제 제주지역에서는 중국관광객의 양적증가에 따른 지역경제의 성장효과를 체감하지 못하여, 면밀한 분석과 종합적인 대책마련이 요구된다. 중국인 관광객은 중국의 경제성장, 개인소득의 증대, 중국 중산층의 확대, 여가활용 증대, 여행심리 확산, 위안화 절상에 따른 해외여행 가격경쟁력의 상승과 중국관광객 유치정책 등으로 지속적으로 증가했다.

12.2 중국 지역관광의 사례

샹그리라 지명의 유래

샹그리라의 소개

1990년대 후반 운남성 중전현에 조성된 샹그리라香格里拉(Xianggell la)는 기본적으로 힐튼의 아이디어와 조셉 록의 탐험결과를 받아들여 만들었다. 그 동기는 중국 운남성 서북경제의 몰락, 중국정부의 서부대개발, 생태문화관광 트렌드, 세기말의 말겁末劫사상 등에 있었다. 중전현에 만들어진 샹그리라 상품은 크게 성공하여 관광객들에게 보여주는 형태로 바뀌었고, 관람주체는 대부분 한인들이었다. 샹그리라는 여행시스템 자체가 한인 위주로 운영되었으며, 유사한 조건을 지닌 인근지역까지 확대되어 대샹그리라권을 출현시켰다. 그 범위는 거의 성급省級 영역과 맞먹을 정도로 넓었고, 민족지적 생태조건도 유사했다. 중국정부는 변방의 관광화를 통해 민족적인 모순을 해결하고 시장사회주의 성과를 흡수하면서 통치체제를 더욱 공고히 할 수 있었다.

샹그리라 지명의 유래

'샹그리라(Shangri-la)'라는 지명을 창안한 사람은 영국의 소설가 제임스 힐튼(James Hilton, 1900-1954)으로, 그의 소설 '잃어버린 지평선(The Lost Horizon,

<그림 12-2> 샹그리라 위치 / 샹그리라현의 설산

1933)'에서 처음 출현했다. 이 소설은 1937년에 미국에서 영화로 제작되어세상에 널리 알려졌고, 샹그리라 역시 전란과 경제공황이란 불안감에 시달리던 시대상황과 맞아서 이상향의 패턴으로 자리잡았다. 운남성 정부에서 적경주迪庆州(Díqìngzhōu) 중전현을 샹그리라로 개명할 때, 두 가지가 기초자료로 제시되었다. 하나는 제임스 힐튼의 '잃어버린 지평선'이었고, 둘째는 1920-1930년대 중반까지 운남성의 서북부 지방에서 식물채집과 나시족의 언어·문화 등을 조사한 조셉 록(1884-1962)의 운남성 탐사기록이었다. 실제로 조셉 록의 조사기록에 샹그리라와 유사한 발음이 나는 '香格里'라는 동네가 있었다.

오늘날 '샹그리라'라 명칭은 유명브랜드가 되었으며, 홍콩에 본사가 있는 샹그릴라 호텔은 싱가포르를 필두로 세계 55개 도시에 체인점을 두고 있다. 미국 프랭클린 루스벨트 대통령은 제2차 세계대전에 참전한 항공모함에 '샹그리라'라는 이름을 붙여주었다. 아무도 모르는 미지의 장소에서 발진한 폭격기들이 일본 도쿄를 공격한다는 의미에서 내뱉은 농담이 항공모함의 명칭이 되었다.

샹그리라 관광개발의 배경·과정

샹그리라 관광개발의 개요

운남성 정부가 '샹그리라'라는 이상향을 중전(운남성 적경주)과 같은 오지에 구현한 계기는 크게 두 가지가 있다. 첫째, 국내·외적으로 몰려온 세기말의 불안, 전쟁과 혼돈, 문명에 찌든 세계로부터의 도피, 자연과 낭만을 찾으려는 세인들의 조류 등이다. 운남의 오지에 샹그리라를 구현하는 적경주 정부나 관련 인사들은 샹그리라가 하나의 꿈, 낙원으로서 인류가 발전시킨 공동의 문화유산이라고 인식했다. 곧 사회적 부조화, 생태계 재난, 위기의식 등이 겹쳐지면서 인류가 바라던 이상향의 욕구가 매우 강렬하여 지상 샹그리라 건설로 나타났다.

당시 적경주는 경제적으로 악화되었고 계속적인 벌목작업으로 양호한 생태환경도 점차 훼손되었다. 적경주는 전통적으로 목축경제가 강한 빈곤지역이었다. 이를 보완하기 위해 1960-70년대에 들어 목재개발에 주력하면서 1990년대까지 천연의 숲을 계속 대량으로 벌목했다. 삼림가공업의 비율은 지방재정수입의 80%을 넘을 정도로 지역경제에서 큰 몫을 차지했다. 그러나 목재 중심의 재정구조는 한계점에 도달했고, 생태환경의 파괴로 문제도 노출되어 타 영역에서 그것을 보충할 필요성이 대두되었다.

둘째, 관광산업이 운남성에서 새로운 활로를 찾는 계기였다. 삼림업에서 관광업으로의 전환은 지역의 생존문제와 직결되었다. 운남성 정부는 1994년부터 관광업에 주목하고 리장에서 운남성 북부의 관광산업 현장회의를 소집하여 적경주를 관광상품으로 개발하는 전략을 수립했다. 그러나 지상 샹그리라 건설목표가 단순히 적경지역의 경제성장에 국한되지 않았다. 그것은 현단계 사회주의 목표인 소강사회小康社會를 달성한다는 것과 연계되었다. 적경주 정부는 관광산업의 진흥으로 가난에서 탈피하고 소강사회로 진입할 수 있는 유리한 여건과 기회가 도래했다고 생각했다. 적경주에 있는 풍부한 관광자원은 지역의 제3차산업이 1995년에 비해 2007년에 58.6%를 차지할 정도로 커진 상황에 비추어 소강사회로의 진입에 커다란 힘이 되었다. 농민이나 지역주민의 수입 증가는 구체적인 척도였으며, 복잡한 민족구성의 사회임에도 정치환경이 갈수록 좋아진다는 판단도 소강사회 진입에 소중한 자산이었다.

● 샹그리라 관광개발의 과정

중국은 이미 1990년대 중반에 생태문화관광에 많은 관심을 가졌다. 운남성 및 적경주 정부는 관광업의 흐름이 생태관광과 문화가 접목된 형태로 전환된다는 사실을 인식하고 서부지역이 적합한 것으로 판단했다. 그리고 2000년부터 중국정부에서 본격적으로 추진한 서부대개발 정책에는 관광업을 통한 빈곤지역 부흥이라는 목표도 포함되었다.

이 과정에서 리장지역에 이름난 先科선생이 중전의 환경과 '잃어버린 지평선'과의 그것이 유사하다는 제안에 착안했다. 그리고 1996년 4월에 싱가포르 국영방송팀과 관광업 관련자들로 구성된 '싱가포르 샹그리라 탐방고찰단'이 적경주에 왔다. 탐방고찰단은 서로의 유사성을 직접 확인한 뒤 싱가포르 TV와 신문에 소개되어 적경주는 국내외에 샹그리라로 알려졌다. 이로 인해 샹그리라 열기는 곧 국내외에 확산되었고, 지명도 문제가 저절로 해결되었다.

운남성 인민정부는 1997년 9월 14일 <적경장족자치주건립迪慶藏族自治州建立 40주년 및 제2회 전장천청滇藏川青(운남·티베트·사천·청해)지구문화예술절경축식地區文化藝術節慶祝式>에서 '세외도원世外桃源을 찾아-샹그리라는 바로 운남雲南의 적경迪慶이다'고 선언했다. 정확한 고증이나 다른 지역의 반발 등은 차후에 해결할 과제였고, 우선 이름부터 선점한 것이다. 지명개정은 결국 4년여 조사와 준비 끝에 2001년 12월 17일에 국무원에서 비준되어 공식 인정되었다. 운남성 정부는 두 가지 방면에서 샹그리라 만들기에 돌입했다. 첫째, 학술정보를 확보하여 정부와 지역사회로부터 공식적으로 인정받는 작업이었다. 둘째, 적경주를 소설 속의 샹그리라에 맞도록 구체적으로 꾸며 관광객을 유인하는 작업이었다.

적경주에서는 중전현을 샹그리라로 개명한 뒤에, 상품의 성공요인은 대외적인 개방태도와 엄격한 학문태도를 견지하고, 각계 학자로 공동연구를 진행한 데 있었다. 1998년에 정협위원 뿐만 아니라 현정縣政, 언어, 역사, 지리, 경제 등 전문가로 구성된 '개발적경향격리랍연구과제開發迪慶香格里拉研究課題'를 조직하여 대략 3년여에 걸쳐 조사를 마치고 샹그리라는 운남의 적경이라고 결론지었다.

새로 만들어진 샹그리라현은 이제 소설에 맞는 형식으로 도시재구성 작업에 매진했다. 샹그리라 일대에 있는 자연경관과 인문환경은 샹그리라를 재현하는데 매우 유리했다. 소설 '잃어버린 지평선'에서는 샹그리라 풍경과 현지의 고유문화를 자세히 묘사하기 때문에, 관광객들에게 현실을 상상의 공간으로 믿도록 하는 작업이 수월했다.

관광에 필요한 교통편이나 숙박 등 기초시설을 확충하고, 의도적으로 샹그리라현을 티베트 사회로의 개조작업도 해결하기 어려운 과제는 아니었다. 중전 인구는 2000년에 약 15만명이었으며, 이 중에서 티베트인이 40%, 한족이 22%, 나시인은 18%, 로로족이 7% 차지했다. 그 외에 이족, 바이족, 회족, 묘족 등 10여개 민족이 공존하는 티베트 중심의 다민족 사회였다. 티베트식 문화가 오랫동안 사회의 주류였으므로 티베트식 건축, 티베트어 간판, 티베트 의약품의 전시 등으로 개조하는 전시작업은 비교적 쉬웠다. 또한 소설 속에 나오는 카라카일산과 같이 중전에 없었던 설산은 서북쪽에 자리한 매리설산, 동남부의 하바설산, 옥룡설산 등으로 대체되면서 소설과 현실의 일치를 좀 더 강화할 수 있었다. 샹그리라현 여행담당부서에서 상해와 같은 대도시에 선전연락국을 신설하여 상해시 여행관련 부서나 관광업계와 연결하여 관광객을 유치하는 방식을 도입한 덕도 컸다.

샹그리라 관광상품의 성공

샹그리라 관광상품은 소비자들로부터 폭발적인 인기를 끌었다. 샹그리라가 중전현이었을 때, 관광객은 1년에 약 2만명 정도였다. 하지만 1995-

2001년 동안에 관광객은 4.3만명에서 124만명으로 연평균 35%의 성장률로 급증했다. 이에 따라 관광수입도 160만 위엔에서 88,354.8만위엔으로 크게 상승했다. 2005년에는 관광객이 145만 8천명으로 전년에 비해 27% 증가했으며, 그 중 국내관광객수는 125만 5천명에 이르렀다. 여행총수입 역시 53,320만 위엔으로 전년 대비 약 40% 정도 증가했다. 2006년에는 231만 명, 2009년에는 500만 명을 돌파하였고, 관광수입도 각각 20.3억 위엔과 53억 위엔으로 급상승했다.

관광객과 관광수입의 급증 때문에 샹그릴라는 '중국의 현대 관광산업 역사상 최고의 발명품'이라는 평가를 받았다. 이 성공에 힘입어, 샹그리라 세계는 종래 이 지명을 두고 다투던 운남의 麗江, 데친德欽, 四川의 蹈城-亞丁 및 티베트의 察隅, 波密, 林芝 등으로 확대할 필요가 있었다. 이미 독자적인 관광지로 명성을 얻던 삼강병류의 노강지역 사람도 자신이 사는 곳이 샹그리라라고 주장하면서 대샹그리라권의 출현을 촉진했다. 대샹그리라 지역권 건설에 대한 논의는 이미 중전을 샹그리라로 결정할 때부터 시작되었다. 샹그리라에서 탈락한 도성, 아정 및 리장 등은 자연환경이 유사하고 인문학적 내용이 일치하며, 소설 '잃어버린 지평선' 소재의 내용과 맞다. 그리고 더 넓은 지역까지 확대될 가능성이 있다는 점에서 중전현과 거의 같은 조건에 놓여 있다. 예컨대 조셉 록이 세계에서 가장 아름답고 신비로우며 가치 있는 산이라고 평가한 민야콩카산의 도성현에는 자연환경은 물론 '무리왕국'이란 순수한 티베트 사회가 존재하였다. 그래서 도성현 지방정부는 역내의 르와향日瓦鄉을 샹그리라로 개명하여 사천에 다른 샹그리라를 건설했다.

<표 12-3> 샹그리라 관광객 추이

구 분	단위	1995	2001	2005	2009	2014
관광객	만명	4	124	146	500	1,080
관광수입	만위엔	160	88,355	53,320	530,000	972,000

자료: 유장근(2011)

대샹그리라 권역은 서쪽으로는 티베트의 임지와 삼강병류, 북으로는 감숙 남부, 동으로는 사천의 康定, 남으로는 운남의 리장에 이르는 광대한 영역을 포괄한다. 면적, 자연, 문화, 역사 및 주민구성 등을 고려하면 하나의 성으로 독립해도 좋을 정도로 큰 지역권이다. 이곳은 이미 세계문화유산으로 지정된 구채구(1992년 지정), 리장고성(1997), 삼강병류(2004) 등이 포함되어 세계적인 관광지로 손색이 없다.

대샹그리라 지역권이 추구하는 일차 목표는 현대관광 및 경제성장이지만, 더 큰 목표는 다양한 민족과 문화를 통합하여 중국 서남지구에 정치적 안정을 유지하는 것이다. 이러므로 중전의 샹그리라 개명을 둘러싸고 인근지역 간 벌어진 지명논쟁도 종지부를 찍고 서로가 공존하면서 상생할 수 있는 바탕을 마련했다.

<그림 12-3> 샹그리라의 낮과 밤, 송찬림사, 리장 고성지역

샹그리라 관광개발의 문제점

관광객 및 관광수입의 급증에도 불구하고, 중전현이 안고 있던 본원의 생태환경과 문화자원이 점차 관광객 기호에 맞춰지면서 정체성도 변화되었다. 예컨대 전통복장은 무대복으로 바뀌었고, 티베트인의 집은 주거공간이 아니라 여행객을 위한 작은 무대나 식당으로 변모했으며, 음식 역시 손님의 기호에 맞게 변화했다. 전통문화는 관광문화로 개조되었고, 생태환경 역시 한계 수용인원보다 많아 초원이 사라지게 되었다. 오래 전에 말을 타고 마음껏 달릴 수 있었던 나파하이 초원은 2015년에 약 51,000원의 입장료를 지불해야 들어갈 수 있다. 울타리가 없던 고원호수 삐타하이와 주변에 있는 원시산림은 잘 조성된 산림공원으로 변했다. 순박한 티베트 사람이 살던 '고성故城'이란 집단 거주지역은 식당, 술집, 카페, 상점 등 유흥지대로 탈바꿈했다. 이것은 모두 관광객의 급격한 증가로 발생했다. 과거에 윈난성 수도인 쿤밍昆明에서 샹그리라까지는 버스로 비포장도로를 달려서 2일이 소요되었으나, 오늘날 비행기로 50분 걸려서 접근성이 무척 좋아졌다.

샹그리라시 밖의 사람들은 관광수입원에서 소외되었다. 문제는 결국 샹그리라 전지역이 대부분의 한인 관광객과 한인 관광업자를 위한 공간으로 변화된 것이다. 이를 테면, 전통적인 티베트 사회였던 사천 서북부의 구채

<그림 12-4> 샹그리라현의 주민들

구九寨溝가 한인들이 주도하여 한인들을 위한 관광지로 변모시키면서, 본래의 티베트인들이 소외되었다. 중국어를 모르는 현지의 소수민족은 진열대의 상품과 같았으며, 관광시스템 전체에서 제외되었다. 다시 말해 한인사회와 한인들의 통치 방식이 운남 서북부의 오지에까지 깊숙이 침투하여 확산되었다.

유네스코 세계문화유산으로 지정된 샹그리라香格里拉(Shan gri-La)가 화마로 훼손되었다. 2014년 1월 11일 새벽 샹그릴라의 중심지인 쓰팡제四方街에서 발생한 화재로 고대 건축물 및 주택 340여채와 티베트 불교사탑 등이 소실되었다. 쓰팡제는 두커쭝獨克宗(티베트어로 '달의 도시'라는 뜻), 고성으로도 불리는 관광명소로서 1300여년전 당나라 때부터 조성된 차마고도의 주요 경유지이다. 이번 화재로 마을 전체의 2/3이 불에 탔고, 2,600여 명이 집을 잃었으며 재산 피해만도 1억 위엔(약 180억 원)으로 집계되었다.

12.3 미국 지역관광의 사례: 버닝맨 축제

버닝맨 축제의 시작

버닝맨(burning man)은 미국 네바다주 블랙록 사막에서 노동절 전·후 1주일간 진행되는 축제이다. '버닝맨'이란 용어는 마지막 날 도시의 중심에서 사람모양의 조형물 더맨(The Man)에 불을 내고(burn), 그것을 완전히 소각하는 것에서 유래되었다. 1986년 샌프란시스코에서 행사가 시작되는 당시에 축제는 단지 몇몇 지인들이 만난 작은 모임에 불과했다. 하지만 버닝맨은 서로 낯선 사람들이 공통된 목적을 가지고, 사막 한가운데 거행되는 대규모 예술축제로 성장했다. 1990년에 처음으로 90명의 참가자들이 네바다에서 행사를 시작했으나, 1999년 2만명을 넘어섰다. 2010년에는 5만명, 2013년에는 세계 각국에서 6만8천명이 축제를 찾아 참여자가 크게 증가했다.

<그림 12-5> 블랙록 시티 전경(좌,우)

초기에 지루했던 축제는 참가단체가 1천여 개를 넘어서는 1995년부터 입장료 $35를 받기 시작하여, 2011년에 $210~$360, 2017년에 $425까지 올랐다. 축제장소가 사막으로 옮겨지고 입장료가 인상됐어도 축제참가자가 폭발적으로 증가했다. 2011년에는 외형적인 축제성장과 함께 축제 상징물인 목각인형의 높이가 32m로 높아졌다. 더불어 1995년까지는 자율적으로 조형물을 만들어 참가했지만, 1996년부터는 매년 일정한 주제에 어울리는 복장으로 캠프를 장식하고 예술작품을 제작하여 블랙록 시티를 구성했다. 축제가 끝나면 자칭 '버너(burner)'인 참가자들은 함께 만든 도시를 해체하여 아무 것도 남기지 않고 현장을 떠난다. 축제의 기획은 17명으로 구성된 비영리재단 '버닝맨 프로젝트'가 맡는다.

버닝맨 축제의 특징

자율과 공유로 만들어진 공동체

버닝맨 축제는 공동체 정신과 예술, 자아의 경험, 스스로 믿고 의존하여 살아가는데 의미가 있다. 이것은 생활 경험에 바탕을 두고 1주간 황량한 사막에서 자신의 삶을 개척해 나가며 자기확신적인 삶의 가치를 성찰하는 중요한 의미이다. 버닝맨 축제는 기업후원을 받지 않기 때문에 상업시설이 없다. 다만 주최조직은 축제 현장에 필요한 행사부지, 화장실 및 의료서비스 등 최소한 부대서비스를 제공한다. 참가자들 스스로 숙식 등 모든 것을 해결하고 공동체에서 서로 물물교환을 하거나 도우면서 생활한다. 참가자는 자발적으로 방범, 교육, 봉사 및 창작 활동들에 참여하여 봉사한다.

임시도시 '블랙록 시티'

버닝맨이 열리는 블랙록 사막은 네바다주의 리노(Reno) 도시에서 약 2시간 정도의 거리에 위치에 있다. 사막의 버닝맨이 있는 주변 지역은 1주일 동안은 네바다주에서 가장 커다란 도시로 변모하며, 축제 후에 흔적도 없이 사라진다. 이것을 '블랙록 시티'라고 부르며, 1주간 믿을 수 없을 정도의 대단한 빌딩과 설치물이 조성된다. 이것들은 참가자의 창의성과 머릿속에 들어있던 야망을 불태우는 것이다.

1주간 몇 개의 신문사와 수십 개의 라디오 방송국이 설립되어 운영된다. 수백 개의 주제형 캠프들이 즉석에서 만들어져 참가자는 원하는 캠프에 참여하여 다양하게 경험한다. 이곳에는 실리콘 밸리에 있는 많은 회사의 직원들이 참가해서 새로운 세상을 만드는 작업에 동참하고 신문화를 깊게 체험한다.

실리콘밸리의 정신

버닝맨 페스티벌은 개방과 창조성, 소통과 놀이, 공유와 혁신 등을 특징으로 하는 실리콘밸리 문화를 가장 잘 드러내는 행사이다. 실리콘밸리 공개출처(open source)운동의 아이디어는 버닝맨의 개방형 협업에서 비롯되었다. 엘론 머스크는 2004년 버닝맨 축제에서 예술가와 어울리며 화석연료 의존도를 줄일 수 있는 영감을 떠올렸다. 그리고 2년 후에 미국 제1의 태양광 패널업체 '솔라시티'를 설립했다.

'실리콘밸리 정신'이라 불리는 구글의 기업문화도 버닝맨에서 비롯된 것이다. 버닝맨의 열렬한 참가자였던 두 창업자 래리 페이지와 세르게이 브린은 황량한 사막 위에 새로운 세상을 창조하는 버닝맨에서 영감을 얻었다.

그들은 구글의 입사면접 때 버닝맨 참여자에게 인센티브를 주고 있다.

버닝맨 축제의 성공과 문제점

버닝맨 축제의 성공요인

미국 네바다주 버닝맨 축제는 행사 동안에 일탈의 자유를 경험하며 새로운 영감을 찾는 기회를 제공한다. 축제에서 행해지는 파격적인 문화예술활동은 다수에게 창조적인 영감과 아이디어를 불러일으키는 원천이 된다. 그래서 많은 예술가, 대중가수, 영화배우 및 사업가도 새로운 영감을 얻으려고 버닝맨 축제에 참여한다.

오늘날 버닝맨 축제는 대중문화아이콘으로 성장하여 영화, 소설, 음악의 모티브로 작용하고 다수의 대중매체(미국 드라마 Malcom in the Middle, Reno 911)의 배경으로 등장한다. 버닝맨이 제공하는 독특한 문화적 환경과 창조적 에너지를 경험하기 위해 최근에 북미는 물론 남아프리카와 한국에서도 유사한 축제가 생겨났다. 장차 버닝맨 축제의 사회문화적인 영향력은 더욱 확산될 전망이다.

버닝맨 축제의 문제점

버닝맨 축제는 처음에 예술가와 환경운동가가 사막에 자립공동체를 만들고 도시를 건설하는 프로젝트로 시작했다. 현재는 IT업계, 대체 에너지회사, 스타트업 종사자, 혹은 연예인을 비롯한 전 세계 7만명이 참가하는 대형축제로 크게 성장했다. 최근에 실리콘밸리의 부호들은 물론 대기업 경영진, 벤처 투자자들이 대거 몰려들면서 버닝맨의 문화가 퇴색되고 있다는 비판도 생겼다.

버닝맨 축제가 자본의 지배에서 벗어나, 자유를 추구하는 행사에서 부자들의 초호화 캠핑으로 변질되고 있다, 실제 텐트 숙박을 하는 일반 참가자와 달리 전용기를 타고 참가한 부호들은 고급 트레일러 숙소와 개인 요리사 등 수백만 달러를 들여 호화캠핑을 즐긴다. 특히 세르게이 브린과 엘론 머스크가 축제 기간 중 세워지는 임시 도시 '블랙록 시티'(black rock city)를 일년 내내 운영하는 도시로 만든다는 소문이 퍼져서 비난이 확산되고 있다.

<그림 12-6> 버닝맨 축제

요약

1. 제주도는 한국의 최대 섬으로서 화산박물관과 오름으로 유명하며 세계자연유산에 등재되었다. 제주도는 유네스코 3관왕 타이틀 획득과 세계 7대 자연경관으로 선정되어 국내외 관광객이 증가하고 있다.
2. 제주도에 중국관광객의 증가로 지역경제가 성장하고 생산유발효과가 높다. 그러나 중국위주에서 벗어나 다국가의 해외관광객을 유치하여 장기체류 휴양관광지로 육성할 필요가 있으며, 이에 대비하여 제주도 장기관광계획의 수립이 절실하다.
3. 샹그리라는 중국 운남성 중전현에서 개명한 명칭으로 '잃어버린 지평선'이란 의미에서 착안되었다. 중국 운남성 정부는 1990년대 이후 지구촌에서 이상향을 바라는 건설의 욕구, 관광산업을 통한 지역경제의 발전 및 소강사회의 진입을 위해서 추진했다.
4. 샹그리라는 배경 소설에 참고하여 지역도시를 재구성하여 자연 및 인문환경을 재현하고, 티베트식 문화도 도시개발에 반영했다. 관광상품의 성공으로 관광객이 급증했으며, 중국의 현대 관광산업에서 최고 발명품으로 평가받았다. 하지만 전통문화는 관광문화로 개조되고 한계수용인원을 초월하여 초원 등 생태자원이 파괴되면서 관광개발의 문제점도 드러났다.
5. 버닝맨 축제는 미국 네바다주 블랙록 사막에서 노동절 전·후 1주간 진행되는 주제에 따라 예술작품으로 '블랙록 시티'를 구성하는 행사이다. 이 축제에는 공동체 정신과 예술, 자아의 경험, 자기확신적인 삶의 의미를 가지고 진행된다. 버닝맨 축제는 개방과 창조성, 소통과 놀이, 공유와 혁신 등을 특징으로 하는 실리콘밸리 문화를 가장 잘 드러내는 행사로 유명하다.
6. 버닝맨 축제에는 예술가, 대중가수, 영화배우 등 문화예술인은 물론 사

업가도 새로운 영감을 얻기 위해 버닝맨 축제에 참가한다. 하지만 최근 실리콘밸리의 부호들을 비롯해 대기업 경영진, 벤처 투자자 등이 대거 동참하고 있다. 하지만 자본의 지배에서 벗어나 자유를 추구하는 버닝맨 축제가 부자의 초호화 캠핑으로 변질되는 경향도 있다.

중요개념

제주도 관광자원	제주도 용암동굴	제주도 관광산업
세계자연유산	운남성 샹그리라현	샹그리라 관광개발
잃어버린 지평선	대샹그리라권	버닝맨 축제
블랙록 시티	실리콘밸리 문화	

연습문제

❶ 제주도의 관광자원을 소개하고, 제주도가 노력하여 세계적으로 인정받은 국제인증의 내용들이 무엇인지 종합적으로 말하시오,

❷ 제주도를 사례로 과거 관광시장의 추세와 상황을 알아보고, 제주관광산업을 활성화하기 위한 관광정책의 방향들을 제시하시오.

❸ 중국 운남성 샹그리라현을 설명하고, 이 지역에서 관광개발이 이루어진 배경과 내용을 이야기하시오.

❹ 중국 운남성 샹그리라 관광개발은 어떻게 진행되었으며, 샹그리라 관광상품이 성공한 요인은 무엇이고, 이로 인한 관광개발의 문제점을 설명하시오.

❺ 미국 네바다주에서 버닝맨 축제가 시작되었던 배경을 이야기하고, 버닝맨 축제가 가진 특징들을 아는 대로 기술하시오,

❻ 네바다주 버닝맨 축제가 성공한 요인들을 파악하여 보고, 오늘날 버닝맨 축제의 성격이 변경되고, 그 결과로 드러나는 문제점을 말하시오.

News

서울 세계도시 문화축제

이번 주말 서울광장 일대가 전 세계 70개국의 음식과 전통공연을 한 자리에서 맛보고 즐길 수 있는 '글로벌 축제'의 장으로 변신한다. 서울시는 세계 각 국의 문화를 한자리에서 즐길 수 있는 서울시 대표 글로벌 축제 「2019 서울 세계도시 문화축제(Seoul Friendship Festival 2019)」를 오는 8월 31일(토) - 9월 1일(일) 서울광장, 무교동 거리, 청계천로 등 도심 곳곳에서 개최한다. 「세계도시 문화축제(前 지구촌나눔한마당)」는 지난 1996년 10월 '서울시민의 날' 기념으로 첫 개최한 이래 매년 열리고 있는 역사와 전통의 글로벌 축제다. 시민들은 세계 주요도시의 문화공연과 음식 등을 한 자리에서 체험할 수 있고, 서울과 세계도시의 문화교류를 강화하는 데도 역할을 하고 있다. 올해 「2019 서울 세계도시 문화축제」에선 퍼레이드, 개막식, 세계도시 음식전, 도시관광홍보전, 이색전시 등을 만나볼 수 있다.

개막식은 축제 첫날인 오는 31일(토) 16시 서울광장에서 열린다. 박원순 시장이 지난 7월 중남미 순방 시 참관한 콜롬비아 보고타 세계 K-POP 경연대회 우승팀의 특별 축하공연이 펼쳐져 주목된다. 당시 박원순 시장은 현장에서 우승팀을 직접 초청하겠다고 밝혀 큰 호응을 얻은 바 있다. 이에 앞서 14시30분 서울광장에서 전 세계 16개국 도시, 시민 등 300여 명의 화려한 퍼레이드가 펼쳐진다. 박원순 시장이 "서울 세계도시 문화축제 출발"이란 구호를 외치면 한국 전통 취타대를 선두로 미국, 멕시코, 헝가리, 중국 등 서울시와 자매우호도시를 맺은 16개국 대표단이 각국의 전통의상을 입고 뒤 따른다. 이어 시민참여단, 해양경찰청 의장대, 염광여고 고적대의 퍼레이드가 계속된다.

특히 올해는 시민들에게 풍성한 볼거리를 제공하기 위해 퍼레이드 구간을 서울광장-세종대로-청계천로-무교로-서울광장으로 확대했다.(작년 청계광장-무교로-서울광장) 축제가 열리는 이틀 동안 LA 치어리더 공연, 에스토니아 지방무용 폴카, 아프리카 모잠비크 민속춤, 베이징 전통무용과 악기연주 등 서울시 자매우호도시 공연단의 무대로 세계 각국의 문화공연을 만나볼 수 있다. (8월 31일 17시-21시 / 9월 1일 12시-16시) 자매우호도시 공연단은 아시아, 유럽, 아메리카, 오세아니아, 아프리카 등 5개 대륙을 대표해 명실상부한 글로벌 문화축제로 진행된다.

해마다 큰 인기를 끄는 세계도시 음식전은 무교로와 청계천로 일대에서 이틀간 열린다.(8월 31일 12시-18시 / 9월 1일 12시-18시) 태국의 '팟타이', 멕시코의 '타코'와 같이 국내에 잘 알려진 음식부터 아직은 생소한 남미지역의 '엠파나다', 폴란드 '고윙프키'까지 50개 부스에서 전 세계 도시의 인기 먹거리를 한 자리에서 맛볼 수 있다. 사전에 자기에게 맞는 코스요리를 만들어 도전한다면 더욱 즐거운 방문이 될 것이다. 50개 부스를 돌며 개인의 입맛에 따라 다양한 풀코스 요리를 만들어 먹어보길 추천한다. 예컨대, 과테말라 부스에 들러 해산물 샐러드인 세비체로 입맛을 돋우고 인도식 커리·탄두리치킨으로 배를 채운 뒤 독일이나 벨기에부스에 들러 맥주를 마시면 어떨까? 르완다부스에서 커피까지 마시면 전 세계 음식을 조합한 훌륭한 풀코스(Full course) 메뉴가 완성될 것이다.

도시관광홍보전에서는 47개국이 참가한다. 서울광장 일대에 설치된 부스를 통해 세계 도시의 다양한 전통소품을 전시·판매하고 매력적인 관광 콘텐츠를 소개한다. 해외에 나가지 않고도 잠비아 공예품, 러시아 전통의상 등 전 세계의 기념품과 액세서리를 한자리에서 볼 수 있는 자리다. (8월 31일 12시-18시 / 9월 1일 12시-17시) 서울광장 잔디광장엔 키르기스스탄(Kyrgyzstan)이 8월 31일 자국의 독립기념일을 맞아 전통집인 '유르트'를 전시하는 기념행사를 연다. 멕시코는 자국의 대표 조형물인 XICO 조각상을 전시해 이색적인 볼거리도 제공한다. 또한 유엔난민기구(UNHCR), 한국해비타트(Habitat), 세이브더칠드런(SavetheChildren) 등 국제기구와 국제NGO가 모여 국제구호활동 등을 홍보하고 서울시민들이 동참할 수 있는 다양한 체험프로그램을 운영한다. '이혜경 서울시 국제협력관은 "서울의 축제는 올해 23회를 맞으며 전 세계 도시가 참여하는 서울시의 대표 글로벌 축제로 자리매김했다. 시민들이 도심에서 세계 도시의 매력과 음식·전통문화를 경험하는 이색적인 기회를 제공할 것으로 기대한다"며 "앞으로도 서울시는 해외 도시교류를 확대해 시민 삶과 도시의 미래에 보탬이 되는 교류·협력을 강화해 나가겠다"고 말했다. 시민들은 주말에 음식과 전통공연인 글로벌 축제가 서울광장에서 진행된다는 소식에 반가움을 표하며 자녀들과 함께 찾아가 즐거운 시간을 보내겠다고 전했다.

◆ 자료: ENB교육뉴스방송(2019-08-30)

| 참고문헌 |

- 강은지, 관광지의 효율적 관리를 위한 관광지 이용자관리 도입방안 연구, 서울시립대학교 대학원 석사논문, 2009.
- 강필성, 관광목적지 이용실태에 따른 관광권 설정모델에 관한 연구, 청주대학교 대학원 박사논문, 2013.
- 곽행구, 최근 트랜드 변화에 따른 광주전남 관광정책 방향, 정책과제 2017-24, 광주전남연구원, 2017.
- 관계부처합동, 지역관광활성화 방안, 2018.
- 광주전남발전연구원, 광주전남 관광정책의 패러다임 전환, 리전인포 제89호, 2004.
- 권순복·김한준, 농촌관광의 패러다임적 전환 모색, 2009 대학생 농업논문 공모 수상논문집, 대산농촌문화재단, 2009.
- 고동완역, 관광개발론: 개념과 이슈, 리챠드 샤들리 저, 백산출판사, 2006.
- 김광근외 7인, 관광학원론, 백산출판사, 2002.
- 김광근, 최신 관광학, 백산출판사, 2007.
- 김대경, "자연관광지 시설관리 평가에 관한 연구 : 방문자 만족도 측정과 경관 선호도 분석을 중심으로", 경기대학교 관광경영학과 대학원 박사학위논문, 2005,
- 김병문, 관광지리학, 백산출판사, 2004.
- 김상태, 역사전통문화 체험관광 활성화방안, 한국문화관광연구원, 2014.
- 김성진, 고가·종택·전통마을의 보전적 관광자원화 방안, 한국관광연구원, 2001.
- 김성진, 주민 주도형 관광사업의 사례연구, 2013.
- 김영규, 관광자원론, 기문사, 2013.
- 김용표, 샹그리라의 위치와 자연 및 지리환경에 대한 고찰, 중국연구 제39권 0호, 한국외국어대학교 중국연구소, 2007, pp.69-94.
- 김유선, 주 40시간 근무제가 노동자 여가생활에 미친영향, 산업노동연구 제17권 제1호, 2011, pp.37-70.
- 김윤영, 지역관광발전지수 도입기초 연구, 한국문화관광연구원, 2014.
- 김종은·이승곤, 관광지리학, 형설출판사, 2008.
- 김철원, 글로벌 불확실성 시대의 세계관광동향과 관광정책방향, 계간 한국관광정책 제77호, 2019, pp.10-17.

- 김필두, 도시공원의 조성과 재정조달에 관한 연구, 한국지방행정연구원, 1992.
- 김향자·유지윤, 한국의 관광도시 육성방안, 한국관광연구원, 1999.
- 김향자·유지윤, 도시관광 진흥방안 연구, 한국관광연구원, 2000.
- 김향자, 관광지 평가체계 개발 및 운영방안, 한국관광연구원, 2001.
- 김향자, 도시관광 활성화 추진방안, 한국문화관광연구원, 2011.
- 김효진·한범수, 관광지개발계획 수요추정방법 고찰 및 평가, 문화관광연구 제9권 1호, 2007, pp.97-111.
- 김향자, 도시재생 추진에 따른 도시관광 정책방안 연구, 한국문화관광연구원, 2014.
- 농촌진흥청, 2018 국민 농촌관광 실태조사, 2020.
- 대한국토도시계획학회, 도시계획론, 보성각, 2008.
- 동남레저산업연구소, 관광학의 이해, 기문사, 2004.
- 문보영·김광남, 재미있는 관광이야기, 교문사, 2012.
- 문화관광정책연구원, 관광수요예측 가이드라인 설정연구, 문화관광부, 2006.
- 문화체육관광부, 2008 관광동향에 관한 연차보고서, 2009.
- 문화체육관광부, 제4차 관광진흥 5개년 계획(안), 2013.
- 문화체육관광부a, 문화관광축제의 성과 및 선정·평가제도 개선방안 연구, 2014.
- 문화체육관광부b, 국민여행실태조사. 2014.
- 문화체육관광부, 지속가능한 관광개발을 위한 핵심과제 추진방안연구, 2014.
- 문화체육관광부, 제5차 관광진흥5개년 계획수립 연구, 2018.
- 문화체육관광부, 2018년 기준 관광동향에 관한 연차보고서, 2019.
- 문화체육관광부·한국관광공사, 2017-2018 한국관광통계, 2019.
- 박경열, 국가지원 관광자원개발사업 유형개발, 한국문화관광연구원, 2018.
- 박구원, 도시지역관광의 뉴프론티어, 백산출판사, 2011.
- 박상곤, 국내관광수요 예측모형 개발, 정책연구 2017-10, 한국문화관광연구원, 2017.
- 박서호, 지역발전론, 녹화출판사, 1988.
- 박석희, 신관광자원론, 대왕사, 2012.
- 박주영, 농촌 마을관광 활성화 방안, 한국문화관광연구원, 2016.
- 반정화, 서울시 쇼핑관광의 실태와 정책시사점, 서울연구원, 2017.
- 방민석·박서재, 관광 패러다임의 변화에 대응한 지방자치단체 관광 전략의 모색, 공공정책과 국정관리 제7권 제2호, 2013, pp.3-32.
- 손재권, 파괴자들(Disruptors), 한스미디어, 2013.
- 신동주·홍성도, 지역관광계획·개발론, 대왕사, 2010.
- 신동주, 지역관광개발론, 대왕사, 2004.

- 신동주·손재영, 해양관광발전을 위한 여건분석과 정책과제, 해양정책연구 제22권 2호, 2007, pp.1-27.
- 신동주·홍성도, 지역관광계획·개발론, 대왕사, 2010.
- 신우성, 관광자원의 이해, 기문사, 2005.
- 심원섭, 최근 관광트랜드 변화와 향후 정책방향, 한국문화관광연구원, 2010.
- 심원섭, 새 정부의 관광정책 방향: 확장과 전환을 위한 정책과제, 문화관광인사이트 제101호, 2017.
- 안종윤, 관광정책론, 박영사, 2000.
- 안태원역, 관광시설조경론: 관광개발계획의 수법, 일본관광협회 저, 명보문화사, 1984.
- 오순환, 관광과 지역경제, 한국학술정보, 2006.
- 오홍성·조현민, 지역관광개발사업의 방향, 문화관광인사이트 제93호, 2016.
- 유장근, 현대 중국의 샹그리라 만들기와 그 의미, 중국근현대사연구 제49집, 중국근대사학회, 2011, pp.1-32.
- 유기준외 3인, 관광과 개발, 기문사, 2013.
- 이광원, 관광자원론, 기문사, 2012.
- 이보아, 박물관학 개론, 김영사, 2000.
- 이석호외 3인, 지역관광론, 방송대출판문화원, 2015.
- 이수진·허선희, 경기도 지역축제 차별화 방안에 관한연구, 정책연구 2009-41, 경기개발연구원, 2009.
- 이원회외 2인, 관광트랜드 분석 및 전망 : 2020-2024, 한국문화관광연구원, 2019.
- 이영주, 도시관광개발 사례연구, 강원발전연구원, 2005.
- 이연택, 관광정책학, 백산출판사, 2012.
- 이장춘, 최신 관광자원학, 대왕사, 1997.
- 이정학, 관광학 원론, 대왕사, 2010.
- 이항구, 관광학설론, 백산출판사, 2000.
- 이후선, 도시관광, 자유출판사, 1999.
- 입법정책연구회(사), 우리나라 관광시장 활성화를 위한 정책방안, 2013.
- 임주환, 환경친화적 관광지개발론, 백산출판사, 2001.
- 장병권, 동북아 관광교류 활성화방안, 계간 한국관광정책 제77호, 2019, pp.18-29.
- 조아라, OECD 미래관광 메가트랜드, 문화관광 인사이트 제130호, 한국문화관광연구원, 2018.
- 전영재, 지역관광과 장소마케팅, 대왕사, 2006.
- 제주관광공사, 제주관광동향에 관한 연차보고서, 2019.

• 조덕례, 경남지역이 관광수요 변화추세 분석 및 시사점, 한국지역경제연구 제23권, 2012, pp.55-77.
• 정봉현, 사회간접자본과 지역발전: 호남권 교통현안과 대책, 전남대학교출판부, 2010.
• 장병권, 2020년대 국민관광을 논하다, 문화관광인사이트 제141호, 2019.
• 진병렬·유수현, 관광자원론, 대왕사, 2004.
• 최미애, 문화관광 활성화를 위한 지역문화예술자원 활용방안 연구, 문화체육관광부, 2019.
• 최명길·김태보, 관광경제학, 서울: 백산출판사, 2009.
• 최영수, 현대 관광개발론, 학현사, 2013.
• 최자은·김향자, 지역관광개발사업 평가의 체계적 추진방안, 한국문화관광연구원, 2014.
• 최혜경, 관광수요 예측기법에 관한 연구, 관광품질시스템연구 제7권 제3호, 2001, pp.219-238.
• 채용식, 지역관광정책개발론, 현학사, 2003.
• 한국관광공사, 관광자원개발 메뉴얼, 2009.
• 한국관광공사, 숫자로 보는 한국관광 (2018), 2019.
• 한국관광공사, 19-20 소설빅데이터 활용 국내여행 트랜드보고서, 2019.
• 한국문화관광연구원, 지역관광개발사업평가의 성과와 시사점, KCTI 가치와 전망, 제55호, 2015.
• 해양수산부, 제2차 해양관광진흥기본계획, 2014.
• 황의봉·이재석, 샹그릴라 하늘호수에 서다, 미래의 창, 2011.
• 함석종, 관광산업의 패러다임 전환과 신정부의 관광정책 방향, 서비스사이언스세미나자료, 한국호텔외식관광경영학회, 2008.
• 현대경제연구원, 관광산업의 5대 트렌드 변화와 육성을 위한 시사점, VIP Report 09-04, 통권 386호, 2009.
• Cater, E. and B. Goodall, 'Must tourism destroy its resource base?', in A. Mannion and S. Bowley (eds) Environmental Issues in the 1990s, Chichester: Wiley, 1992.
• Christopher M. Law, Urban Tourism and Its Contribution to Urban Regeneration, Urban Studies, 1992.
• Bruce Hayllar, Tony Griffin and Deborah Edwards, City Spaces- Tourist places, Butterworth-Heinemann, 2008.
• Douglas Pearce, Tourist Development, Longman Pub Group, 1989.
• Martin Selby, Understanding Urban Tourism, K.K. Sharm, L.B. Touris & Co., 2004.
• Nese Kumral & A. Ozlem Onder (edit.), Tourism, Regional Development and Public Policy, Routledge Publishing Co., 2012.

- K.K. Sharma, Tourism and Regional Development, Sarup & Sons (India), 2004.
- Rhodri Thomas, Managing Regional Tourism, Great Northem Books, 2009.
- Sharpley, r., Tourism and Development, USA: Sage Publications, 2015.
- WTO (World Tourism Organization), Social and Cultural Impact of Tourist Movements, Spain, 1982.

- 네이버 지식백과 http://terms.naver.com
- 관광지식정보시스템 http://know.tour.go.kr/
- 문화체육관광부 http://www.mcst.go.kr
- 수원문화재단 http://www.swcf.or.kr
- 제주관광공사 https://ijto.or.kr/korean/
- 제주관광정보센터 http://www.jejutour.go.kr/
- 한국관광공사 http://kto.visitkorea.or.kr
- 한국문화관광연구원 http://www.kcti.re.kr
- 코리아데일리 블로그 http://blog.koreadaily.com/